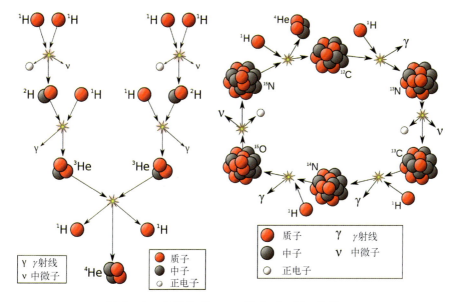

图 1-1 氢燃烧的 p-p 链和 C—N—O 循环

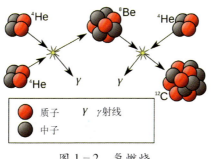

图 1-2 氦燃烧

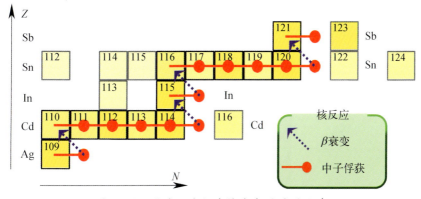

图 1-5 通过 s 过程连续生成更重的元素

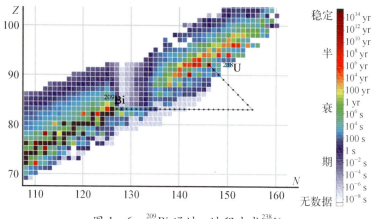

图 1-6　^{209}Bi 通过 r 过程生成 ^{238}U

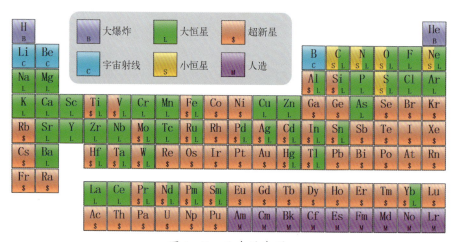

图 1-7　元素的来源

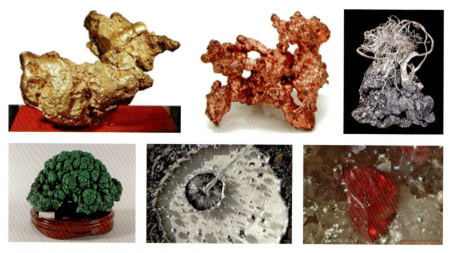

图 2-1　远古时代发现的元素(自然金、自然铜、自然银、孔雀石、水银、朱砂)

图 2-2 铁陨石(左)和橄榄石铁陨石(右)

图 2-4 石墨片在强磁铁上的磁悬浮　　图 3-4 铋晶体

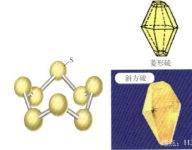 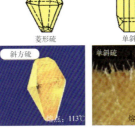

图 2-6 硫的同素异形体及熔化后的粘度

图 3-3 辉锑矿和金属锑

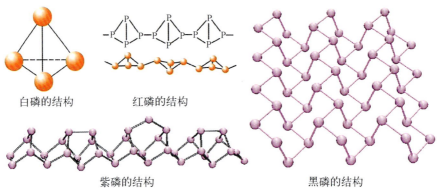

图 3-2 白磷、红磷、紫磷、黑磷及相应的结构

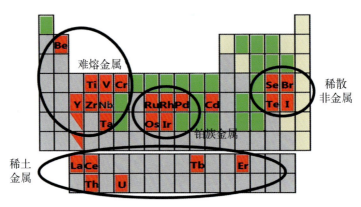

图 5-1 分析化学发现的元素

图 5－2　硒的同素异形体：灰硒、黑硒、红硒

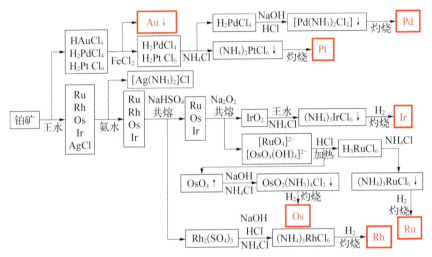

图 5－3　铂族贵金属的分离方法

图 5－4　成昆铁路上的长钢轨专用车

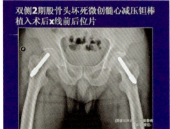

图 5-5 钽的用途

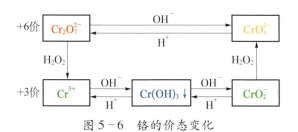

图 5-6 铬的价态变化

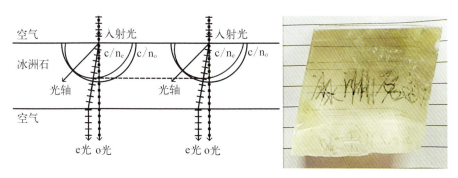

图 6-1 冰洲石的双折射原理及现象

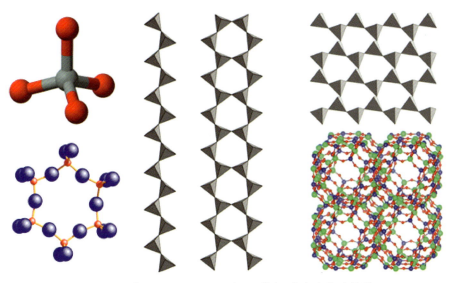

图6-3 岛状、环状、链状、层状、骨架型硅酸盐的结构

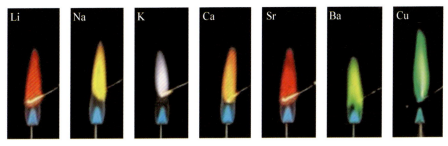

图7-1 常见金属盐类的焰色反应

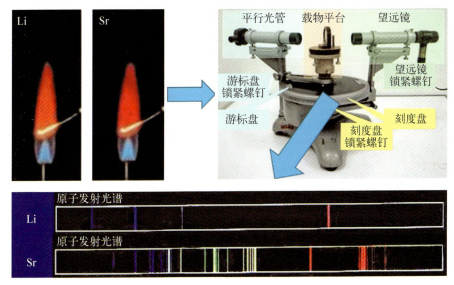

图7-2 用分光计将锂盐和锶盐的红色火焰分解成光谱线

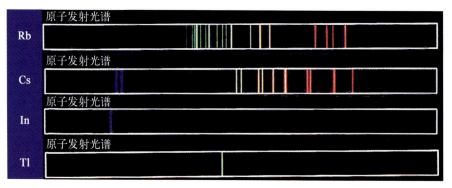

图 7-3　铷、铯、铟、铊的发射光谱

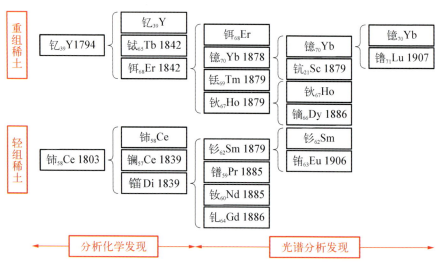

图 7-6　16 种稀土元素的发现过程

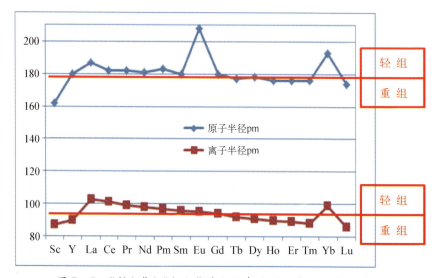

图 7-7　"铈组"和"钇组"稀土元素的原子半径和离子半径

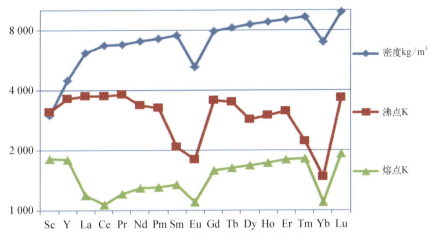

图 7-8 稀土金属的物理性质

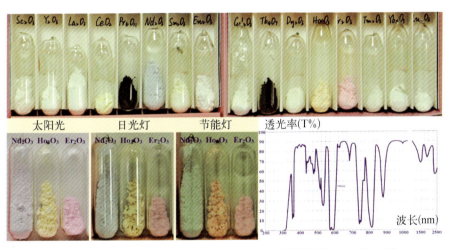

图 7-9 稀土氧化物的颜色和镨钕玻璃(PNB586)的吸收光谱

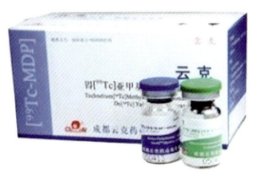

图 10-1 含锝元素的药物

辐射剂量图

这张图描述了一个人从各种来源可能吸收的电离辐射量。吸收剂量的单位是希沃特（Sievert，缩写Sv），这个剂量可以测量射线对人体细胞产生的影响。一次性吸收1希沃特会让你生大病一场，更多的剂量将会杀死你。我们每天都会吸收小剂量的来自自然界的本底辐射。注意：同样希沃特的剂量在短时间内吸收通常来说会更危险，但长时间内累积吸收相同的剂量会造成癌症率增大。

■ 一次胸部X光（20 μSv）
■ 左边所有蓝色方块之和（~60 μSv）
■ 日本福岛核事故之后一星期内在东京受到的额外辐射（40 μSv）
■ 住在石造、砖造或混凝土建筑内一年（70 μSv）
■ 美国三里岛事故后，住在16公里内的人受到的平均额外辐射（80 μSv）
■ 福岛核事故之后两周内在市政厅空受到的辐射总剂量（100 μSv）
■ 美国环保局设定的核电站一年辐射吸收剂量上限（250 μSv）
■ 来自于体内钾-40一年自然辐射剂量（390 μSv）
■ 美国环保局设定的非自然来源最大一般大众一年最大暴露限值（1 mSv）= 1000 μSv
■ 日本福岛离区内两周围的碘型剂量（1 mSv）
■ 一次乳房X光（400 μSv）
■ 美国三里岛事故的最外部辐射剂量（1 mSv）
■ 一次头部CT扫描（2 mSv）
■ 普通人一年受到的背景辐射剂量，大约85%来自于自然源，剩下的几乎都来自于医疗学检查（~4 mSv）
■ 2010年在切尔诺贝利核电站旁一小时（6 mSv，但不同时间测量变化可能很大）
■ 一次胸部CT扫描（7 mSv）
■ 美国环保局设定的核电站一年辐射剂量上限（30 μSv）
■ 美国辐射相关职业一年允许受到的辐射剂量上限（50 mSv）

■ 睡在某人旁边（0.05 μSv）
■ 住在核电站80公里范围内一年（0.09 μSv）
■ 吃一根香蕉（0.1 μSv）
■ 住在燃煤火力发电厂80公里范围内一年（0.3 μSv）
■ 一次手臂X光（1 μSv）
■ 使用阴极射线管显示器（显像管）一年（1 μSv）
■ 在科罗拉多州零号高背景辐射的地方待一天受到的额外辐射（1.2 μSv）
■ 一次牙科X光（5 μSv）
■ 普通人一天所接受的背景辐射（10 μSv）
■ 坐飞机从纽约到洛杉矶（40 μSv）

● 使用手机（0 μSv）- 手机发射器不会产生电离辐射，不会导致癌症。除非这是一部香蕉电话

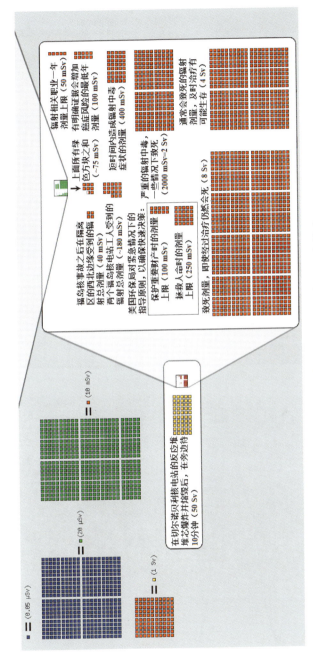

图 8-1 不同剂量辐射对人体的影响

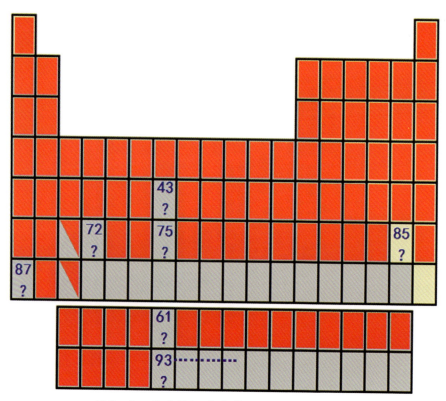

图 9-2 截至 1920 年尚待发现的"空位元素"

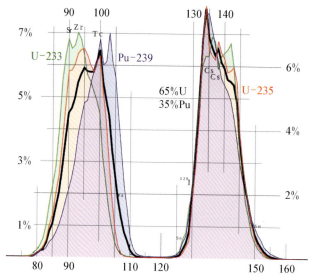

图 10-2 3 种易裂变核素的热中子引发裂变的产额-质量数曲线

华东师范大学第二附属中学·校本教材

元素的世界

洪辰明 ◎ 编著

华东师范大学出版社

图书在版编目（CIP）数据

元素的世界/洪辰明编著. —上海：华东师范大学出版社，2018
ISBN 978-7-5675-8124-1

Ⅰ. ①元… Ⅱ. ①洪… Ⅲ. ①化学元素－中学－教材 Ⅳ. ①G634.81

中国版本图书馆 CIP 数据核字（2018）第 173763 号

元素的世界

编　　著　洪辰明
策划组稿　王　焰
项目编辑　王国红
特约审读　曹彬彬
装帧设计　卢晓红

出版发行　华东师范大学出版社
社　　址　上海市中山北路 3663 号　邮编 200062
网　　址　www.ecnupress.com.cn
电　　话　021-60821666　行政传真 021-62572105
客服电话　021-62865537　门市（邮购）电话 021-62869887
地　　址　上海市中山北路 3663 号华东师范大学校内先锋路口
网　　店　http://hdsdcbs.tmall.com/

印 刷 者　杭州日报报业集团盛元印务有限公司
开　　本　787×1092　16 开
印　　张　14
插　　页　6
字　　数　213 千字
版　　次　2018 年 9 月第 1 版
印　　次　2018 年 9 月第 1 次
书　　号　ISBN 978-7-5675-8124-1/O·288
定　　价　58.00 元

出版人　王　焰

（如发现本版图书有印订质量问题，请寄回本社客服中心调换或电话 021-62865537 联系）

目 录

前言 1

第1章 元素的诞生：从大爆炸到超新星 1

第2章 自古以来的元素 14

2-1 金、银、铜、铁、锡、铅、汞：五金与七曜 14

2-2 碳、硫：易燃的非金属 32

第3章 中世纪的炼金术和炼丹术 42

3-1 砷、磷：美丽与邪恶并存 42

3-2 锑、铋、锌：似铅非铅 47

第4章 近代化学实验：确立元素概念 52

4-1 氧、氮、氢、氯：虚无缥缈的气体 52

4-2 钴、镍、锰、钼、钨、铂：钢铁伴侣 66

第 5 章　分析化学：寻找元素的利器　　74

5-1　溴、碘、硒、碲：稀散的非金属　　74
5-2　钌、铑、钯、锇、铱：铂族贵金属　　81
5-3　钛、锆、钒、铌、钽、铬、铍：难熔金属　　84
5-4　钇、铈、镧、"锚"、铽、铒、铀、钍：并不稀有的稀土　　93
5-5　镉：被遗忘的金属　　102

第 6 章　电解的强大威力：活泼金属和非金属　　105

6-1　钠、钾、锂：活泼的碱金属　　105
6-2　钙、镁、钡、锶：碱土金属　　111
6-3　硼、硅、铝：难缠的半金属　　118
6-4　氟：最活泼的非金属　　129

第 7 章　从焰色反应到光谱分析　　134

7-1　铷、铯、铟、铊：用颜色命名的金属　　134
7-2　镓、锗：元素周期律的胜利　　139
7-3　钪、镨、钕、钐、铕、钆、镝、钬、铥、镥：剩余的稀土　　145
7-4　氦、氖、氩、氪、氙：整整一族稀有气体　　149

第 8 章　天然放射性元素　　158

8-1　放射化学基本概念　　158
8-2　钋、镭、氡、锕、镤：次生放射性元素　　168

第9章 九九归一：真正的原子序数   177

    9-1   铪$_{72}$Hf   179

    9-2   铼$_{75}$Re   180

第10章 人造元素   183

    10-1   锝、钷、砹、钫：空位元素   183

    10-2   从93到118：超铀元素   188

第11章 元素周期表的尽头   193

    11-1   衰变：元素的未来   193

    11-2   最后一种元素   194

附录   197

参考文献   214

前　言

我们的世界是由化学元素构成的，自从初三开设化学课起，同学们就开始接触化学元素。每本化学课本最后的附录都有一张元素周期表，耳濡目染下大家对这张表渐渐熟悉了起来，但这种熟悉仅仅限于整张表大致呈"凹"字形的形状和碳、氢、氧、氮、铜、铁等不多的几种元素，而对于表中的 100 多种元素，真正了解的同学并不多，大部分元素连名字都没听说过，只能根据"读半边"的原理猜出它们的读音。

这 100 多种元素中包括了 1~83 号（除 43 号锝 Tc、61 号钷 Pm 外）和 90 号钍 Th、92 号铀 U 共 83 种稳定的、原生的元素，是本书主要探讨的对象。而剩下 30 多种元素因为它们具有强烈的放射性，寿命（半衰期）很短，在自然界中含量很少或不存在，本书将在第 8 章天然放射性元素和第 10 章人造元素中对其进行简要介绍。

因为受到一些不专业的媒体连续多年的宣传，在一般人的眼中，大部分的化学元素都是非常可怕的，金属元素不是有毒就是有放射性，非金属元素也经常和化肥、农药、激素、防腐剂联系在一起，而仅有的正面形象比如钙、铁、锌、硒又往往和保健品广告联系在了一起，给人一种包治百病的错觉，走向了另外一个极端。其实这两种看法都是很片面的，诚然许多的化学元素被人误食以后会造成毒害作用，但这些元素在其他不直接接触人体的场合却是非常有用的；而那些保健品广告中的常客固然是我们身体所必需的，但有些需要的量非常之少，服用过量之后反而有害甚至会造成死亡，不可一味求多。这些误区都需要在学习化学的过程中逐一进行纠正。

在这本书中,我们将从化学元素的诞生开始,探讨化学元素怎样合成,蕴藏在何处,如何被人类发现,其单质和化合物具有哪些独特的性质,利用这些性质可以开发怎样的用途,对人体或其他生物又有怎样的作用或毒性。相信在读完这本书之后,读者会对化学元素的世界有一个全面的了解。

我校 2017 年从青岛纯晶稀有元素有限公司定制了一套实物元素周期表,放置在化学实验室外的走廊中展出。这张周期表也贯彻了这一思想,用矿石或生物标本展示元素的来源,用单质、化合物的样品展示元素的性质,用工业产品或生活用品展示元素的用途。除周期表中的样品外,另有一些实验用样品可供教学时演示使用。各校在使用本书时,也可根据实际情况,采用照片、录像或动画进行讲解。

本书编写时参考了许多专业著作、大学教材和科普读物,作为参考文献列于书末,在向他们表示感谢的同时,也可作为读者进行更深层次学习的书目。在编写过程中,笔者也从这些文献中学到了很多知识,纠正了以前的一些错误印象。但由于时间较为仓促,加之笔者学识所限,难免有所疏漏和错误,敬请广大师生读者批评指正。

洪辰明
2018 年 3 月 4 日
于华东师大二附中

第1章 元素的诞生：从大爆炸到超新星

在很久很久以前，宇宙中没有任何一种化学元素，甚至连我们生活的这个宇宙本身、以及宇宙存在所依赖的空间和时间都没有。突然，在距今 137 亿年以前，整个宇宙伴随着它所依赖的时间、空间从一片虚无中诞生了。起初，整个宇宙只有一个点，密度极大、温度极高（$>10^{12}$ 开），但它迅速地膨胀开来，同时温度下降，这一诞生过程和炸弹爆炸非常相似，所以史称"**宇宙大爆炸**"（the Big Bang）。伴随宇宙一起产生的还有**质子**（proton，简称 p）、**中子**（neutron，简称 n）、**电子**（electron，简称 e）、**光子**（photon，符号 γ 或 $h\nu$）等基本粒子，构成化学元素的基本要素都已经具备。但这些粒子还没有也还不能结合在一起构成我们熟悉的化学元素，因为此时的宇宙温度非常高、密度非常大、粒子的运动速度非常快、碰撞非常激烈，即使形成了化学元素也马上会被撞得粉碎。

而在这些基本粒子中，中子是个神奇的东西，它比质子的质量稍大（大了约 0.14%），能量更高，更不稳定，单独存在时会很快衰变成质子、电子和反中微子：$^1_0 n \rightarrow ^1_1 H + ^0_{-1} e + \bar{\nu}_e$，半衰期仅 10.2 分钟，并且在大爆炸初期的高温下，这种衰变还会更快。但中子与质子结合之后会变得稳定，如 $^1_1 H + ^1_0 n \rightarrow ^2_1 H$，或 $2^1_1 H + 2^1_0 n \rightarrow ^4_2 He$。很快，大约在宇宙诞生 3 分钟后，宇宙中的中子和质子的个数比就降到了 1∶7，并且此时，宇宙的温度也降到了 10 亿开，允许质子和中子结合成氘、氚、氦-3，直至最稳定的氦-4 原子核，这一过程称为**原初核合成**（Big Bang nucleosynthesis，简称 BBN）。最终，2 个质子和 2 个中子结合成 1 个氦-4 原子核，剩下 12 个质子成为游离的氢原子核。因为早期宇宙非常均匀，这一过程在宇宙各处同时发生,所以宇宙各处的氢氦质量比都是 3∶1,原子个数比都是 12∶1。再加上中间过程形成的氘、氚、氦-3 和极少量的锂,宇宙初期化学元素的比例就这样被确定了下来。

随后,宇宙就像一锅均匀的热汤继续不断地冷却、膨胀,陷入一片死寂。直到 38 万年后,温度降到 3000 开,电子终于能和原子核结合成为真正意义上的原子。此后,因为温度降到只有几百开,这锅变冷的汤只能发出红外线而非可见光,宇宙陷入了一片黑暗。到了今天,我们只能在微波波段看到大爆炸的余辉了。

这一锅均匀的冷汤中的某些局部,密度略大于其他部分,因此引力也更强,会将周围的原子吸引过来,使密度高的地方更高,低的地方更低。大约 5000 万年以后,这种密度的不均匀性超过了临界值,某一团富含氢、氦的气体开始收缩,重力势能转化为内能,温度重新上升,开始发出红光。当核心温度上升到 1000 万开时,这团气体内部的氢原子核被点燃,聚变成氦原子核并放出巨大的能量,宇宙中的第一颗恒星诞生了。

恒星的诞生使宇宙中的化学元素合成过程重新开始,更多的元素一种接一种地诞生。因为大爆炸的元素合成时间非常短,不足以合成原子量超过锂的重元素,后续的元素合成都需要在恒星中完成。在恒星的各个演化阶段发生不同的元素合成过程,总共可分为 8 个步骤。

第一个步骤:氢燃烧。 当恒星的内部温度达到 1000 万开时,氢就开始燃烧,其最终产物都是氦-4,但根据恒星中"金属"的含量和核心的温度,燃烧的途径有**质子-质子链(p-p 链)** 和**碳-氮-氧循环(C—N—O 循环)** 两类:

① **p-p 链**: $2\,^{1}H \rightarrow\,^{2}H + e^{+} + \nu_{e}$ $Q = 0.42$ MeV $\tau = 1.4 \times 10^{10}$ a

$e^{+} + e^{-} \rightarrow 2\gamma$ $Q = 1.02$ MeV

$^{2}H + ^{1}H \rightarrow\,^{3}He + \gamma$ $Q = 5.49$ MeV $\tau = 0.6$ s

$2\,^{3}He \rightarrow 2\,^{1}H + ^{4}He$ $Q = 12.86$ MeV $\tau = 10^{6}$ a

总反应: $4\,^{1}H \rightarrow\,^{4}He + 2e^{+} + 2\nu_{e}$ $Q = 26.7$ MeV

两个质子先聚变成氘,释放出一个**正电子(positron,符号 e^{+}**,与普通的电子质量相等、电荷相反的粒子)和一个**电子中微子**(electron neutrino,符号 ν_e,不带电荷、质量微小的粒子),氘再结合一个质子生成氦-3,两个氦-3 碰撞后生成一个氦-4,同时释放出两个质子重新回到第一步反应中作为原料。每合成一个氦-4 原子核会释放出 26.7 兆电子伏(MeV)的巨大能量,并且需要满足三个守恒定律:

$$4{}^1_1H \rightarrow {}^4_2He + 2{}^0_1e + 2{}^0_0\nu_e$$

(1) 质量数守恒(Mass Number Conservation)。核反应虽然有一部分质量转化成巨大的能量而不符合质量守恒定律,但将相对原子质量近似到整数(即核反应方程式中每个粒子左上角的**质量数**,mass number)依然是守恒的。

(2) 电荷守恒(Electric Charge Conservation)。电荷守恒是宇宙中最基本的守恒定律,至今没有发现有任何违反电荷守恒的现象发生,核反应方程式中每个粒子左下角的电荷也需要守恒。

(3) 轻子数守恒(Lepton Number Conservation)。那么,方程式最后那个 ${}^0_0\nu_e$ 既不带电荷,质量也很小,缺了它也不会违反质量数守恒和电荷守恒,为什么还必须出现呢?原来所有实物粒子被分成了**重子**(Baryon)和**轻子**(**Lepton**)两类,它们的数目分别都需要守恒。其中重子包括质子、中子、超子等较重的粒子,核反应中常见的质子、中子质量数都是 1,所以重子数守恒就是质量数守恒;而轻子包括电子、介子、中微子等较轻的粒子,它们也需要满足轻子数守恒。粒子物理学中,将电子的轻子数规定为+1,与电子相关的电子中微子也是+1,正电子与其相反就是-1,反电子中微子也是-1,生成 1 个正电子就需要同时生成 1 个电子中微子,以满足轻子数守恒。

这 3 个守恒定律在所有的核反应方程式中都需要遵守。

p-p 链还有两个需要锂、铍、硼的途径:

p-p 链 II: ${}^4He + {}^3He \rightarrow {}^7Be + \gamma$

$${}^7Be + e^- \rightarrow {}^7Li + \nu_e$$

$${}^7Li + {}^1H \rightarrow 2{}^4He$$

总反应: ${}^3He + {}^1H + e^- \rightarrow {}^4He + \nu_e$

p-p 链 III：$^4\text{He}+^3\text{He}\rightarrow ^7\text{Be}+\gamma$

$^7\text{Be}+^1\text{H}\rightarrow ^8\text{B}+\gamma$

$^8\text{B}\rightarrow ^8\text{Be}+e^++\nu_e$

$^8\text{Be}\rightarrow 2^4\text{He}$

总反应：$^3\text{He}+^1\text{H}\rightarrow ^4\text{He}+e^++\nu_e$

所有这些 p-p 链中，有轻子参与的反应都涉及到弱相互作用，反应速率较慢，使得恒星能够长久、稳定地存在和发光。这些反应除了释放能量外，生成的中间核 ^2H、^3He、^7Li、^7Be、^8B、^8Be 还是生成更重的核素的原料。

② C—N—O 循环：

$^{12}\text{C}+^1\text{H}\rightarrow ^{13}\text{N}+\gamma \qquad Q=1.94\text{ MeV} \qquad \tau=10^6\text{ a}$

$^{13}\text{N}\rightarrow ^{13}\text{C}+e^++\nu_e \qquad Q=2.22\text{ MeV} \qquad \tau=14.4\text{ min}$

$^{13}\text{C}+^1\text{H}\rightarrow ^{14}\text{N}+\gamma \qquad Q=7.55\text{ MeV} \qquad \tau=2\times10^5\text{ a}$

$^{14}\text{N}+^1\text{H}\rightarrow ^{15}\text{O}+\gamma \qquad Q=7.29\text{ MeV} \qquad \tau=2\times10^8\text{ a}$

$^{15}\text{O}\rightarrow ^{15}\text{N}+e^++\nu_e \qquad Q=2.76\text{ MeV} \qquad \tau=2.93\text{ min}$

$^{15}\text{N}+^1\text{H}\rightarrow ^{12}\text{C}+^4\text{He} \qquad Q=4.97\text{ MeV} \qquad \tau=10^4\text{ a}$

总反应：$4^1\text{H}\rightarrow ^4\text{He}+2e^++2\nu_e \qquad Q=26.7\text{ MeV}$

这一循环从稳定的碳-12 开始，结合 4 个质子并发生 2 次 β^+ 衰变后生成氧-16，但此时的氧-16 处于激发态不稳定，释放出一个氦原子核后重新变为碳-12。总反应和 p-p 链相同，释放的能量也相同，但反应速率比 p-p 链快得多。

这一过程需要"金属"（天文学中将除氢氦外的所有较重元素都称作"金属"）的催化。在宇宙的第一代恒星进行氢燃烧时，恒星内部只有氢和氦，完全不含任何"金属"，此过程无法进行。而第一代恒星死亡后，将其合成的"金属"抛洒到宇宙空间中，后续形成的第二代恒星就能利用这些"金属"进行 C—N—O 循环了。温度越高，C—N—O 循环在氢燃烧中所占的比例就越高，太阳的质量较低，核心温度仅 1500 万开，氢燃烧以 p-p 链为主，C—N—O 循环仅占 10%；超过 1.3 倍太阳质量的恒星其核心温度超过 2000 万开，氢燃烧以 C—N—O 循环为主（见彩色插页第 1 页图 1-1）。

每秒钟，太阳都会将 6 亿吨的氢原子核燃烧成 5.96 亿吨的氦原子核，其中约 400 万吨即 0.7% 的质量损失转化为了能量,用爱因斯坦的质能方程进行换算每秒钟可释放出 $E = m \cdot c^2 = 3.6 \times 10^{26}$ 焦耳的能量,这些能量中的 22 亿分之一到达了地球就提供了万物所需。这个消耗速度看上去很快,但太阳的总质量高达 1.99×10^{30} 千克,其核心部分 10% 的氢就可支持其燃烧 $\dfrac{1.99 \times 10^{30} \text{ kg} \times 10\%}{6 \times 10^{11} \dfrac{\text{kg}}{\text{s}} \times 365 \dfrac{\text{d}}{\text{a}} \times 86400 \dfrac{\text{s}}{\text{d}}}$ = 100 亿年。太阳自诞生至今已经燃烧了 50 亿年,还能再燃烧 50 亿年。

氢燃烧阶段占了恒星寿命的绝大部分时间,处于该阶段的恒星称为**主序星**(**Main-sequence Star**)。但宇宙中绝大部分的氦都是在大爆炸之后几分钟内生成的,100 多亿年以来宇宙中所有恒星通过氢燃烧生成的氦只有原初核合成的 20%。尽管如此,恒星中的氢燃烧依然非常重要,因为它为后续的 7 个步骤提供了基础。

第二个步骤:氦燃烧。当恒星核心部分的氢消耗殆尽后,因为不再释放能量而抵挡不住引力收缩,温度急剧上升到 1 亿开,第二步氦燃烧将被点燃。

$$2\,^4\text{He} \rightarrow\,^8\text{Be} \qquad Q = -0.086 \text{ MeV}$$
$$^8\text{Be} +\,^4\text{He} \rightarrow\,^{12}\text{C} + \gamma \qquad Q = 7.367 \text{ MeV}$$
总反应: $\quad 3\,^4\text{He} \rightarrow\,^{12}\text{C} + \gamma \qquad Q = 7.281 \text{ MeV}$

第一步反应是个吸热反应,生成的 ^{8}Be 是不稳定的,以 2×10^{-16} 秒的半衰期衰变为两个 ^{4}He,其平衡浓度很小(^{8}Be : ^{4}He = 10^{-9})。如果在其衰变之前与第三个 ^{4}He 碰撞则能发生第二步放热反应生成 ^{12}C,放出更多的能量(见彩色插页第 1 页图 1-2)。氦燃烧的核心部分温度升高使得恒星外层膨胀(超过 1 个天文单位),表面温度反而降低(3000 开),发出红光而形成**红巨星**(**Red Giant**)。红巨星虽然表面温度低,单位面积上的发光强度小(与温度的 4 次方成正比,**斯特藩-玻尔兹曼定律**,Stefan-Boltzmann Law),但发光面积大,所以总亮度很高,比如猎户座的参宿四、天蝎座的心宿二都是著名的 1 等亮星,其绝对星等可达 -6 等。

^{12}C 还可进一步与 ^{4}He 反应,生成更重的元素,例如：

$$^{12}C + {}^4He \rightarrow {}^{16}O + \gamma \qquad Q = 7.148 \text{ MeV}$$

$$^{16}O + {}^4He \rightarrow {}^{20}Ne + \gamma \qquad Q = 4.75 \text{ MeV}$$

$$^{20}Ne + {}^4He \rightarrow {}^{24}Mg + \gamma \qquad Q = 9.31 \text{ MeV}$$

这些反应的结果是 ^{4}He 消耗殆尽,当核心的氦燃烧停止时,引力将使恒星核心再次收缩。但如果恒星质量较小,温度不足以升高到下一步碳燃烧的阈值温度(5亿开),核心将持续收缩直至形成密度高达 $10^6 g/cm^3$ 的电子简并态,核心以外的氢、氦继续燃烧至表面,产生的能量将表面的气体吹散至大约 1 光年直径,形成**行星状星云**(**Planetary Nebula**),如天琴座的环状星云 M57、狐狸座的哑铃星云 M27。而核心裸露出来发出白光,成为一颗质量和太阳相当而体积仅和地球相当的致密的**白矮星**(**White Dwarf**),比如天狼星的伴星。我们的太阳和任何形成时质量小于 8 倍太阳质量的恒星的最终命运都将止于此。

第三个步骤：碳燃烧和氧燃烧。更大质量的恒星引力更强,在重力的压缩下核心温度进一步升高,引发更多的核反应,每一步核反应都会放出更多的能量,引发更多更复杂的核反应,一条生产线就此建立起来。当温度升高至 6 亿开时,碳开始燃烧;当温度升高至 10 亿开时,氖开始燃烧(第四个步骤 α 过程);而温度升高到 15 亿开时,氧也开始燃烧起来：

$$^{12}C + {}^{12}C \rightarrow {}^{24}Mg + \gamma \qquad Q = 13.85 \text{ MeV}$$

$$^{12}C + {}^{12}C \rightarrow {}^{23}Na + {}^1H \qquad Q = 2.23 \text{ MeV}$$

$$^{12}C + {}^{12}C \rightarrow {}^{20}Ne + {}^4He \qquad Q = 4.62 \text{ MeV}$$

$$^{16}O + {}^{16}O \rightarrow {}^{32}S + \gamma \qquad Q = 16.5 \text{ MeV}$$

$$^{16}O + {}^{16}O \rightarrow {}^{31}P + {}^1H \qquad Q = 7.676 \text{ MeV}$$

$$^{16}O + {}^{16}O \rightarrow {}^{28}Si + {}^4He \qquad Q = 9.593 \text{ MeV}$$

两个 ^{12}C 或 ^{16}O 原子直接融合将生成质量数翻倍的 ^{24}Mg 或 ^{32}S,而如果碰撞能量更高,撞出 1 个质子或 α 粒子,则得到质量数小 1 的 ^{23}Na、^{31}P 或质量数小 4 的 ^{20}Ne、^{28}Si。除了生成这些新元素外,这一过程还将使之前消耗殆尽的 ^{1}H

和 ^{4}He 再生出来。

碳燃烧的反应速率对于温度非常敏感,与温度的 40 次方成正比。6 亿开时将碳全部消耗完大约需要 10 万年,而 8 亿开时则仅需 1 年。在一颗质量为太阳 25 倍的恒星中,随着温度逐渐升高,将碳燃烧完前后总共耗时约 600 年。而氧燃烧与温度的 33 次方成正比,在 15 亿开到 26 亿开的更高温度下进行,燃烧完仅需要半年时间。

第四个步骤:α 过程。在温度上升到 10 亿开时,氖先于原子量更低的氧开始燃烧。但这一燃烧过程和碳燃烧、氧燃烧这些质量数直接翻倍的过程不同,氖燃烧是氖-20 原子核吸收了 α 粒子之后质量数加 4,这一过程称为 α 过程。

$$^{20}Ne+\gamma \rightarrow {}^{16}O+{}^4He \quad Q=-4.75 \text{ MeV}$$

$$^{20}Ne+{}^4He \rightarrow {}^{24}Mg+\gamma \quad Q=9.31 \text{ MeV}$$

总反应:$2\,^{20}Ne \rightarrow {}^{16}O+{}^{24}Mg \quad Q=4.56 \text{ MeV}$

之后,^{24}Mg 还会继续吸收更多的 α 粒子,生成一系列质子数等于中子数、质量数为 4 的倍数的"α 粒子核素":

$$^{20}Ne \rightarrow {}^{24}Mg \rightarrow {}^{28}Si \rightarrow {}^{32}S \rightarrow {}^{36}Ar \rightarrow {}^{40}Ca \rightarrow {}^{44}Ti \rightarrow {}^{48}Cr \rightarrow {}^{52}Fe \rightarrow {}^{56}Ni$$

其中标**粗体**的是稳定核素,而从 ^{44}Ti 以后的放射性产物虽然不稳定,但它们可以通过 β^+ 衰变生成稳定的核素,如 ^{44}Ca、^{48}Ti、^{52}Cr、^{56}Fe。具体的反应过程和能量变化如下:

$$^{24}Mg+{}^4He \rightarrow {}^{28}Si+\gamma \quad Q=9.98 \text{ MeV}$$

$$^{28}Si+{}^4He \rightarrow {}^{32}S+\gamma \quad Q=6.95 \text{ MeV}$$

$$^{32}S+{}^4He \rightarrow {}^{36}Ar+\gamma \quad Q=6.64 \text{ MeV}$$

$$^{36}Ar+{}^4He \rightarrow {}^{40}Ca+\gamma \quad Q=7.04 \text{ MeV}$$

$$^{40}Ca+{}^4He \rightarrow {}^{44}Ti+\gamma \quad Q=5.13 \text{ MeV}$$

$$^{44}Ti+{}^4He \rightarrow {}^{48}Cr+\gamma \quad Q=7.70 \text{ MeV}$$

$$^{48}Cr+{}^4He \rightarrow {}^{52}Fe+\gamma \quad Q=7.94 \text{ MeV}$$

$$^{52}Fe+{}^4He \rightarrow {}^{56}Ni+\gamma \quad Q=8.00 \text{ MeV}$$

这一过程看上去与氦燃烧相似,但 ^{4}He 的来源不同,氦燃烧的 ^{4}He 是由 ^{1}H 燃烧生成的,而 α 过程的 ^{4}He 是由 ^{20}Ne 光致蜕变释放出的。

第五个步骤：e 过程(平衡过程,equilibrium process)。当温度达到 30 亿开时,恒星的核心充斥着质子、中子、α 粒子、高能光子(γ 射线)等各种基本粒子,它们与之前发生的核反应的产物激烈碰撞,所有吸收一个粒子、放出一个粒子的反应,比如(γ,α)、(γ,p)、(γ,n)、(α,n)、(p,γ)、(n,γ)、(p,n)(左边表示吸收的粒子,右边表示放出的粒子)等,都有可能发生。最终这些粒子和原子核达成热力学统计平衡,称为 e 过程或平衡过程。平衡体系中每个物种的浓度只与其能量有关,在从质子、中子结合形成原子核的过程中放出的比结合能越多,其内能就越低,形成的概率就越大。

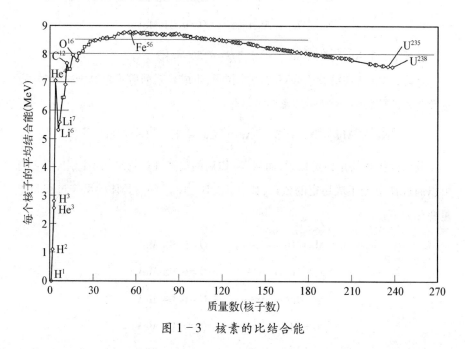

图 1-3　核素的比结合能

^{56}Fe 处于比结合能曲线的最高峰,其形成概率最大。按原子个数统计,^{56}Fe 在整个宇宙中的丰度排在第 9,仅次于 ^{1}H、^{4}He、^{16}O、^{12}C、^{14}N、^{20}Ne、^{28}Si、^{24}Mg。按质量统计,^{56}Fe 在整个宇宙中的丰度排在第 6,仅次于 ^{1}H、^{4}He、^{16}O、^{12}C、^{20}Ne。而铁附近的铬、锰、钴、镍等元素的比结合能也较大,在 e 过程中形成的概率也较

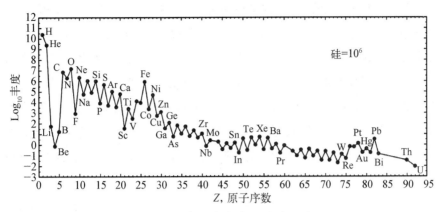

图1-4 宇宙丰度中的铁峰元素

大,在丰度图上形成了尖峰,称为"铁峰元素"。

原子核的稳定性还和质子、中子数的奇偶性有关,在所有286种稳定原生核素中,偶Z偶N的核素超过一半占了167种;偶Z奇N的占了57种;奇Z偶N的占了53种;奇Z奇N的双奇数核素只有^{2}H、^{6}Li、^{10}B、^{14}N、^{40}K、^{50}V、^{138}La、^{176}Lu、^{180m}Ta这9种,其中后5种还都是长寿命放射性核素。所以在丰度图上,偶Z元素都比相邻的奇Z元素丰度更高(He、Be除外)。

随着温度的升高,这些核反应进行得越来越快。碳燃烧可以持续600年,氖燃烧1年,氧燃烧半年,硅燃烧只有1天。当形成铁以后,之后的核反应都不再放出任何能量,转而变成了吸热反应,不再能产生辐射以抵抗引力。于是恒星核心部分开始收缩到电子简并态,成为一颗"呆滞核"(Inert Core),如果瞬间把恒星外层的气体剥离,我们将看到一颗以铁为主要成分的白矮星。但外层的核反应还在继续发生,不断把生成的铁堆积在核心的这颗白矮星上,当这颗白矮星的质量越堆越大,超过**钱德拉塞卡极限**(**Chandrasekhar limit**,电子简并压所能支撑的最大质量,约为1.4倍太阳质量)时,电子简并压支撑不住巨大的引力,就会发生坍缩,发生超新星爆发。

第六个步骤:s过程(慢速中子俘获过程,**slow neutron capture process**)。在超新星爆发之前,超大质量恒星内部还会经历几百年的激烈核反应,温度高达30亿开,质子、中子高速运动而激烈碰撞。将会有一些铁原子核吸收了一个又一个的中子后变成更重的**同位素**(Isotope),但这些同位素的原子核中中子过剩而质子不足,容易发生 β 衰变而生成原子序数加1的稳定原子核,此时如果再吸收一个中子就会重复上一个过程,于是质量数加1、原子序数加1、质量数再加1、原子序数再加1……将生成质量数和原子序数都很大的原子核。这一阶段虽然在恒星的生命史中只是短短的一瞬间,但绝对时间仍然长达几百年,有充足的时间进行这一过程,直至某一个质量数的所有**同量素**(Isobar,质量数相同而质子、中子数不同)全部都是不稳定的为止,这一过程称为**慢速中子俘获过程**(s 过程,见彩色插页第1页图1-5)。

s 过程与原子核内的中子数有关,凡是中子数 N 为"幻数"(Magic Number)的形成概率较大,而发生后续核反应的概率较小,于是丰度就较高。例如 $N=28$ 的 ^{51}V、^{52}Cr;$N=50$ 的 ^{89}Y、^{90}Zr;$N=82$ 的 ^{138}Ba、^{140}Ce;$N=126$ 的 ^{208}Pb、^{209}Bi 等都较易形成。另外,偶 Z 元素的稳定同位素数目比相邻的奇 Z 元素更多,所以丰度也更高。并且,因为中子是连续不断注入原子核的,随着时间的推移,较重的同位素的丰度会比较轻的同位素更高。

排查人类已知的所有核素,一共有3000多种,其中286种是稳定或半衰期长于1亿年的。其中,质量数小于等于209的核素中除了5和8之外,全部都有稳定的核素,这使得这一步过程可以从铁-56出发,一直合成到铋-209。而在209以后,虽然还有3种半衰期长于1亿年的较稳定的核素,但它们的质量数都超过232,中间需要越过20几个质量数的"不稳定海洋",无法在慢过程中越过,只能在接下来超新星爆发的一瞬间一次性地快速越过。

第七个步骤:r 过程(快速中子俘获过程,rapid neutron capture process)。**超新星**(Supernova)爆发是现今宇宙中最壮观的现象,爆发时的峰值亮度达到太阳的100亿倍,会超过整个星系的亮度,如果没有尘埃遮挡的话在星系之外百万光年远的地方也能轻松用肉眼看到,在星系内几千上万光年远的地方会比金星还亮,在白天也能看到。平均每个星系每50年会有一颗超新星爆发,在其他星系中已经用望远镜看到了成千上万颗超新星。但我们的银河系因为尘埃的遮挡,自从1006年在豺狼座(亮度达到了史上最亮的-7.5等)、1054年在金牛座(天关客星,遗迹为M1蟹状星云)、1572年在仙后座(第谷超新星)、

1604年在蛇夫座(开普勒超新星)记录了4颗超新星之后,已经400多年没有观测到超新星了。银河系中的下一颗超新星将会在何时何地爆发,让我们拭目以待。在没有肉眼可见的真实的超新星可供观赏之前,先来看一下模拟的超新星爆发的原理。

当一颗大质量恒星的生命走到尾声时,核心的那颗铁白矮星的质量超过了钱德拉塞卡极限,电子简并压再也支撑不住自己巨大的引力了。于是整颗恒星所有的质量向内坍缩,在0.1秒内将核心的铁原子核压缩至和其他铁原子核紧密接触的状态,而电子被压缩进原子核内与质子中和生成中子,于是核心变成了一颗由中子构成的巨大的原子核,这颗巨大的原子核在天文学上就称为**中子星(Neutron star)**。依靠比电子简并压更为强大的中子简并压,中子星再一次维持住了暂时的平衡,但此时的平衡直径只有20公里,而质量比太阳还大,密度和原子核密度相当,达到$10^{15} g/cm^3$(这一密度可以粗略地估算如下:原子半径约为10^{-10}米,原子核半径约为10^{-15}米,是原子半径的十万分之一,是原子体积的10^{15}分之一,所以原子核密度是原子密度的10^{15}倍)。

此时外围的物质还在不断地往下降,并被恒星巨大的引力加速。当它们以7万公里/秒(超过0.2倍光速)的速度撞上了中子星那层无比坚硬的外壳时,就会往外反弹而发生爆炸。撞击时瞬间的高温(50亿开)、高压、高密度会将一部分原子核撞碎产生大量的质子、中子,这些中子一次性大量地注入其他未碎裂的原子核内就会使其质量数一下子上升好几十,俘获了大量中子的核素大大偏离了β稳定线,将经过连续的β衰变直至生成一个稳定核。

三个天然放射系的母体^{238}U、^{235}U、^{232}Th都是在r过程中形成的,而地球上其他次生放射性元素都是由这三种放射性核素衰变而形成的。如果以^{238}U作为r过程的靶核,经过连续多次中子俘获和连续β衰变最重可生成^{262}Fm(见彩色插页第2页图1-6)。

而爆炸产生的冲击波则将这些重原子核抛洒到几十光年的范围内。若假设地球上的铀都是由同一颗超新星抛洒出来的,从$^{238}U/^{235}U$比可以推知,为我们太阳系所在的区域注入重元素的那颗超新星爆发于66亿年以前。其计算过程如下:

已知超新星爆发时生成的^{238}U 和^{235}U 丰度之比为 1∶1.64；^{238}U 半衰期 44.68 亿年,现在丰度 99.28%；^{235}U 半衰期 7.038 亿年,现在丰度 0.72%。设爆发至今已经经过 x 亿年,则：

$$\frac{1.64 \times 2^{-\frac{x}{7.038}}}{2^{-\frac{x}{44.68}}} = \frac{0.72\%}{99.28\%}$$

$$解得：x = \frac{44.68 \times 7.038}{7.038 - 44.68} \times \frac{\ln\frac{0.72}{99.28 \times 1.64}}{\ln 2} = 65.33$$

而更有可能的情况是,多颗超新星在不同时期注入了这些铀元素,其平均时间为 66 亿年。

除了这些超重核素以外,一些较轻但中子比例较高的富中子核素,如^{36}S、^{48}Ca、^{82}Se、^{136}Xe、^{198}Pt、^{204}Hg 等,也是通过 r 过程形成的。

第八个步骤：p 过程(质子俘获过程,proton capture process)。超新星爆发时,除了在一瞬间产生高通量的中子,引发 r 过程之外,还会产生高通量的质子,引发短时间内快速俘获质子的 p 过程。一些富质子稳定核素,因为它前面的同量素高于 β 平衡线,具有 β$^+$ 或 EC(**Electron Capture,电子俘获**)放射性,衰变时原子序数减 1 而不是加 1,无法通过中子俘获过程生成。例如^{124}Xe,前面的^{124}I 只能发生 β$^+$ 衰变或电子俘获生成^{124}Te,无法生成^{124}Xe,所以只能通过^{122}Te 连续俘获 2 个质子生成。

从^{74}Se 到^{196}Hg 之间一共有 36 种质子数为偶数的富质子核素都是在 p 过程中生成的。因为质子俘获过程只在超新星中发生,并且质子带正电,与原子核间有排斥作用,俘获过程发生概率低,所以丰度低于富中子核素。

八个步骤之外,还有 x 过程。当恒星演化过程中的所有核反应都进行完了之后,从碳到铀的所有元素都已经被制造出来。但这些元素中,漏掉了较轻的 3 种元素、5 种核素：3 号元素锂的两种天然同位素^{6}Li、^{7}Li；4 号元素铍的唯一天然稳定核素^{9}Be；5 号元素硼的两种天然同位素^{10}B、^{11}B。

这 3 种元素在地球上的含量并不高,属于稀散元素,但令人奇怪的不是这些元素为什么那么少,而是这些元素为什么会存在。因为氦燃烧时,3个氦-4核直接生成了碳-12,没有经过这5种核素;质量数为5和8的稳定同量素不存在,无法通过中子俘获或质子俘获生成;并且这些核素的比结合能和邻近的氦-4、碳-12相比很小(图1-3),即使原来存在,在500万开以上的环境中,这些核素也会被撞碎。恒星中的所有核合成过程无法解释这3种元素、5种核素的形成过程,只能够用表示未知数的字母将其命名为x过程。

对于x过程,其中的一种解释是宇宙射线中的质子、α粒子与 ^{13}C、^{14}N 等原子核碰撞,会发生碎裂,这一过程称为宇宙射线散裂。如:$^{13}C(p,\alpha)^{10}B$;$^{14}N(p,\alpha)^{11}C(\beta^+)^{11}B$;$^{12}C(p,\alpha)^{9}B(\beta^+)^{9}Be$ 等,这些反应发生在温度较低的星际气体中,所以其丰度比在恒星中高。

从137年前的宇宙大爆炸产生氢和氦开始到60多亿年前太阳系附近的超新星产生最重的天然原生元素铀,几十亿年间我们所熟知的元素一种种地诞生了,最后的超新星爆发将它们散播在一片稀薄而广大的星云中(见彩色插页第2页图1-7)。46亿年前富含这些元素的星云在引力的作用下收缩凝聚成了太阳系和我们生活的地球,这些元素就静静地躺在地球上等待一种能够慧眼识珠的智慧生物的出现,等待选修我们这门课程的同学的学习。

第 2 章 自古以来的元素

2-1 金、银、铜、铁、锡、铅、汞：五金与七曜

在中国，金、银、铜、铁、锡这 5 种金属被称为"五金"；在古罗马，也有和天上的 5 颗行星对应的"五金"：水银对应水星、铜是金星、铁是火星、锡是木星、铅是土星，而最璀璨的金银则分别代表最亮的太阳和月亮。将二者取交集，一共有 7 种金属早在公元前就已经被发现。这些金属有什么共同点呢？它们是不是因为在地壳中含量很高所以很早就被大量发现了呢？

表 2-1 部分金属元素的地壳丰度

古代金属			近代金属		
元素	丰度(g/kg)	排名	元素	丰度(g/kg)	排名
Au	4×10^{-6}	75	Al	82.3	3
Ag	7.5×10^{-5}	68	Ti	5.65	9
Cu	0.06	26	Mg	23.3	7
Fe	56.3	4	Li	0.020	33
Sn	2.3×10^{-3}	51			
Pb	0.014	36			
Hg	8.5×10^{-5}	67			

从表中可以看出，我们自古以来就很熟悉的金属其实丰度并不太高，除了铁的含量最高达到了大约 5% 以外，其他金属元素的含量都小于万分之一，其中汞、

银、金的排名更是在所有 83 种天然元素中排在六七十位。与之对比的是铝、钛、镁这些直到近代才被发现的元素在地壳中的含量都很高,在所有 83 种元素中排在前十位。这样的反差说明了丰度并不是影响人类发现化学元素的关键因素。

但丰度低的元素有可能分布非常集中,形成独立的矿石,比如黄色的自然金、白色丝状的自然银、红色的自然铜、绿色的铜矿石(孔雀石,主要成分 $Cu_2(OH)_2CO_3$)、红色的铁矿石(赤铁矿,主要成分 Fe_2O_3)、红色的汞矿石(朱砂,主要成分 HgS),这些分布集中而颜色鲜艳的矿石很早就吸引了古人的注意,因此其中所含的元素也很早就被古人所发现(见彩色插页第 2 页图 2-1)。

并且这些元素在金属活动顺序表中的位置也非常地有规律,都是中等活泼性或不活泼的金属(远古发现的金属用**粗体**标出):

K Ca Na Mg Al Zn Fe Sn Pb H Cu Hg Ag Pt Au

必须电解　　|　　用 C 还原　　|　　存在单质

不太活泼的化学性质使得它们在冶炼的时候也较为容易,将其矿石与碳混合简单地加热就能将其还原成金属单质。

但在这张表中,为什么依然有中等活泼性的锌(Zn)和不活泼的铂(Pt)在远古时代未被发现呢?因为远古被发现的元素除了容易获得外还必须具有非常鲜明的特点使人意识到这是一种与众不同的物质:金的黄色和耐腐蚀、银的白色和耐腐蚀、铜的红色、铁的坚硬和易生锈、锡的白色和低熔点、铅的灰色和低熔点、汞的流动性和高密度都符合这一要求。而锌因为其银灰色和低熔点与铅相似所以中国古代将其称为倭铅,日本称其为亚铅,而不认为这是一种独立的金属;铂因为其银白色和耐腐蚀的化学性质与银相似所以古代南美洲的印第安人把它当作银来制造首饰,后来欧洲人到达南美第一次见到这种金属时也将其称为"平托河的银",甚至其元素符号也来自于西班牙文对银的昵称。作为其他元素的替身,它们失去了在远古就被发现的机会。

2-1-1 金 $_{79}$Au

金具有金属中不多见的黄色,所以拉丁文将黄金称为 Aurum,来自于黎明女神Aurora(欧若拉),表示灿烂的意思,所以金的元素符号定为Au,与英文Gold、中文"金"都没有关系。

但金的颜色又不止于黄色:将金制成纳米颗粒分散在水中,根据直径不同,可以制造出从红到蓝的一系列胶体;将金纳米颗粒分散在玻璃中,也可以制造出非常漂亮的金红玻璃;用金和其他金属制成合金,可以调配出不同的颜色,例如金铝合金是紫色的,金镓合金是蓝色的,金镉合金是绿色的。

黄金在金属活动顺序表中排在最后,是最不活泼的金属,所以其在自然界中主要以单质形式存在,化合物仅仅有针碲金银矿($AgAuTe_4$)等极少数矿物存在。其明黄色的光芒在9000年前就引起了古人的注意,从那时起直到现在,人类总共生产了约18万吨黄金,目前每年还会增加3000吨左右,将这些黄金全部熔化,可以铸造成一个大约20米边长的立方体,或者灌满6个标准游泳池。因其化学性质非常稳定,这些黄金直到现在还有80%仍在使用中,妈妈的首饰、电子产品触点上的黄金,也许就是用几千年前代代流传下来的金子重新铸造的。

古代生产黄金可以利用密度的差别,将混有黄金的沙子放在河流里淘洗,密度小的沙子被流水冲走,密度大的黄金则留在淘汰盘里。随着这些含金量高的矿砂被开采殆尽,现代炼金的难度提高很多,通常矿砂中的含金量只有百万分之几,开采它们有汞溶解和氰化物溶解两种方法,两种溶剂都有剧毒,但因为汞的毒性难以降解,而氰化物可以用双氧水等氧化剂将其氧化成CO_2和NH_3等无毒物质:$H_2O_2+KCN+H_2O\rightarrow KHCO_3+NH_3\uparrow$,所以现在一般使用氰化物溶解法。

有个成语叫作"真金不怕火炼",也许有人认为是黄金的熔点很高,火烧不会熔化,但其实黄金的熔点只有1063℃,比铜、铁等常见金属都要低。用丁烷喷枪对着黄金丝的末端灼烧,一会儿就会熔化成一个小球,甚至滴落下来,但等到它冷却之后,其闪亮的金属光泽丝毫没有削弱,甚至可能因为原来表面上的油污被烧掉了而更加闪亮。如果称量熔化前后黄金的重量,也会发现它丝毫没有减轻。

而面对盐酸、硫酸、硝酸、氢氧化钠等常规化学试剂的腐蚀,黄金也丝毫不为所动。只有在遇到王水(浓盐酸和浓硝酸3∶1的混合液)时,黄金才会溶解,这一过程中,硝酸做氧化剂,盐酸中的氯离子做配位剂:

$$Au+HNO_3+4HCl \rightarrow H[AuCl_4]+NO\uparrow+2H_2O$$

许多同学都听说过玻尔用王水溶解诺贝尔奖金质奖章的故事,这件事情是有的,但主角不是玻尔:奖章是发现X射线衍射的德国物理学家冯·劳厄和完成弗兰克-赫兹实验的弗兰克提供的;操作者是发现铪元素的匈牙利化学家赫维西;玻尔只是提供了场地。二战前夕,反对纳粹的冯·劳厄受到纳粹攻击,而身为犹太人的弗兰克在1933年经由丹麦前往美国避难,他们都将奖章交给玻尔代为保管。1940年,纳粹占领丹麦。1943年,听闻盖世太保即将抓捕他的风声的玻尔也出走英国。同年,留守玻尔实验室的赫维西在赴瑞典任教授前夕,为避免被纳粹警察搜走,将两人的奖章溶解在王水中保存。等二战胜利后,赫维西将这瓶溶液里的黄金提取出来并交给诺贝尔奖评选委员会重新铸造,诺贝尔奖牌完璧归赵。大多数人记不住么复杂的过程和人名,只能记住其中知名度最高的玻尔。

黄金非常稳定因而适合长期保存,并且它稀有因而价值高,柔软且熔点低因而易于分割,所以自古以来就用作货币。这一用途也吸引了不法之徒的目光,用金黄色的廉价物质来冒充昂贵的黄金,其中最著名的就是黄铁矿(FeS_2),称作"愚人金"。分辨真假黄金可以通过密度、硬度、晶型、条痕等的区别:黄金密度19.3 g/cm³,黄铁矿密度仅为4.9 g/cm³;黄金硬度2.5,比较软,黄铁矿硬度6,硬而脆,所以奥运冠军拿到金牌后有个标志性动作就是咬一口,能咬出牙印的就是真金,而咬不动或者咬碎了的就是愚人金;黄金可以任意地熔化重铸,没有固定的形状,而黄铁矿在空气中加热后会燃烧,无法熔化,常常保留立方体或五角十二面体的 T_h 点群的晶型;黄金在无釉白瓷板或刚玉板上的划痕(**条痕,Streak**)为金黄色,而黄铁矿为黑绿色。

黄金延展性很好,1克黄金可以拉成1公里长的金丝,也可以碾成1平方米大的金箔,厚度只有400个金原子,所以卢瑟福使用金箔来进行α粒子散射实验。金箔可以贴在佛像上"塑金身",也可以贴在蛋糕表面或分散在白酒里供食用。这种金箔食用后无法消化,第二天会原样排出,不会对人造成伤害。而古代所谓"吞金自杀"则是吞入大块黄金,同样无法消化的黄金堵塞肠道,无法排出,造成死亡。

  金是**单核素元素**(Mononuclidic Element),只有^{197}Au 一种天然核素,原子量 196.96655,精确度高达 8 位有效数字。自古以来,黄金的价值就吸引了一些炼金术士想要点石成金,用不改变元素种类的化学方法当然是不可能的。在人工核反应已经实现之后不久的 1924 年,日本物理学家长冈半太郎宣称用高压放电的方法从汞中打出 1 个质子生成了金,但其他科学家没有重复出他的结果(Miethe, A. (1924). "Der Zerfall des Quecksilberatoms". Die Naturwissenschaften. Volume 12. Issue 29. Pages 597 - 598.)。直到 1941 年,美国哈佛大学的物理学家舍尔、班布里奇和化学家安德森用中子照射汞,使汞发生 β^+ 衰变或 EC 衰变而生成金,真正实现了"炼金术"(Sherr, R.; Bainbridge, K. T. & Anderson, H. H. (October 1941). "Transmutation of Mercury by Fast Neutrons". Physical Review. Volume 60. Issue 7. Pages 473 - 479.)。当然,这种方法产率低而成本高,并且产生很多放射性核素,合成出来的黄金是不可能用于货币、首饰等民用用途的。在汞的 7 种天然同位素中,只有质量数最小且丰度仅 0.15%(为什么丰度小参考第 1 章 s 过程和 p 过程)的 ^{196}Hg 吸收中子生成的 ^{197}Hg 会以 64.14 小时的半衰期发生 EC 衰变生成稳定的 ^{197}Au;其他的要么发生(n,p)反应生成金的放射性同位素:半衰期 65 小时的 ^{198}Au、78 小时的 ^{199}Au、48 分钟的 ^{200}Au;要么发生(n,α)反应生成铂的放射性同位素:半衰期 19 小时的 ^{197}Pt、80 分钟的 ^{197m}Pt、29 分钟的 ^{199}Pt;要么吸收中子生成质量数加 1 的汞的稳定同位素,或者半衰期 25 小时的 ^{197m}Hg、43 分钟的 ^{199}Hg、47 天的 ^{203}Hg。最终,这些放射性同位素都会衰变成铂、金、汞、铊的稳定同位素。

2-1-2 银$_{47}$Ag

  银在自然界中也有单质状态:银白色丝状的自然银,但更多的是以硫化银的形式混杂在方铅矿(PbS)中,含银量最高可以达到 2%。淘宝上可以搜到许多银光闪闪的矿石号称"银矿石",其实就是方铅矿,称它们为"银矿石"从工业生产的实践上来说不能算错，因为70%的银是从这种铅矿石中提取的，而从独立银矿石比如辉银矿(Ag_2S)、角银矿(AgCl)中提取的只占30%。但这些方铅矿中的含银量很低，和消费者心目当中的银矿石不是一个概念。

中南美洲的秘鲁、墨西哥、阿根廷、危地马拉从印第安时期就盛产银矿，自1492年哥伦布发现美洲以后，西班牙人从美洲掠夺了大量的银。其中阿根廷的国家名字(Argentina)就来自于银的拉丁文 Argentum，后者来自于希腊文 argyros（明亮），因此银的元素符号 Ag 和英文 Silver、中文"银"完全没有关系。而流经阿根廷北部的南美洲第二大河流拉普拉塔河(Río de la Plata)则来源于西班牙文的银(Plata)，被誉为"白银之河"。

银的熔点961℃，在空气中加热熔化后也不能被氧化，所以"真银也不怕火炼"。但用丁烷喷枪灼烧银丝使其熔化后再凝固可以发现，银熔珠的表面有很多毛刺，这是因为液态银对于氧气有较好的溶解能力，而当银凝固时，这些氧气就会变成气泡析出。所以银匠在打银戒指时，戒圈接口处在熔接之前先要涂上一层硼砂以防止氧气进入。

白银不和氧气反应，但如果和硫或硫化物接触，就会被氧化为黑色的硫化银，还是会生锈的。古代人只知其然不知其所以然，用这种黑色来验毒，主要就是检验其中的硫。因为古代用来下毒的砒霜(As_2O_3)不纯，其中经常会残留没有焙烧完的雄黄(As_4S_4)，所以遇到银针、银筷就会变黑。而纯净的砒霜与银不反应，现代毒药氰化钾(KCN)甚至能够溶解银表面的硫化银而让银器更闪亮。银虽然不能验毒了，但依然可以杀菌，例如蒙古人就用银壶来储存、用银碗来喝马奶，这样马奶不易腐败，所以直到现在，银依然是制造高档餐具的材料。

银对白光的反射率达到95%以上，是所有金属中最高的。将银放在一本打开的书上，歪歪扭扭地反射出纸上的字迹，远看就好像放了块透明的玻璃一样。因为这种洁白无瑕，白银自古以来就作为饰品，而不是货币。在公元以前银的价格比黄金还高，因为黄金捡起来就能用，而大部分白银需要冶炼，耗费更多时间和劳力。只有在明朝以后，西方人用从美洲掠夺来的白银和中国做生意，中国国内银量持续增长，白银才开始作为货币大量流通。

利用这种反射，我们可以在玻璃的背面镀银以制造镜子：在试管中加入

1毫升2%硝酸银溶液,逐滴滴加2%氨水并振荡,至一开始生成的棕色氧化银沉淀完全溶解后,加入2毫升10%葡萄糖溶液,浸在热水中加热,利用葡萄糖中的醛基将+1价银离子还原为单质银,就可以在试管内壁得到光亮的银镜。

银的导电性也是所有金属中最高的,接下来依次是铜、铝、金,所以高档的电子设备中也用银做导线。只是这种最高有点尴尬,因为银在含有硫化氢的空气中容易生成硫化银,关键部位的触点还是得镀上一层导电性略差但更不易生锈的黄金。

整块的白银是白色的,但它的反射率毕竟只有95%而不是100%。有句非常激励人心的心灵鸡汤叫作:"每天努力进步1%,100天以后,你就进步了 $\left(1+\dfrac{1}{100}\right)^{100} \approx e \approx 2.71828$ 倍",对于银来说也一样,只不过加号改成减号,结果也改为倒数,而 $\left(1-\dfrac{1}{20}\right)^{20} \approx 1/e \approx 36.8\%$,所以当光线照射到一堆细颗粒的银粉,陷入自由电子的汪洋大海,经过多次反射之后,能够反射出来的就寥寥无几了,于是白银就成了黑银。这种黑色是1839年银版照相法发明之后到21世纪初之前摄影摄像胶片的本色,因为胶片上涂布的溴化银受光照易分解,光照强的地方生成黑色的银颗粒多,光照弱的地方银颗粒就少,胶片就显示出和实际图像相反的颜色,这种胶片称为负片。再对着底片拍一张,负负得正,就能得到明暗正常的照片了。上个世纪50%的银都消耗在了感光材料上,并于1999年达到峰值,而进入本世纪以后,数码照相机开始普及,这一比例已经下降到5%左右。

将溴化银掺杂在玻璃中,在室外光照下分解为溴和银而变黑,在室内光线弱时溴和银重新化合而变透明,可以制造变色太阳眼镜。

从史前时代被发现以来,全世界累计生产了150万吨白银,并且目前每年还会增加3万吨,大约是黄金的9倍。但是和黄金以万年计的稳定性不同,一半以上的银都被消耗掉了而没有保存下来,所以在未来,金银的比价可能再次回到公元前,银比黄金还贵。

2-1-3 铜 $_{29}$Cu

铜是中学化学中的常客,红色的单质,蓝色的溶液。在今天的生活中,这种红色的纯铜主要用作导线,因为金属的电阻对纯度比较敏感,这种铜要求纯度较高,达 4N(99.99%)以上,并且对其中特殊的杂质有要求,要求无氧、无磁性。而在历史上,铜和各种金属形成的**合金**(**Alloy**)才是主角。

铜-锡-铅的合金叫作青铜(Bronze),是人类最早生产使用的合金。青铜本来并不是青色的,而是和其他铜合金一样呈现深浅不一的黄色,"铜"字在汉语中的意思就是颜色与黄金相"同"。只是这些青铜器皿大多在公元前铸造,埋藏在地底下几千年了,表面布满了碱式碳酸铜,所以看上去呈现出青绿色。当公元前 4000 年,美索不达米亚的先民们将铜矿和锡矿一起冶炼,人类就开始进入青铜时代了。

铜-锌合金叫作黄铜(Brass),因为颜色漂亮、坚固耐用而被广泛用作各种生活器具。

铜-镍合金叫作白铜,含镍 16% 以上的铜合金就会褪去原来的红色变为像银一样的白色,所以从宋朝开始就用来铸造货币,17 世纪传入欧洲后还铸造了许多工艺品。

铜和其他金属的合金通常都在掺杂金属后面加上"青铜"两个字,比如含铍的铍青铜,因为摩擦时不会产生火花而用在加油站、化工厂等严禁烟火的场合;铝青铜耐磨性好,用来制造齿轮、螺纹、轴承;磷青铜弹性好,用于制造弹簧、口琴。

这些铜合金的硬度都比纯铜高,使用时性能更佳;而熔点都比纯铜低,铸造时更加容易。这一趋势是所有合金都会具有的:因为纯金属中,半径相同的金属阳离子一层一层整齐排列,结合紧密,不易熔化,但层间容易滑动,柔软而延展性好;而在合金中,一部分离子半径不同,于是出现了空隙,结合不再紧密,熔点就会降低,但层间滑动时会在杂质离子处卡住,不易变形。正因如此,合金的使用要比纯金属广泛得多。

古代的欧洲,主要的铜矿产地是地中海东部的塞浦路斯岛(Cyprus),所以铜的英文名 Copper 和拉丁文名 Cuprum 都来源于此,元素符号定为 Cu。现在铜的全世界年产量达到2000万吨,比金、银要多很多。主要的铜矿产地在智利,占世界铜产量的20%以上。此外,非洲内陆国家赞比亚也盛产铜矿,年产量达到70万吨,我国在上个世纪70年代援建的坦赞铁路就是为了帮助赞比亚把铜矿从内陆运往坦桑尼亚的沿海港口。

这些铜矿石大部分都是黄铜矿($CuFeS_2$)、辉铜矿(Cu_2S)、斑铜矿(Cu_5FeS_4)等硫化物,呈现出带金属光泽的锖色。一部分铜的碳酸盐如孔雀石($Cu_2(OH)_2CO_3$)、蓝铜矿($Cu_3(OH)_2(CO_3)_2$),硅酸盐如硅孔雀石($CuSiO_3 \cdot 2H_2O$),磷酸盐如绿松石($CuAl_6(PO_4)_4(OH)_8 \cdot 4H_2O$),呈现出$Cu^{2+}$离子漂亮的蓝绿色,自古以来就被琢磨成装饰品。

铜在我们的身体里以铜蓝蛋白的形式存在,起到抗氧化剂的作用。在一些低等动物比如鲎的血液中,铜蓝蛋白是运输氧气的载体,相当于人血中的血红蛋白。

2-1-4 铁 $_{26}$Fe

和前面3种金属不同,地球表面的铁并不能以单质状态存在,因为铁非常容易生锈,而地球的大气环境又非常的潮湿,40多亿年以来地壳中的所有铁元素都已经生锈变成氧化铁或其他化合物了。所以尽管铁元素在地壳中的含量远高于金、银、铜,但铁的发现却晚于它们。并且神奇的是,人类最早认识的铁不是地球上原生的铁,而是来源于一些陨石。

在太阳系形成的初期,太阳周围围绕着许多微小行星。幸运的是我们的地球长大了,而那些没能长大的微小行星,其结构和地球一样,核心以铁镍为主,表面以硅酸盐为主,在经历了多次碰撞撞成碎块以后,核心部分的铁暴露出来,偶然降落到地球上就成了铁陨石,外壳部分的碎块降落到地球上就成了石陨石,而中间部分既有铁也有硅酸盐,就形成了石铁陨石(见彩色插页第3页图2-2)。铁陨石和一般人类冶炼的铁不同之处在于,它形成于微小行星的核心,冷却速度十分缓慢(1~100℃/百万年),所以其中的铁镍晶体可以长得很大。这种大晶体可以通过如下方法显示:把铁陨石切片并用含5%硝酸的乙醇溶液进行腐蚀,铁晶体被腐蚀得快,镍晶体被腐蚀得慢,就会形成六角形的放射纹路,称为"维斯台登纹"(Widmanstätten pattern)。

这些天上掉下来的铁陨石因为不含碳、硫、磷等非金属杂质,而含 5~10% 的镍,比普通的铁更耐腐蚀,并且硬度高非常坚韧,锻打成兵器后非常耐用,所以被称为"玄铁"。

而地球表面原生的铁全都已经变成了化合物,主要以氧化物(赤铁矿 Fe_2O_3、褐铁矿 $Fe(OH)_3$、磁铁矿 Fe_3O_4)的形式存在,少部分为硫化物(黄铁矿 FeS_2)。从化学性质上来说,铁和它右边的钴、镍一样,也是一种亲硫金属。但因为其丰度(56300 g/T,排名 4)远大于硫(350 g/T,排名 16),硫不够和所有的铁化合,地球形成时这些过量的铁只能以 Fe^{2+} 的离子形式溶解在海洋中,这时候的海洋呈现出绿色。

水溶液中,Fe^{2+} 离子显绿色,Fe^{3+} 离子因为水解而显出棕黄色,许多人以为后者就是 Fe^{3+} 离子的颜色。其实,在不水解的固态结晶水合物如九水合硝酸铁 $(Fe(NO_3)_3 \cdot 9H_2O)$ 中,Fe^{3+} 离子的本色是淡紫色的。因为 Fe^{3+} 的电子构型是 $[Ar]3d^5$,3d 亚层为非常稳定的半充满结构,再要发生 d-d 跃迁很不容易,所以颜色很淡。同样颜色很浅的还有电子构型相同的 Mn^{2+},为极浅的粉红色。

当 20 多亿年前"大氧化"事件发生时,原始藻类通过光合作用释放出大量氧气,这些 Fe^{2+} 离子纷纷被氧化为 Fe^{3+} 并沉淀下来,一时间全球的海洋都被染成了铁锈红,形成了全球各地的大铁矿。

除了地球以外,火星表面的氧化铁也十分丰富,所以整颗星球呈现出血红色,我们不禁猜测,是不是火星也经历过这样的大氧化时期,火星表面的氧气是不是也曾经很多呢?古罗马人用火星来代表铁,并代表由铁器作为武器的战争,战争又会造成流血,血液的红色也是由亚铁离子带来的,这些意象相互交织,其实是有内在联系的,只是古代人只看到了表面,并不了解其原因。

对地球表面的氧化铁,古人早已用之。氧化铁混合在土壤中呈现出红色,尤其是中国南方的土壤含铁量特别高颜色特别红,称为"红壤"。将这些土壤制成砖坯入窑烧制,如果鼓风充足,窑内呈氧化性气氛,则烧制出的砖块中的铁保持其+3 价,颜色保持为红色而称为"红砖",这种红色也特称为"砖红色";如果鼓风不足,窑内呈还原性气氛,则铁被还原为+2 价的氧化亚铁 FeO,烧制出的砖块呈现出青黑色,称为"青砖"。对于这其中的化学变化,古人也无法获知其个中原因,而只能由窑把头凭借经验调控窑温、鼓风量、烧制时间,来获得预期的颜色。

而要更进一步,获得这些化合物中的铁元素,古人就必须有针对性地用碳在高温下加以还原了。但因为铁比铜活泼,还原所需的温度高于铜,所以被发现的年代也晚于铜,大约在公元前1500年才由赫梯人率先冶炼出了铁,并在赫梯人的王朝灭亡后传遍了旧大陆各地。人类先经历了青铜时代再经历了铁器时代,直到现在铁依然是产量最大(每年20多亿吨)、价格最低(1.7元/千克)的金属材料,可以说我们现在依然生活在铁器时代。

铁的用途无处不在,造房子所用的钢筋、造桥梁所用的钢梁、火车汽车轮船的外壳、机器的零件、家中的锅碗瓢盆和菜刀,无一不需要用到铁作为结构材料。在设计制造这些建筑和机器时,图纸上显色的也是铁的化合物:将柠檬酸铁铵($(NH_4)_5[Fe(C_6H_4O_7)_2]$)和铁氰化钾(赤血盐,$K_3[Fe(CN)_6]$)按物质的量之比1∶1混合后涂布在专用的纸张上,将原稿蒙在图纸上用太阳光或紫外灯照射,在光子的激发下柠檬酸根将铁原子从+3价还原到+2价,与铁氰化钾结合成滕氏蓝(Turnbull's blue,$KFe[Fe(CN)_6] \cdot H_2O$)沉淀。滕氏蓝与Fe^{3+}和亚铁氰化钾(黄血盐,$K_4[Fe(CN)_6]$)生成的普鲁士蓝(Prussian blue)为同一种物质,因为两种不同价态的铁原子相互之间存在**电荷转移跃迁**(**Charge Transfer Transition**,简称**CT跃迁**),对680纳米左右的橙红光强烈吸收而呈现深蓝色,所以这种设计图被称为"蓝图",而制作蓝图的操作因为需要用到光照所以被称为"晒图"。

而铁对我们的身体来说也是非常重要的,血红蛋白每个亚基的中心就有一个亚铁离子,负责将氧气从肺部输送到全身各处。与一般人的想象不同,血液的红色并不是+3价的铁离子带来的,而是来源于+2价的亚铁离子,它运输氧气的过程也不是被氧气氧化,而是通过配位键和氧气分子可逆地结合,铁依然还是+2价,氧气的分子结构也依然保持完整。一氧化碳(CO)和氰根离子(CN^-)也能和血红蛋白结合,并且比氧气结合得更牢固,会使血红蛋白失去运输氧气的能力,造成缺氧。游离的血红蛋白是暗红色的,与氧气结合后变成鲜红色,与 CO 或 CN⁻ 结合后变为桃红色,所以煤气中毒或氰化物中毒身亡的人往往面色红润,看上去像活着一样。亚硝酸盐可以将血红蛋白中的 Fe^{2+} 氧化成 Fe^{3+},生成蓝棕色的高铁血红蛋白,也会失去运输氧气的能力。

一个成年人的体内大约储存有 3~5 克铁,每天会流失大约 20 毫克,相应的就需要补充 20 毫克。这些铁可以从同样含有血红蛋白的动物性食物中摄取,比如猪肝、猪血、红肉等。如果食物中的摄入量不够,就需要口服硫酸亚铁或葡萄糖酸亚铁口服液了。

和人类同一个亚门的脊椎动物全都是通过含铁的血红蛋白来运输氧气的,而其他门类的动物在进化的过程中选择了其他金属元素,比如节肢动物蜘蛛、鲎、软体动物乌贼、蜗牛等选择了铜蓝蛋白,脊索动物门中比较低等的尾索动物亚门的海鞘选择了绿色的血钒蛋白,而少数几种软体动物如江珧则选择了褐色的血锰蛋白。和血红蛋白相比,其他蛋白质载氧能力更差,所含的金属元素更稀有,获取更困难,所以相应的动物种群不如脊椎动物繁盛。我们人类能够爬上进化的顶端要感谢铁,也要感谢我们的祖先选择了铁这种含量丰富的元素。

2-1-5 锡 $_{50}$Sn

今天,锡位列五金之末,但它的发现历史比铁要早。最初的锡主要被用来制造青铜,使铜变得坚硬,所以锡的拉丁文名 Stannum 的含义就是坚硬,元素符号据此定为 Sn。

锡最主要的产地在东南亚的马来西亚和中国个旧,个旧市中心的金湖就是过去的矿坑积水形成的。与铅不同,锡矿的主要形式是氧化物(SnO_2),称为"锡石",纯净时是无色透明的,色散比钻石还高(0.071 vs 0.044),可琢磨成宝石。

锡有多种**同素异形体**(**Allotrope**)。普通的锡是四方晶系的银白色金属,密度 7.32 g/cm³,称为 β 锡;在 13.2℃以下,会缓慢转化为和钻石一样的立方晶系的灰色晶体,密度 5.75 g/cm³,因为对称性更高所以称为 α 锡。白锡转化为灰锡时密度减小,体积膨胀,会将原来的形状胀开破裂成粉末。这种转化速率很慢,经常一个冬天都没有明显的现象,但只要白锡接触了灰锡,就会像瘟疫一样被传染,在几天内大量转化为灰锡,称为"锡疫"。1911年末南半球的夏天,挪威探险家阿蒙森和英国探险家斯科特比赛谁先到达南极点,结果斯科特不仅输掉了比赛,还赔上了性命,在1912年初回程时冻死在暴风雪中。后人检查了他的遗物,发现摩托雪橇的油箱是用锡焊接的,而锡早已在途中碎裂,汽油都漏光了。现在的焊锡中都添加了锑,不再发生"锡疫"了。

白锡不仅不耐冷,还不耐热,加热至161℃会转变为正交晶系的脆锡,密度$6.54\ g/cm^3$。继续加热至232℃,锡就会熔化成水银一样的液体。在锡中加入37%熔点327℃的铅后,熔点会降到150℃,这种合金称为焊锡,用于焊接电路。

古代的锡和铜混在一起,现代的锡则是铁的好搭档,其产量有1/3用来制造镀锡铁皮,因为中国最早从澳门(Macao)进口这种铁皮,所以称为"马口铁"。镀锡铁皮用于制作罐头储存食品,所以英文中锡和罐头都是Tin,中文罐头的数量单位"听"也是音译自Tin。镀锡铁比镀锌铁更适合做罐头,因为锌虽然是人体必需的微量元素,但过量有毒,并且因为锌比铁活泼,镀层破损时形成原电池锌会大量溶出;而锡虽然对人体没有正面作用,但毒性也更小,且锡不如铁活泼,镀层破损时铁先生锈,锡不会溶出。关于罐头,必须要纠正一个误区,一般人认为罐头食品保存时间长是因为防腐剂多,其实罐头食品是完全不含防腐剂的,因为罐头发明于1809年,那时候连有机化学都没有(作为有机化学开端事件的维勒合成尿素发生在1828年),不可能添加防腐剂。罐头完全是靠其密封性来防菌的,许多二战时期的军用罐头到现在依然能食用。

锡的天然原生同位素是所有元素中最多的,达到了10个:^{112}Sn、^{114}Sn、^{115}Sn、^{116}Sn、^{117}Sn、^{118}Sn、^{119}Sn、^{120}Sn、^{122}Sn、^{124}Sn,因为50是幻数,具有50个质子的原子核具有特殊的稳定性。

2-1-6 铅 $_{82}Pb$

铅和锡比较相似,熔点都很低,硬度都很小,所以最早被发现的时候人们并不能很明确地区分这两种金属。肉眼可见的区别是铅的表面容易氧化,形成黑色的氧化膜,而锡在常温下永远闪耀着银白色的光芒。古罗马人称铅为黑铅(plumbum nigrum),称锡为白铅(plumbum album),后来plumbum成为铅的拉丁文名,取其中两个音节的首字母将元素符号定为 Pb。而中国的《说文解字》中则将铅解释为"青金",将锡解释为"银铅之间",也是根据颜色进行区分的。

古罗马人很喜欢铅,用高峰期年产量 8 万吨的铅来做各种器具:铅做的屋顶瓦片、铅做的自来水管、铅做的酒杯、铅做的铅笔(最早的铅笔是用木条夹着铅做的,16 世纪以后才改用石墨)。因为铅在当时的所有金属中最软最容易加工,水管破了以后可以像补自行车胎那样拿一块铅皮贴在上面敲打几下就能把漏洞补上。并且铅用作酒杯还会有意想不到的美味出现:当时的酿酒技术比较粗糙,酒经常过度发酵,乙醇氧化成乙醛,乙醛氧化成乙酸,导致酒带有酸味,而放进铅做的酒杯后,铅溶解进乙酸中生成有甜味的醋酸铅,使酒的风味更佳。古罗马人在喝了几百年这种含铅的自来水和葡萄酒后深受毒害,直到亡国后这种毒害才停止。

铅的化合物碱式碳酸铅($Pb_3(OH)_4CO_3$)也是一种自古以来的白色颜料,俗称"铅白"。铅白涂在脸上会让皮肤显得更白,但长期使用皮肤吸收了铅以后会产生黑斑,这时就需要用更多的铅白覆盖掉,久而久之也会中毒。铅白折射率高(2.074),涂在壁画上遮盖力很好,但长期接触含硫空气会转变为黑色的硫化铅(PbS),所以现在敦煌莫高窟的壁画中许多人物的皮肤都是黝黑的,让人误以为是非洲菩萨。此时,理论上可以用双氧水将 PbS 氧化为硫酸铅($PbSO_4$)而恢复白色,不过文物部门一般不这么处理而是保留原样。

因为铅的毒性,许多用途都被禁止了。比如上个世纪的汽油为了提高其抗爆性会添加四乙基铅,并且染成红色防止人们误用这种汽油来洗手。但这种汽油燃烧后会形成氧化铅粉尘进入大气,通过呼吸道进入人体,由于这种粉尘密度大,沉积在低处,所以儿童特别容易受到毒害。进入新世纪以来,随着新型抗爆剂的发明,含铅汽油就被禁止了。冬至、清明祭祖烧的"锡箔"表面涂的银色粉末中也含有铅,燃烧后生成橙黄色的 PbO 和 Pb_3O_4 而不是白色的 SnO_2,为了减少这种污染,现在也在提倡文明祭扫。

而在许多不直接接触人体的场合下依然在使用铅,因为铅有许多难以用其他金属替代的性质。并且铅虽然在地壳中含量并不算太高(0.014 g/kg,排名36),但因为有集中的矿床分布,冶炼也很容易,所以铅是除铁以外最便宜的一种金属(铁 1.7 元/kg,铅 11 元/kg,而其他常用金属如铝 17 元/kg,铜 35 元/kg,锡 120 元/kg)。

铅的熔点低,锡+铅+镉+铋 1∶2∶1∶4 的合金(伍德合金)熔点低至 70℃,可以用作保险丝或消防水龙头。

铅的密度高,小小一颗 11 厘米直径的铅球就能有数公斤重(男子 7.26 公斤,女子 4 公斤),用作体育比赛的标准器材。在波涛汹涌的海面钓鱼,绑在鱼钩上使其下沉的铅坠也是用铅做的。古罗马人用铅来代表同样沉重不爱运动的土星。

铅的原子量大,是最重的一种非放射性元素。而原子量越大对辐射阻挡能力就越强,拍 X 光片的时候,医生给你一条很重的黑色围裙,那里面就有一块铅皮,而 X 光机的外壳和放射科的墙壁、大门也都灌了铅板,房间观察窗是用含铅的玻璃做的,保护医生和患者免受非必要辐射的伤害。铅还在各大车站、机场用作安检仪的外壳。

铅的活动性较差,虽然在金属活动顺序表中的位置在氢之前,但因为硫酸铅和氟化铅都不溶于水,所以可以用作生产、储存硫酸和氢氟酸的容器。

铅玻璃($PbSiO_3$)折射率高,色散强烈,一束白光照射进去会像钻石一样将其分成七彩,非常璀璨,所以可以用作仿钻装饰品,比如施华洛世奇的"仿水晶"就是铅玻璃。而大扫除的时候用报纸擦窗擦得特别干净也是因为报纸是用铅字印刷的,会沾上少量的铅,擦窗户时这些铅均匀涂布在玻璃表面,就会让玻璃看上去特别光亮。

铅有+4、+2、0 等不同的化合价,但+4 价化合物氧化性很强,不是很稳定。将+4 价的 PbO_2 和 0 价的金属铅共同浸入稀硫酸中可以归中成+2 价的 $PbSO_4$ 而产生电流,用作蓄电池:Pb(负极)$+PbO_2$(正极)$+2H_2SO_4 \rightarrow 2PbSO_4 + 2H_2O$。因为铅的原子量大,储存同样电量的这种电池比锂电池笨重得多,只能用在对便携性要求不高的场合比如汽车中。

铅的原子量是所有元素中最不准确的,因为铅一共有 4 种天然稳定同位素,其中 3 种都是放射性元素的衰变产物:^{208}Pb 是 ^{232}Th 经过 6 次 α 衰变和 4 次 β 衰变的产物,在天然铅(而非"自然铅",区别见后文)中平均丰度 52.4%;^{207}Pb

是 ^{235}U 经过 7 次 α 衰变和 4 次 β 衰变的产物，丰度 22.1%；^{206}Pb 是 ^{238}U 经过 8 次 α 衰变和 6 次 β 衰变的产物，丰度 24.1%。以上 3 种同位素会在铀矿和钍矿附近出现，并随着时间的流逝而增多，而 ^{204}Pb 不是任何一种放射性核素衰变的产物，自地球诞生以来其绝对总量就不变，相对丰度逐渐减小，目前丰度仅为 1.4%。所以不同矿石中这 4 种同位素的比例有很大的不同，对铅元素的相对原子质量很难进行准确的计算，只能大概确定出 207.2 这个 4 位有效数字的粗略数据。

在地球化学中，"**天然**"（natural）和"**自然**"（native）是完全不同的两个概念，天然指的是同位素比例是天然的，而自然指的是自然界中的单质矿物。

铅除了上述 4 种天然稳定同位素之外，地壳中还有一些痕量的放射性同位素作为铀和钍的衰变产物出现（见图 8-2~图 8-4）。其中，含量最高的是半衰期 22.3 年的 ^{210}Pb，在铀矿石中丰度为铀的 2 亿分之一。现代冶炼的铅会混有痕量的 ^{210}Pb，其放射性活度约为几十 Bq/kg，远低于背景辐射，对人体无害，但在一些放射化学的精密仪器中则不可忽略。此时，就需要使用 2000 年前古罗马沉船中的铅锭，经过将近 100 个半衰期的存放，其中的 ^{210}Pb 早已衰变殆尽，打捞出水后重新熔铸，在精密仪器中用于屏蔽外界的微弱辐射，这是古罗马帝国无意间为现代科学留下的一笔不可多得的宝贵财富。

2-1-7 汞 $_{80}$Hg

汞是一种神奇的金属，熔点低至 -39℃，沸点 356℃，在常温下是一种液体，俗称"水银"，自古以来就被当作金属中最有灵气的一种。拉丁文 Hydrargyrum 正是"水银"的意思，由此简化成元素符号 Hg，而英语中 Quicksilver 的和德语中的 Quecksilber 都是"快银"的意思，表示这是一种流动很快的银白色金属。在古罗马，水银和天上的水星对应，因为它们运动得都很快（虽然汞的密度比对应土星的铅还大），所以都叫作 Mercury。在中世纪欧洲炼金术的三元素体系中，汞是代表所有金属的"元素"，因为几乎所有金属都能溶解在水银中，加热后水银挥发而露出本来面目。在中国古代，汞是江河湖海的化身，被倾泻在帝王陵墓中，模拟他死前的江山。将自然界中红色的朱砂（HgS）放在火上焙烧就会生成这种银白色的液滴，这一过程有时在太阳暴晒露天的朱砂矿时也会发生，所以自然界中有少量自然汞存在。我国贵州铜仁地区是世界上汞矿最丰富的地区，这些朱砂既被用作红色颜料生产印泥，也用来提炼水银。

时至今日，利用这种液体的独特性质，我们仍然可以来做一个神奇的实验：在塑料杯中倒入约100毫升水银，上面覆盖薄薄的一层水，将一个铁做的砝码投入杯中，会发现砝码并不会沉下去，而是浮在了水银的液面上。因为汞的密度很大，达 13.55 g/cm^3，而铁的密度只有 7.87 g/cm^3。

这个实验能不能用其他金属材料代替铁呢？事实上铁是最好的材料，因为其他金属虽然大部分密度都小于汞（金、铂、钨等少数金属除外），但它们大部分都易溶于汞，在水银表面漂浮一会儿之后就消失不见了，而铁是所有金属中溶解度最小的，所以可以用铁做的容器来储存水银。

利用汞溶解其他金属的性质，可以用汞做电极电解饱和食盐水，因为钠易溶于汞，所以电解得到的不是氢氧化钠而是钠汞齐（汞合金称为"汞齐"），钠汞齐可以继续与水反应生产纯净而不含氯化钠的氢氧化钠，或者直接用作有机反应的还原剂；可以将金、银溶解在水银中，涂布在其他金属或玻璃的表面，再加热使汞挥发，金、银就留在了器具表面，可以制造"鎏金"或"鎏银"的工艺品，或者制造镜子。

水银蒸汽有毒，这种工艺非常容易导致工人中毒，尤其对神经系统的毒害最甚。中药中朱砂可以"安神定惊"也是利用了汞对神经系统的毒性，不可多服。在西方，同样需要用到水银的职业是帽匠，因为制作帽子的毛皮需要用水银处理使其更柔顺，《爱丽丝仙境漫游记》中的"疯帽子"（the Mad Hatter）就是因为长期吸入汞蒸气而疯疯癫癫的。但这种毒性非常之慢性，所以长期以来人们没有认识到汞的毒性，一直到19世纪依然在广泛使用它，而不像铅那样自从罗马帝国灭亡后就不再和人体直接接触了。因为这种毒性，我们做有关水银的实验时也必须非常小心，水银液面上必须用水覆盖以防止水银挥发。

进入工业社会后，各种化工反应也都需要用汞的化合物做催化剂，这些含汞废水如果不经处理直接排放会导致汞进入生物体内，通过食物链逐级富集至顶级消费者也就是人体内。并且，在生物体内的有机物作用下，无机汞还会转化为毒性更强的有机汞,比如二甲基汞($(CH_3)_2Hg$)。1956年起,日本熊本县水俣市陆续出现了一些手足抽搐、精神异常、脑部萎缩的病人,甚至连当地的一些猫都发疯似地跳海自杀,这种病症被称为"水俣病"。排查病因发现是当地一家醋酸厂用硫酸汞做催化剂,排入海湾后在鱼虾贝类体内转化为二甲基汞,吃了当地水产的人和猫纷纷发疯,最终造成1700多人死亡。

二甲基汞的毒性非常恐怖,并且这种非极性小分子的脂溶性和渗透性非常强,可以穿透皮肤、血脑屏障和胎盘,造成大脑失常和胎儿畸形。1996年8月,美国新罕布什尔州达特茅斯学院化学系48岁的女教授凯伦·韦特哈恩做实验时不慎隔着手套沾到了2滴二甲基汞,虽然她立即脱下手套,按标准流程清洗该处的皮肤,但在之前的15秒内,二甲基汞还是渗透了进去,不可逆地对她的神经系统造成毁灭性的损伤。11月,韦特哈恩开始出现腹痛和体重下降的症状,尽管采取了最积极的螯合治疗,她的病情还是迅速恶化。1997年1月起,韦特哈恩进入植物人和疯癫交替出现的状态,此时她的大脑已无法感知到痛苦,只能依靠生命支持系统维持其生命,直到1997年6月撤去生命支持系统后死去。

利用水银的这种毒性,可以用其化合物做消毒剂。汞溴红俗称"红药水"($C_{20}H_8O_6Br_2Na_2Hg$),是治疗皮肤创伤防止感染的外用药。硫柳汞($C_9H_9O_2NaSHg$)用于疫苗的抗菌。氯化汞($HgCl_2$)熔点281℃,沸点302℃,因微热时易升华而俗称"升汞",其酒精溶液可以涂在动植物标本上防止虫蛀发霉,而1:5000的氯化汞水溶液可以给手术刀消毒,金属手术刀和氯化汞反应置换出来的汞单质镀在刀的表面可以在整场手术过程中持续起到消毒的作用。水银灌入古代帝王陵墓,既可以将尸体防腐,也可以防止盗墓贼进入,秦始皇陵因为有这些水银和其他机关的存在至今无人能进入。

汞蒸气和稀有气体类似是单原子分子,所以在电场的作用下也会像稀有气体一样发光。低压汞灯(0.1~1 mmHg)主要发出184.5 nm、253.7 nm的紫外光,用于杀菌消毒和诱捕昆虫;中压汞灯(1大气压)发出紫外区的184.5 nm、253.7 nm、365.4 nm、紫色的404.7 nm、蓝色的435.8 nm、绿色的546.1 nm、黄色的577.0、579.1 nm等线状光谱;而高压汞灯(2~15大气压)在整个紫外区和可见区发出连续光谱,可用于路面照明,颜色偏蓝绿。日光灯管就是在低压汞灯内壁涂上荧光粉,后者吸收了汞原子发射出来的紫外线的能量后发出白色的可见光。但破碎的灯管会造成汞污染,现在大多被发光二极管(Light Emitting Diode,简称 LED)代替。

液态汞单质如果从消化道吞入被认为是无毒的,因为汞不溶于水而无法被肠道吸收。但如果量大的话,依然会造成物理伤害,因为它密度很大,会造成肠穿孔。利用这种高密度液体,可以用水银制作气压计,因为液体的压强 $p = \rho g h$,密度越大则液柱高度越低,使用越方便。如果 1 个标准大气压(1.01×10^5 Pa)用水测量,水柱将高达 10.3 米,也就是 3 层楼的高度,而用水银测量,汞柱仅需 76 厘米,可以放在桌子上使用。所以气压、血压等压强单位也可以用毫米汞柱(mmHg)来表示。

水银在整个液态范围(-39℃~500℃加压)内的热膨胀均匀,可以用作温度计。但一定要注意这种水银温度计不能带上飞机,因为汞一旦在飞机上泄漏,会溶解铝形成合金,进而会加速铝的氧化,详细过程将在 6-3-3 铝中详述。

2-2 碳、硫:易燃的非金属

与远古时代发现的金属类似,远古时代就已被发现的非金属——硫和碳在丰度上也不算很高,都不到 0.1%,但它们分布都比较集中:碳在生物体内含量较多,并有石墨、金刚石等特征鲜明的单质矿物;硫在许多金属硫化物矿中存在,并在火山口附近有单质硫产出。并且其活泼性中等,既没有像氟氯那样太活泼以至于无法得到单质,也没有像氦氖那样太不活泼以至于几乎不能发生化学反应,常温下硫和碳在空气中都能稳定存在,而在加热至几百摄氏度后都能燃烧,发出特征的火光,这对于学会了用火的古人来说非常重要,于是在远古就获得了重用。

2-2-1 碳 $_6$C

碳元素被发现的历史比我们这个物种的历史还要早,因为它是所有生物体和有机物的基础,蛋白质、脂肪、碳水化合物、核酸、维生素、激素无一不需要碳元素,包括人在内的所有生物都被称为"碳基生物"。早在 50 万年前,我们的直系祖先海德堡人(Homo heidelbergensis)和与他们同一时期的旁系亲属如北京猿人(Homo erectus pekinensis)、尼安德特人(Homo neanderthalensis)等人属物种就开始学会了用火。当他们把木柴等含碳的燃料隔绝空气加热(闷烧)之后,木炭就被发现了,在已经发展出原始语言的这些人类表亲的口中,一定有一个我们现在已无从考证的单词来称呼这种黑色疏松多孔的粉末。而带着这些祖先的发现,我们所属的**智人**(**Homo sapiens**)这个物种在 20 万年前最终形成,7 万年前大规模走出非洲,最终成为整个地球上分布最广泛的物种。

正因如此,碳是同学们在初三开始学习化学时第一批接触到的元素。除了已经学过的石墨、金刚石、一氧化碳、二氧化碳、碳酸、碳酸盐、有机化合物这些常规的含碳物质以外,还有一些神奇的性质需要在此进行说明。

碳的熔点是一个很难描述的东西,许多书上会说碳的熔点高达 4000 ℃,是熔点最高的一种单质,但这种描述太过简略。事实上,从碳的**相图**(**Phase Diagram**)中可以看出,用 1 个大气压的横线去截相图,只能得到石墨转变为蒸汽的温度,即升华点,固体转变为液体的熔点和液体转变为气体的沸点全都不存在,要得到熔点和沸点只能在高压下测量。在超过 10^7 Pa 即 100 个大气压时,液态碳开始出现,此时的熔点大约 4600 K,即 4300 ℃。

而从相图中也可以看出,金刚石只能在超过 2×10^9 Pa 即 20000 个大气压的高压下稳定,这一点从二者的密度上也可以推断出来,金刚石密度 3.52 g/cm^3,石墨密度 2.25 g/cm^3,高压有利于形成密度更大的同素异形体。天然钻石的形成就是在这种高温高压的地下岩浆中形成的,人工合成首要解决的关键技术也是高压。常压下金刚石处于亚稳态,即存在从金刚石转化成石墨的趋势,但这种转化速率太低,转化所需时间以十亿年计,所以才能"钻石恒久远,一颗永流传"。

金刚石最早在印度的河流中发现,因为其坚硬而被旧大陆上的印欧语系民族看作王权的象征。钻石粉末还被中世纪的欧洲贵族用于高成本的仇杀或自杀,因为钻石非常坚硬,并且疏水亲油,会粘附在胃壁上反复摩擦会造成胃穿

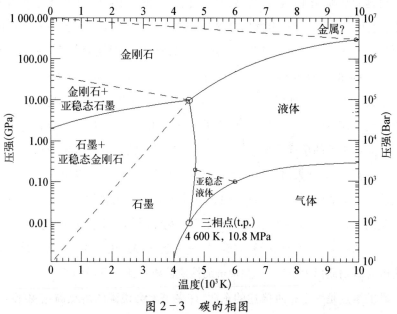

图 2-3 碳的相图

孔,大出血而死,被怀疑死于钻石粉末的受害者包括神圣罗马帝国皇帝弗莱德里克二世 Frederick II(1194~1250)、奥斯曼土耳其苏丹巴济扎得 Bajazet(1447~1513)、教皇克莱蒙特七世 Clement VII(1478~1534)。18 世纪初,欧洲殖民者在巴西的雨林中发现钻石,但开采不易。1772 年,拉瓦锡将钻石放在凸透镜聚焦的阳光底下加热,结果钻石燃烧成了能使澄清石灰水变浑浊的二氧化碳,由此证明了金刚石和石墨其实是同一种元素的两种同素异形体。19 世纪中叶起,南非发现了金伯利岩筒中的大量钻石,钻石才开始走入寻常百姓家。虽然现在钻石的高价有商家炒作的因素,但从化学的角度来看,钻石依然有着独特的性质:

金刚石是唯一一种单质宝石。

钻石是唯一一种需要高压合成的宝石,直到 1970 年代才合成成功,而其他合成宝石比如刚玉(Al_2O_3)只需在常压下将材料熔化再结晶就可以合成,1877 年就已经合成出来。

钻石是唯一一种疏水亲油的宝石,在钻石上滴一滴水,水会聚成球形水珠,而滴一滴油,油会铺展开。这是因为它的碳原子和烷烃一样是 sp^3 杂化的四面体结构,相似相溶相浸润。除了之前提到的这种性质会导致胃出血以外,工业上还利用沾满油的传送带来从矿砂中将钻石和其他石头分离。

钻石在所有常见材料中导热性最高,比金属还高,向钻石上哈一口热气,雾气会很快消散掉,而其他宝石雾气消散速度较慢。用热导仪可以将钻石与其他宝石鉴别开来,只有和钻石成分结构相似的碳硅石(俗称"莫桑石")无法鉴别。

钻石导电性差,是绝缘体,碳硅石导电性好,是半导体,可以用万用电表鉴别。

钻石的硬度在所有天然材料中最高,被定为莫氏硬度等级中最高的一等:10,用作首饰时不会被磨损,但要注意不能撞击,那样很容易沿着八面体的解理面裂开。除了用作首饰外,小颗粒的金刚石还可用作切割玻璃的刀具、砂纸上的磨料、易磨损零件表面的涂层。

钻石的光学性质优良,折射率高达2.417,容易发生全反射,使钻石看起来亮度很高。

钻石的色散强烈,430纳米的G光和686纳米的B光的折射率之差(即色散值的定义)高达0.044,使钻石看起来五光十色,仿钻主要仿的就是色散。

表2-2 常见仿钻的物理性质

名 称	别称	成 分	晶系	折射率 n_D	双折射率	色散 $n_G - n_B$	密度 g/cm³	硬度
金刚石	钻石	C	立方	2.417	无	0.044	3.52	10
萤石		CaF_2	立方	1.434	无	0.007	3.18	4
石 英	水晶	SiO_2	三方	1.553	+0.009	0.013	2.66	7
绿柱石		$Be_3Al_2Si_6O_{18}$	六方	1.583	+0.005	0.014	2.72	7.5
黄 玉	托帕石	$Al_2SiO_4(F,OH)_2$	正交	1.627	0.008	0.014	3.53	8
刚 玉	蓝宝石	Al_2O_3	三方	1.770	+0.008	0.018	4.00	9
尖晶石		$MgAl_2O_4$	立方	1.727	无	0.020	3.63	8
钇铝榴石	YAG	$Y_3Al_5O_{12}$	立方	1.836	无	0.028	4.58	8
铅玻璃		$PbO \cdot nSiO_2$	无	不定	无	不定	2.0—4.2	5—6

续 表

名称	别称	成分	晶系	折射率 n_D	双折射率	色散 $n_G - n_B$	密度 g/cm³	硬度
锆石		$ZrSiO_4$	四方	1.984	+0.059	0.038	4.73	7.5
钆镓榴石	GGG	$Gd_3Ga_5O_{12}$	立方	1.970	无	0.045	7.05	7
立方氧化锆	CZ	ZrO_2	立方	2.159	无	0.060	5.80	8.5
碳硅石	莫桑石	SiC	六方	2.691	+0.043	0.104	3.22	9.3
铌酸锂		$LiNbO_3$	三方	2.302	-0.089	0.130	4.30	5.5
钽酸锂		$LiTaO_3$	三方	2.182	+0.005		7.45	5.5
钛酸锶		$SrTiO_3$	立方	2.409	无	0.190	5.13	6
金红石		TiO_2	四方	2.903	+0.287	0.330	4.26	7

常温常压下稳定的碳的同素异形体是石墨,它是由六元环组成的层状结构,层内的共价键不易断裂,所以熔点很高;每个碳原子除了形成3根σ键之外,还有一个多余的电子,在层内形成大π键,可导电,但这种导电性与方向密切相关,平面方向导电性强,垂直于平面方向导电性弱;层间的范德华力很弱,易滑动,硬度很低(莫氏硬度1),可以做润滑剂,易剥离形成新型材料石墨烯(Graphene)。

通过碳氢化合物热分解方法制备的石墨晶体结构非常完美,称为"热解石墨",具有除超导体外最强的抗磁性(相对磁导率 $\mu_r = 1-40.9 \times 10^{-5}$),会被磁铁排斥而形成磁悬浮现象(见彩色插页第3页图2-4)。

碳原子核中子吸收截面小(0.0035靶恩,仅大于氧而排在第2,见表5-3),中子与其碰撞后几乎不会被吸收而只是被减速,所以石墨在核反应堆中可以用作减速剂,将上一步铀裂变产生的快中子减速为热中子后引发下一个链条的核反应。石墨反应堆可以使用天然铀(^{235}U含量0.72%)作为核燃料,而用其他材料做减速剂的核反应堆只能使用初步浓缩的铀(^{235}U含量3%以上)作为核燃料。

1985年,英国化学家克罗托和美国化学家斯莫利等人在氦的脉冲气流中用激光气化蒸发石墨,用质谱仪检测产物的分子量,发现了 C_{60}、C_{70} 等球碳分子。因为这些球碳分子的结构很像建筑师布克明斯特·富勒(Buckminster Fuller)设计的圆顶建筑,所以称为"巴基球"(Buckyball)、"富勒烯"(Fullerene)。富勒烯并不是"一种"碳的同素异形体,而是"一大类"结构相似的同素异形体。它们都是由五边形和六边形组成的凸多面体,其中五边形的个数固定为 12 个,所以富勒烯的分子最小的是正十二面体的 C_{20};六边形起到连接的作用,其个数不定,所以碳原子总数也不定,如 C_{24}、C_{44}、C_{50}、C_{60}、C_{70}、C_{84}、C_{120}、C_{180}、C_{720} 等。计算过程如下:

设某球碳分子由 x 个五边形、y 个六边形构成,总面(Face,简称 F)数,$F = x + y$;每个碳原子延伸出 3 条 σ 键,即每个顶点(Vertex,简称 V)被 3 个面共用,$V = \dfrac{5x + 6y}{3}$;每条棱(Edge,简称 E)被 2 个面共用,所以 $E = \dfrac{5x + 6y}{2}$。根据欧拉公式 $F + V = E + 2$:

$$(x + y) + \frac{5x + 6y}{3} = \frac{5x + 6y}{2} + 2$$

$$解得:\begin{cases} x = 12 \\ y = 任意值 \end{cases}$$

这些分子中,C_{60} 是最对称也最容易制得的一种,它的分子中有 12 个正五边形和 20 个正六边形,和足球的形状相同,所以也称为"足球烯"。C_{60} 的密度只有 1.678 g/cm³,比石墨和金刚石都要小,所以需要在低压下进行制备。其巨大的球状分子内部有一个直径为 360 皮米的空腔,可以包裹进其他原子,使其具有超导性、半导性、铁磁性等不同的物理性质。纯净的 C_{60} 为棕黑色固体粉末,难溶于水而易溶于有机溶剂尤其是苯、甲苯、氯苯这样同样含苯环的芳香性溶剂,溶液呈现出漂亮的紫色。

而将球碳分子拉长,两端各有 6 个正五边形,中间以正六边形拼成的圆柱面相连,则可形成碳纳米管。这又是一类新的同素异形体,因为管的长度、直径、单壁还是多壁的区别,不同工艺制备的碳纳米管具有不同的力、热、电、光性质,可以开发不同的用途。

碳单质的同素异形体种类如此丰富,源于碳碳键的连接方式非常多样。在碳骨架的外围再连接上氢或其他原子,可形成更加丰富的有机化合物,这已经超出元素化学的研究范围了。

碳最重要的无机化合物是二氧化碳,因为 CO_2 中碳氧双键的伸缩振动和弯曲振动频率分别为 $7.04×10^{13}$ 赫兹和 $2.0×10^{13}$ 赫兹,会吸收同频率的电磁波,对应的波长为 4.3 微米和 15 微米,是热效应最明显的近红外线。空气中有 0.03% 的 CO_2,因为它造成的温室效应,地球表面平均温度从辐射平衡时的 251 开(-22℃)上升到了现在的 288 开(15℃)。

其中,地球的辐射平衡温度 T_e 计算如下:因为太阳表面温度为 $T_s = 5780$ 开,太阳半径 $r_s = 69.63$ 万公里,日地距离 $R = 1.4960$ 亿公里,地球半径为 r_e,地球表面反射率为 $x = 34\%$,根据斯特藩-玻尔兹曼定律,热辐射强度与绝对温度的 4 次方成正比,则有:

$$\pi r_e^2 \frac{4\pi r_s^2 \sigma T_s^4}{4\pi R^2}(1-x) = 4\pi r_e^2 \sigma T_e^4$$

$$T_e = \sqrt[4]{\frac{r_s^2 T_s^4 (1-x)}{4R^2}} = \sqrt[4]{\frac{69.63^2 \times 5780^4 \times (1-0.34)}{4 \times 14960^2}} = 251$$

除了二氧化碳外,凡是共价键较强,如 C=O 双键、C—F 键、S—F 键,或键一端连接最轻的氢原子的气态化合物,其伸缩振动频率都比较高,位于近红外区,都会产生温室效应,比如水蒸气(H_2O)、甲烷(CH_4)、氟利昂(CCl_2F_2)、六氟化硫(SF_6)等。

碳有 2 种天然稳定同位素:^{12}C 丰度 98.9%,因为它是 α 粒子的整数倍,在大质量恒星晚期的氦燃烧过程中大规模合成;^{13}C 丰度 1.1%,因为质量数是奇数,核自旋不等于零,在一定频率的交变磁场中会发生核磁共振,用作有机物结构的分析和人体中组织病变的检测,但因为 ^{13}C 丰度低,所以需要较长的检测时间。

另外,空气中和与空气发生碳交换的动植物体内还有一种痕量的放射性同位素^{14}C,它的半衰期为5730年,无法在地球46亿年的漫长历史中残存至今,只能通过高层大气中的^{14}N原子和宇宙射线中的中子碰撞生成:$^{14}N+^{1}n\rightarrow^{14}C+^{1}H$。假设这种生成的速率恒定,和^{14}C的衰变速率达成平衡,则大气中的^{14}C平衡浓度恒定不变,而与空气发生碳交换的动植物体内的^{14}C浓度也恒定不变,丰度1.2×10^{-12}。当动植物死亡后碳交换停止,^{14}C的浓度就开始按照半衰期下降,测定^{14}C与^{12}C的比值即可求出动植物的死亡年代。因为^{14}C的半衰期非常巧合地与人类历史尺度相近,可以检测0.1~10个半衰期,即500~50000年的含碳文物的年代,例如保存在都灵的耶稣裹尸布(Shroud of Turin)就是通过^{14}C定年被鉴定为公元13世纪伪造的。但需要注意的是,大理石、石灰岩等含碳石料和塑料、石蜡、沥青等石油产品,是数百万至数亿年前形成的,其中的^{14}C早已衰变殆尽,无法用^{14}C定年。

2-2-2 硫$_{16}$S

关于硫,同学们都很熟悉我国古代四大发明之一的黑火药的成分中就有硫,并且能背出"一硫二硝三木炭"的口诀,因为硫磺、硝石、木炭是按照1∶2∶3的物质的量之比进行反应的:$S+2KNO_3+3C\rightarrow K_2S+CO_2\uparrow+N_2\uparrow$。但这个口诀不可能是中国古人提出的,因为古代人是没有物质的量概念的,三者如果按质量比计算的话应该是32∶202∶36≈1∶6∶1。

硫元素在地壳中的丰度虽然不高(350 g/T,排名16),但分布非常广泛(**广泛≠分散**):鲜黄色的硫单质主要出现在火山口附近,燃烧时发出淡蓝色的火焰,产生呛人的二氧化硫气体,被称为"地狱的气味",在印度尼西亚的火山上,矿工每天要从山顶上背几百斤硫磺下山;+6价的硫酸盐矿物包括石膏($CaSO_4\cdot2H_2O$)、天青石($SrSO_4$)、重晶石($BaSO_4$);而最多的就是-2价的金属硫化物,方铅矿(PbS)、闪锌矿(ZnS)、朱砂(HgS)、辉钼矿(MoS_2)、辉银矿(Ag_2S)、辉锑矿(Sb_2S_3)分别是对应金属最丰富的矿物。

在地狱一般的外星球,硫元素也非常丰富,金星的大气层中覆盖着浓密的硫酸云,而其黄色则来自悬浮其中的硫磺颗粒;在全太阳系火山活动最激烈的木卫一五颜六色的表面上,黄色的部分也是火山喷出的硫磺,而红褐色的部分

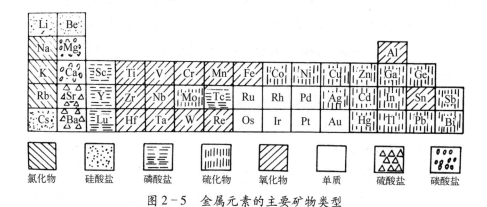

图 2-5 金属元素的主要矿物类型

则是硫磺分子被加热或者辐射之后断裂形成的小分子。

和大部分 VA 族、VIA 族非金属一样,硫也有多种同素异形体,只不过最常见的两种斜方硫(α 硫、正交硫、菱形硫)和单斜硫(β 硫)在外观上比较相似,都是浅黄色的固体。它们的分子式一样,都是 S_8,只不过分子之间排列的顺序、方向不同导致晶体结构不同。前者在 95.5℃ 以下稳定,是拉长的八面体;后者在 95.5℃ 以上稳定,呈针状晶体。斜方硫加热至 112℃,单斜硫加热至 119℃,固态硫就会熔化成液体。起初这种液体颜色较浅,也很稀薄。继续加热,S_8 的环状分子打开,首尾相连成链状,液体变得粘稠,颜色也逐渐变深。至 190℃ 左右,颜色变为棕红,粘度上升至最大,此时即使将试管倒立,液态硫也不会流出。至 200℃ 以上,长链状分子断裂,逐渐降解为 S_{12}、S_8、S_6、S_4 等短链,粘度重新下降。此时趁热将液体硫倒入冷水中,这种链状结构将暂时被保存下来,形成较软而富有弹性的弹性硫,它的长链可能具有螺旋形结构,每 8 个硫原子转一圈。在室温下放置不到半节课的时间,链状结构就会逐渐恢复成环状而变成室温下最稳定的斜方硫,到下课时,这块弹性硫就变硬失去弹性了。而如果对液态硫不冷却而是继续加热,至 444.6℃ 时就会沸腾,气体中会有较多 S_2 分子(见彩色插页第 3 页图 2-6)。

硫最重要的化合物是硫酸,因为它既是强酸又是难挥发性酸,可以制取所有的弱酸或易挥发性酸,所以被称为"众酸之母",而制出的这些酸又是各化工领域中的重要原料,所以硫酸又被称为"化学工业之母"。中世纪时,硫酸只能通过干馏天然的硫酸盐如胆矾或绿矾制取,被称为"绿矾油"。16 世纪,荷兰化学家格劳博发明了"硝化法",用硝酸钾将硫磺的燃烧产物二氧化硫氧化成三氧化硫,并生成氮氧化物,后者可在氧气充足时循环使用:

$$2KNO_3+3SO_2 \rightarrow K_2SO_4+2SO_3+2NO$$

$$2NO+O_2 \rightarrow 2NO_2$$

$$NO_2+SO_2 \rightarrow SO_3+NO$$

1736 年英国药剂师瓦德开始用这种方法大量生产硫酸。此后从 18 世纪到 20 世纪初,随着反应容器越来越大型化,硝化法依次经历了"钟罩法"、"铅室法"、"塔式法"等阶段。1831,英国商人菲利浦提出可以用铂粉做催化剂将二氧化硫氧化为三氧化硫,开创了"接触法"制硫酸的工艺,但因为铂粉昂贵且容易被杂质影响而失效,所以没有立即投入生产。1914 年,德国巴迪希公司的科研人员研制出了高效的五氧化二钒(V_2O_5)催化剂,于是接触法成为现代生产硫酸的主流方法。

在所有的生物体内,硫都是大量需要的元素,因为构成蛋白质的 20 种氨基酸中,半胱氨酸(HOOCCH(NH$_2$)CH$_2$SH)和甲硫氨酸(HOOCCH(NH$_2$)(CH$_2$)$_2$SCH$_3$)都含硫。其中,两个半胱氨酸末端的巯基(—SH)相连形成二硫键(—S—S—),可以使蛋白质的立体结构发生折叠,对塑造蛋白质分子的形状起着关键的作用。毛发、指甲等角蛋白中半胱氨酸较多,由此形成的二硫键也较多,所以较为坚韧,并且难以被胃酸消化。许多食肉动物将猎物连皮带骨整个吞下后可以将骨头消化,但却不能消化毛发,只能以毛球的形式吐出。角蛋白在酸中稳定,在碱中却易水解,被头发堵塞的下水道可用 NaOH 溶液疏通。而鸡蛋白中甲硫氨酸含量较多,所以甲硫氨酸又称"蛋氨酸",腐败之后会释放出硫化氢,所以硫化氢"有臭鸡蛋气味"。

但硫化氢不是最臭的,乙硫醇(CH$_3$CH$_2$SH)和丁硫醇(CH$_3$CH$_2$CH$_2$CH$_2$SH)都是黄鼬(黄鼠狼)和臭鼬用来防身的武器。人类将微量的乙硫醇添加到煤气中,当煤气泄漏时乙硫醇用气味发出警报,防止煤气中毒。

第 3 章 中世纪的炼金术和炼丹术

3-1 砷、磷:美丽与邪恶并存

"I have a dream",所有人都会有梦想,古人也不例外。但古代生产力不发达让大多数平民百姓无法实现他们的梦想,而帝王贵胄和商人富豪因为聚敛了社会的财富具有了尝试去实现梦想的资本。

在古代中国,皇帝集全国的生杀大权于一身,这种权力的诱惑是所有人都不肯放弃的,想要服用一些丹药让自己长生不老,于是炼丹术士就迎合了皇帝的这种需求。然而可悲的是,这些丹药虽然颜色鲜艳非常诱人,但其中常常含有铅、汞等剧毒的重金属元素,一次性大量服用会造成急性中毒,长期有规律地服用则会造成慢性中毒拖垮身子。结果适得其反,这些皇帝们早早地离开了人世,拿炼丹术士的话来说就是"升仙"了,这与皇帝的本来愿望背道而驰。

而在中世纪的西方,自从罗马帝国灭亡后,欧洲陷入了长期的小国混战,每一国的君主都不能掌握绝对的权力,反而是商人手握重金活得更加潇洒。所以欧洲人的梦想比较现实,想要追求财富,而将廉价的材料炼成黄金则是当时的人们所能想到的捷径。在炼金的过程中,炼金术士拿来许多金黄色的物质作为原料,希望以色炼色,进而发展出一套理论,这些理论当然是无稽之谈,炼金炼了几百上千年,这些炼金术士也只能是无功而返。

炼丹和炼金虽然都很荒谬,但在"炼"的过程中,他们尝试了许多种材料,进行了许多化学反应,在非常偶然的机会下,就能发现一些新的化学元素。这种发现推动了科技的进步,促进了化学这一当时还处在萌芽状态的科学门类的发展,在被宗教统治的黑暗的中世纪是非常难能可贵的。

3-1-1 砷$_{33}$As

为了炼丹,古人找到了一些颜色鲜艳的材料。但现在我们都知道,颜色越是鲜艳越是可怕:颜色鲜艳的蘑菇往往毒性(poisonous)强烈,谁吃谁死;颜色鲜艳的蛇、蜘蛛往往毒性(venomous)强烈,咬谁谁死。而颜色鲜艳的化学物质,也有许多毒性强烈的品种,除了之前提到过的含铅、汞的铅丹、朱砂之外,还有两种含新元素的矿石:橙红色的雄黄和柠檬黄色的雌黄,从这两种矿石中可以将这种新元素提炼出来。

对于这种元素,东西方有不同的称呼,而其词源都来自于其"强烈的毒性"。在中国古代有一种神兽叫作"貔貅",现在经常被放在银行或公司的门口用来聚敛财富,因为它的身体具有非常独特的构造:有口无肛门,吞进去的财富从不排出来,对于敛财有很好的寓意。但这种神兽也凶猛异常,有口无肛门意味着它吃人不吐骨头,用来象征这种毒性强烈的新元素再好不过,所以这种元素被中国人称为"砒"。而欧洲人取古希腊文中表示强烈的词根 Arsen,将其命名为 Arsenic,19世纪末我国化学先驱徐寿先生将其音译为中文"砷"。

雄黄和雌黄是砷在自然界中存在的主要矿物,它们都是硫和砷的化合物,但原子个数不同,雌黄是 As_4S_6,雄黄是 As_4S_4,它们都是四面体的结构。

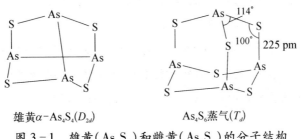

图 3-1 雄黄(As_4S_4)和雌黄(As_4S_6)的分子结构

黄色的雌黄涂在纸上可以防止虫蛀,并且这种略带黄色的纸如果写错字了可以用雌黄当"修正液"涂掉。根据雌黄的用途还创造出了一个成语:有些人说话时不顾事实,随口乱说,前后矛盾,漏洞百出,别人指出他的错误时,他又不假思索,随口更改,这种行为称作"信口雌黄"。雄黄则因为颜色更鲜艳,经常被用来配制丹药,大众最为熟悉的就是端午节的雄黄酒了,民间传说中许仙正是用雄黄酒让白娘子现出了蛇的原形。实际上因为雄黄中的砷元素有毒,不光蛇喝了会现原形,人喝了也会中毒,正确的用法是洒在墙角门缝处防止毒虫入侵。

在东晋方士葛洪的《抱朴子内篇》就记载了雄黄的服用方法:"饵服之法,或以蒸煮之;或酒饵;或先以硝石化为水,乃凝之。"用硝石可将雄黄氧化为 +5 价的砷酸钾:$As_4S_4 + 12KNO_3 \rightarrow 12NO\uparrow + 4SO_2\uparrow + 4K_3AsO_4$。"或以玄胴肠裹蒸于赤土下;或以松脂和之;或以三物炼之,引之如布,白如冰。"将雄黄与含碳的有机物混合焙烧,则可将其还原为砷单质:$As_4S_4 + 7O_2 \rightarrow 2As_2O_3 + 4SO_2\uparrow$;$2As_2O_3 + 3C \rightarrow 4As + 3CO_2\uparrow$。

在焙烧过程中会产生白色的烟尘 As_2O_3,它微溶于水,有剧毒,摄入 0.1 克即可致死,这就是古代常用的毒药"砒霜"。因为古代的提炼技术比较粗糙,砒霜中经常会混有未完全反应的雄黄而使其呈红色,所以也被称作"鹤顶红"(并非丹顶鹤头上的红冠)。这种不纯的砒霜因为含硫所以可以用银针检验出来,而比较纯的砒霜用银针就检验不出来了。三氧化二砷虽然有毒,但如果剂量控制在一定范围内可以以毒攻毒治疗白血病。

用碳还原砒霜可以制得砷单质,砷的同素异形体和它正上方的磷元素非常相似:黄砷类似于白磷,为 4 个砷原子构成的四面体小分子 As_4;黑砷类似于红磷,是链状高分子;灰砷类似于黑磷,是由六边形构成的平面结构。直接还原得到的是最稳定的灰砷,灰砷和石墨类似,银灰色具有金属光泽,能导电,并且常压下加热也不能熔化只能在 615℃ 时升华,欲得到液态砷必须加热到 820℃ 同时施加 36 个大气压。高压下黄色的液态砷或者常压的砷蒸气中存在的都是 As_4 小分子,将其急速冷凝可以得到黄色透明的黄砷,黄砷很不稳定,见光就会变黑,转化为灰砷。

−3 价的砷化氢(AsH_3)是气体,有剧毒,因为锌矿中经常含有砷,冶炼出的锌中也含有砷,与稀硫酸反应生成的氢气中含有砷化氢,吸入这种氢气会使人中毒,所以实验室中制氢气用的锌粒必须是"无砷锌粒"。含砷的物质与锌粒、盐酸混合后,将生成的气体点燃,用冷的玻璃片罩在火焰上,如果含砷则会在玻璃上镀上一层银灰色光亮的砷,这种检验方法称为"砷镜法"。法国的拿破仑、中国的光绪皇帝都是用这种方法被证明是死于砒霜中毒,至于凶手是谁则要留给历史学家去追寻了。

而其他砷的化合价毒性要小得多,+5 价的砷在海水和海鲜中很常见(**常见≠含量高**),单独食用无毒,但如果同时和大量含还原剂如维生素 C 的水果同食,或者直接服用维生素 C 药片,则会将+5 价还原为+3 价导致中毒。要达到这种效果需要同时吃下十几斤的海鲜和水果,所以只要不是暴饮暴食,就不用担心会中毒。

单质砷可以混合在锡、铅等较软的金属中制成合金,以提高其硬度;砷化镓为 IIIA - VA 族化合物,与硅、锗的单质是等电子体,导电性与后者相似都是半导体,可用在电子产品中。

3-1-2 磷 $_{15}$P

1669 年,德国的炼金术士布朗德突发奇想,想要从金黄色的尿中提炼黄金。他收集了数十升的尿液将其蒸发浓缩至粘稠状,装入烧瓶中加强热,尿中所含的磷酸盐被有机物分解所产生的碳还原,制得了磷蒸气:

$$2Ca_3(PO_4)_2 + 10C + 6SiO_2 \rightarrow 6CaSiO_3 + P_4\uparrow + 10CO\uparrow$$

将这些磷蒸气通入冷水中就会凝结成白色半透明蜡状的白磷。布朗德当时一共蒸馏了 5500 升尿液,得到了 125 克白磷。

白磷非常活泼,光照后会生成少量红磷而变黄,所以工业粗品又称"黄磷"。接触空气后就会缓慢氧化放热,当热量累积温度超过 40℃时就会自燃。而将白磷分别在不同的温度、压强、催化剂等条件下加热,就能制得红磷、紫磷、黑磷等更稳定的同素异形体。这些同素异形体中每个磷原子都连接了 3 根共价键,其中白磷为正四面体的小分子,键角只有 60°,最活泼,燃烧产物 P_4O_{10} 也保持了四面体结构;黑磷为六元环组成的二维层状结构,最为稳定;而红磷、紫磷介于两者之间,为一维链状结构,常温下稳定,超过 240℃可以燃烧(见彩色插页第 4 页图 3-2)。

白磷和低化合价的磷化氢(PH_3、P_2H_4)在空气中会自燃,在坟地和沼泽中,死亡生物中所含的磷会被细菌分解成磷化氢,自燃产生绿色的火焰,称为"鬼火"。中文的"燐"指的正是这种自燃现象(《说文解字》:兵死及牛马之血为燐),当西方的近代元素概念传入我国后,固态非金属元素统一用石字旁,改为"磷"。磷的拉丁文名 Phosphorus 和元素符号 P 也是来源于这种火光,由希腊文 phos(光)和 phoros(携带)组成,意为"发光物"。后来人们还将吸收了能量后跃迁到三重态再在暗处慢慢跃迁回基态的延迟发光现象称为"**磷光**"(**phosphorescence**),虽然这已经和磷元素完全没有关系了。

因为白磷实在太易燃,过去用作火柴头的白磷在 1845 年奥地利化学家施勒特尔发现红磷后就被用红磷制造的安全火柴取代了。现在白磷大部分用于军用生产白磷燃烧弹,并且白磷剧毒,0.1 克即可致死,对敌方人员产生巨大的杀伤作用。民用的白磷一般生产出来后马上燃烧制取高纯度磷酸,红磷用于生产安全火柴,黑磷作为新型半导体材料正在研究中。

现在生产磷依然沿用了布朗德的方法,只不过原料改为了地壳中的矿物磷灰石($Ca_5(PO_4)_3(OH,F)$),这种矿物是太平洋岛国如瑙鲁等国家的支柱产业,因为过路的鸟类在岛上停留时把富含磷元素的粪便留在了岛上。而地壳深处原生的磷灰石可以形成六棱柱形状的晶体,当这种晶体透明度高时可以琢磨成漂亮的宝石,但磷灰石的硬度只有 5,佩戴时较易磨损,所以一般不用于镶嵌戒指而用在项链、耳坠等不易磨损的地方。

人体的骨骼和牙齿中也含有磷灰石,其中的附加阴离子主要是 OH^-,称为"羟磷灰石",较易被酸腐蚀。如果用含氟牙膏刷牙则可以使羟磷灰石转化为氟磷灰石,更耐腐蚀,使牙齿更坚固。

在有机物中,磷的作用更是独一无二。所有动植物的细胞膜都是由磷脂双分子层构成的。生命的遗传物质是脱氧核糖核酸(Deoxyribonucleic Acid,简称 DNA)和核糖核酸(Ribonucleic Acid,简称 RNA),其中的三大组成部分:核糖、磷酸、碱基,最后一个酸字就是指磷酸。而碱基中的腺嘌呤(Adenine,简称 A)可以连续接上 3 个磷酸基团,形成腺嘌呤核苷三磷酸(Adenosine Triphosphate,简称 ATP),其中第 3 个磷酸基团水解时会放出大量能量,称为"高能磷酸键",是所有细胞的能量货币。因为植物细胞通常比较大,细胞膜和DNA所占的比例低,所以其营养器官如根、茎、叶对磷的需求量比较少。但当植物开花结果时,细胞大量分裂,需要大量磷元素来构建细胞膜和DNA,如果缺磷则繁殖器官包括花、果实无法发育,必须施用磷肥。

但过量施用的磷肥随雨水冲刷进入河流湖泊,会引起水体富营养化,帮助其中的藻类过快地生长繁殖,当营养物质耗尽,藻类大量死亡、腐败时,会大量消耗水中溶解的氧气,并产生有异味的物质和藻毒素,这一现象称为"水华"。过去的洗衣粉中也大量使用三聚磷酸钠($Na_5P_3O_{10}$),与硬水中的Ca^{2+}、Mg^{2+}等离子络合,以防止生成沉淀,现在出于对环境的保护,已经逐步替换为无磷洗衣粉了。

3-2 锑、铋、锌:似铅非铅

中世纪发现的这3种金属自古以来就和锡、铅混淆不清,因为它们具有和锡、铅一样的低熔点。中国人将湖南冷水江盛产锑矿的矿山称为"锡矿山",将青海柴达木盆地盛产铅锌矿的矿山称为"锡铁山",将锌称为"倭铅",日本人将锌称为"亞铅",欧洲人称锑为"ne plumbum fiat"(没有变成的铅),将铋称为"plumbum cinereum"(白铅)。只有经过炼金术士和炼丹术士的反复锤炼,这些金属才能显示出与锡、铅不同的性质,从而被确立为独立的金属元素。

3-2-1 锑$_{51}$Sb

锑的英文名Antimony和元素符号Sb完全看不出联系,因为它们的词源不同。早在公元前3000年,古埃及的妇女们就开始用银灰色的辉锑矿(Sb_2S_3)来描眉画眼,随后古希腊人将这种矿物称为Stibium,意思是"美丽的眼睛"。而1604年,德国一家修道院的炼金术士邵尔德(化名范伦泰)在他的著作《锑的凯旋车》(Gurrus Triomphalis Antimoii)中称这种金属为Antimoii(德文),进一步演化成英文中的Antimony。关于这个单词,前半部分的Anti-毫无疑问是"反对"的意思,而后半部分的-mony有两种解释:① 来源于monk(僧侣),因为范伦泰发现用锑的化合物喂猪,猪的食欲大开,但用锑的化合物喂他的同事(也是僧侣),这些人却死了,锑"反对僧侣";② 来源于 mono(单一),因为锑容易与其他金属形成合金,"反对单一"。中文取 Antimony 的第二个音节音译为锑。

我国是世界上锑储量最大的国家,其中湖南冷水江的锡矿山储量最大,湖南的邻省贵州的独山、榕江、晴隆等县也有较多锑矿分布,民国时期贵州还发行过锑制的硬币,不过因为太脆没有得到广泛的流通。

自然界中的锑主要以硫化物的形式存在,少量会形成单质的自然锑。Sb_2S_3 在实验室中从溶液中沉淀下来时是橙色的无定形粉末,重新结晶后变为银灰色针状晶体,称为辉锑矿。它在空气中长期暴露会被缓慢氧化成白色的锑华(Sb_2O_3),纯净的锑华可用作白色颜料或阻燃剂,称为"锑白"(见彩色插页第 3 页图 3-3)。

用碳还原硫化锑即可得到金属锑,它呈银白色,熔点 630℃,硬而脆,不能单独使用,可添加在锡、铅中制成合金,以提高金属的硬度。锑在凝固时体积会膨胀,与铅混合后铸造印刷用的铅字,使字迹清晰。

和同族的磷、砷类似,锑也能用 3 根共价键形成多种同素异形体:普通的金属锑(灰锑,α 锑)是层状结构,类似于黑磷和灰砷;电解三氯化锑得到的是玻璃态的爆炸锑,受撞击时会爆炸性地转化为灰锑,并放出 24 Cal/g(12 kJ/mol)的热;将锑蒸气快速冷凝可以形成链状结构的黑锑,类似于红磷和黑砷,它比较活泼,在空气中会氧化自燃;在 -90℃ 时将锑化氢(SbH_3)氧化可以生成四面体小分子黄锑(Sb_4),类似于白磷和黄砷,它最不稳定,高于 -90℃ 或受到光照时,黄锑就会转化为更稳定的黑锑。

酒石酸锑钾($K_2[Sb_2(C_4H_2O_6)_2]$)是实验室中常见的含锑试剂,可用作治疗血吸虫病的药品,量大时有毒,但毒性远小于砷。

3-2-2　铋$_{83}$Bi

1556 年,德国采矿学家、冶金学家阿格里科拉在《论金属》中记载了一种金属,德国的矿工将它称为 wismat,意为 weisse masse(白色的金属),转写为拉丁文后"w"改为"b",称为 Bismuthum,元素符号定为 Bi,中文音译为铋。

和锑相似,铋在自然界中也主要以硫化物 Bi_2S_3 存在,称作辉铋矿,也有少量铋单质会形成自然铋。将辉铋矿用碳还原即可得到金属铋,反应需要的温度不高,所以在中世纪就已经被制得。

铋的熔点只有271℃,和其他低熔点金属混合后还会进一步降低,用于电路的保险丝、锅炉的安全塞、防火自动喷淋装置。如罗斯合金(Rose's metal)为2∶1∶1的铋、铅、锡合金,熔点94℃;伍德合金(Wood's metal)为4∶1∶2∶1的铋、锡、铅、镉合金,熔点70℃,含铋量都达到了50%。

铋在凝固时容易形成大颗粒的晶体,并且在271℃的高温下表面被氧化形成厚度和光的波长同一数量级的氧化膜,可见光照射氧化膜反射出五颜六色的锖色(见彩色插页第3页图3-4)。铋和锑一样在凝固时体积膨胀漂浮在液面上,所以制作晶体时可以方便地观察结晶进程。利用这种凝固体积膨胀的性质,可以将铋添加在锡、铅中用于铸造印刷用铅字或高精度铸型。

铋和石墨一样具有较强的抗磁性,很薄的铋箔片也能悬浮在磁铁上方。

83号元素铋只有1种天然核素^{209}Bi,过去被认为是最重的一种非放射性元素,但在2003年,法国科学家马尔西拉克的团队用精密的仪器测出了铋有微弱的放射性,放出α射线衰变为^{205}Tl,半衰期长达$1.9×10^{19}$年(Marcillac, Pierre de; Noël Coron; Gérard Dambier; Jacques Leblanc; Jean-Pierre Moalic. (April 2003). "Experimental detection of α-particles from the radioactive decay of natural bismuth". Nature. Volume 422. Issue 6934. Pages 876-878.)。

和其他重金属不同,铋对人体的毒性很低,口服基本不吸收。水杨酸铋($C_7H_5BiO_4$)可以杀灭大肠杆菌,用作止泻药;铝酸铋($Bi(AlO_2)_3$,胃必治)可以中和过多的胃酸,水解产生氢氧化铋胶体,覆盖在胃壁黏膜表面,用于治疗胃溃疡。

3-2-3 锌 Zn_{30}

锌是中学化学实验室中的常客,作为不需要电解就能生产的金属中最为活泼的一种,用来和酸反应制备氢气。现代工厂中可以很方便地用碳还原氧化锌来制备金属锌,但在古代,这不是那么容易的,因为锌太易挥发了。

明代宋应星的《天工开物》中的记载就很好地总结了锌易挥发的特点:"凡倭铅古书本无之,乃近世所立名色……罐中炉甘石熔化成团,冷定毁罐取出。每十耗去其二,即倭铅也。此物无铜收伏,入火即成烟飞去。以其似铅而性猛,故名之曰倭云。"

锌的熔点419℃,比锡、铅略高,但沸点只有907℃,比锡、铅都低得多,在炉火中很容易就灰飞烟灭了。而铜的熔点1083℃,有杂质时,熔点会降低,只有和铜混在一起形成合金,锌的挥发性才会被抑制。我国在3世纪就已经有铜锌合金即黄铜出现,称为"鍮石",但是这只能算是使用锌而不能算是发现了锌。

918年,炼丹术士飞霞子的《宝藏论》中第一次将锌称为"倭铅":"铅有数种:波斯铅……;草节铅……;衔银铅……;上饶干平铅……;负板铅……;倭铅,可勾金。"最后一种"可勾金"就是说"倭铅"和铜可以勾兑成黄铜,外观很像黄金。

从宋代开始,随着蒸馏技术的发展,"倭铅"的纯度逐渐提高。最终到了明代永乐(1403~1424)年间,中国开始用99%以上的"倭铅"铸钱,锌作为一种纯金属登上了历史舞台。

而在西方,对锌最早的记载出现在1617年,德国贵族冶金学家龙涅斯记载了在冶炼铅的炉壁上有一种白色的金属,外观像锡但是比较硬,并且较脆缺乏延展性,工人称其为Zinck,意为锯齿状。后来Zinck演化为拉丁文Zincum,元素符号定为Zn,中文音译为锌。

直到现在,黄铜依然是锌消耗量最大的用途。含铜62%、锌38%的黄铜称为"H62",色泽金黄,机械强度和耐腐蚀性好,用于制造各种生产生活器具。黄铜的弹性好,可用作管乐器中的簧片。

古代炼锌主要使用炉甘石(菱锌矿,$ZnCO_3$),而现代炼锌主要使用储量更丰富的闪锌矿(ZnS)。纯净的硫化锌无色,而天然的闪锌矿因为含铁而常呈现深浅不一的黄、红、棕、黑色。纯净透明的闪锌矿折射率大(n_D=2.37,与钻石接近),色散强(n_G-n_B=0.156,是钻石的3倍多),经雕琢后散射出强烈的绿色、橙色火彩,可用作宝石,但硬度较低(莫氏硬度3.5)而容易被划伤。粉末状的硫化锌因其折射率高具有很强的遮盖能力,用作白色颜料,但因为化学性质不稳定,常在其中掺入一定量的硫酸钡,称为"锌钡白"。

闪锌矿是立方晶系的 ZnS,另有六方晶系的纤锌矿与其化学式相同而晶体结构不同,二者互为**"同质异象变体"(Polymorph)**。初中里学过的同素异形体也是同质异象变体的一种,是其在单质中的特例。

金属锌还原性较强,在酸性、碱性溶液中都较活泼,可用作电池的负极。而在干燥空气中锌表面可形成致密的氧化膜,保护了内层不再氧化,可以镀在铁的表面防止生锈,称为"白铁"。而如果镀层破损,因为锌比铁更活泼,先于铁反应而保护了铁。根据这种性质,造船时可以在船舷外的水下部分钉一块锌,船体的钢铁就不容易生锈了。

锌是人体必需的微量元素,与 DNA 复制、细胞分裂、蛋白质合成与代谢等诸多生理反应有关,具体的功能有:(1)促进人体的生长发育;(2)维持人体正常的食欲;(3)提高人体免疫力;(4)维持男性正常的生殖功能;(5)促进伤口或创伤的愈合。人体中锌的总量约为 2 克,每天需要摄取 10~20 毫克锌元素,口服可溶性的硫酸锌或葡萄糖酸锌可以补锌,但不可过量,一次性超过 100 毫克即可引起锌中毒。氧化锌或碳酸锌软膏用于伤口的收敛剂,而某些不纯的收敛剂中颜色的变化导致了 19 世纪初镉元素的发现(见 5-5)。

第4章 近代化学实验：确立元素概念

4-1 氧、氮、氢、氯：虚无缥缈的气体

对于物质的组成，自古以来就有人进行思考。

中国古人将地上的物质和天上的行星联系起来，认为世界是由金、木、水、火、土"五行"组成的，并且相生相克。这仅仅是凭空想象出来的，没有现实的实验依据。

古希腊人的"四元素"说更有思辨精神，他们不仅仅列出了4种"元素"的名字，而且根据它们的性质在轻重和干湿两个维度上描述了这4种"元素"：干而重的"土"、干而轻的"火"、湿而重的"水"、湿而轻的"气"。然而思辨并不能代替实验，脱离实际的思辨并不能指导科学的发展。

进入中世纪后，炼金术士提出了"三元素"假说：所有物质包括黄金都是由硫、汞、盐组成的，分别代表可燃性、挥发性和固体，物质种类的不同只是因为这3种"元素"的配比不同，调节配比就能炼出黄金。这种理论当然是无稽之谈，但这3种"元素"的名称却歪打正着命中了2种。

炼金术士的这种幻想在1661年被英国化学家波义耳彻底打破，他在《怀疑的化学家》(*The Sceptical Chemist*)中提出了最早的现代元素概念：无法再分解的物质称为**简单物质**，即**元素**(**Element**，二者的英文是同一个单词)。金和其他金属都无法再分解，是不同的元素，这一论断宣告了炼金术的失败。

到了1789年，法国化学家拉瓦锡在《化学基本论》中进一步充实了元素的概念，他将当时所有无法分解的简单物质共33种分成了4类：

	Noms nouveaux.	Noms anciens correspondans.
Substances simples qui appartiennent aux trois règnes & qu'on peut regarder comme les élémens des corps.	Lumière.........	Lumière.
	Calorique.........	Chaleur. Principe de la chaleur. Fluide igné. Feu. Matière du feu & de la chaleur.
	Oxygène.........	Air déphlogistiqué. Air empiréal. Air vital. Base de l'air vital.
	Azote............	Gaz phlogistiqué. Mofete. Base de la mofete.
	Hydrogène.......	Gaz inflammable. Base du gaz inflammable.
Substances simples non métalliques oxidables & acidifiables.	Soufre...........	Soufre.
	Phosphore.......	Phosphore.
	Carbone.........	Charbon pur.
	Radical muriatique.	Inconnu.
	Radical fluorique.	Inconnu.
	Radical boracique.	Inconnu.
Substances simples métalliques oxidables & acidifiables.	Antimoine.......	Antimoine.
	Argent..........	Argent.
	Arsenic.........	Arsenic.
	Bismuth.........	Bismuth.
	Cobolt..........	Cobolt.
	Cuivre..........	Cuivre.
	Etain............	Etain.
	Fer..............	Fer.
	Manganèse......	Manganèse.
	Mercure.........	Mercure.
	Molybdène......	Molybdène.
	Nickel...........	Nickel.
	Or...............	Or.
	Platine..........	Platine.
	Plomb...........	Plomb.
	Tungstène.......	Tungstène.
	Zinc.............	Zinc.
Substances simples salifiables terreuses.	Chaux...........	Terre calcaire, chaux.
	Magnésie........	Magnésie, base du sel d'Epsom.
	Baryte...........	Baryte, terre pesante.
	Alumine.........	Argile, terre de l'alun, base de l'alun.
	Silice............	Terre siliceuse, terre vitrifiable.

图 4-1 1789 年拉瓦锡制定的化学元素表(法文)

1. 气态元素：光、热、**氧气**、**氮气**、**氢气**；
2. 成酸的非金属元素：**硫**、**磷**、**碳**、盐酸基、氢氟酸基、硼酸基；
3. 能氧化和成盐的金属元素：**锑**、**银**、**砷**、**铋**、**钴**、**铜**、**锡**、**铁**、**锰**、**汞**、**钼**、**镍**、**金**、**铂**、**铅**、**钨**、**锌**（按法文字母排序）；
4. 能成盐的土质元素：石灰、苦土、重土、矾土、硅土。

这其中，**标粗**的元素保留到了现在，其他"元素"大部分也和今天的元素有所联系，但受到当时的历史局限性的影响。

比如第一类，拉瓦锡将光、热和其他气体并列在了一起。诚然光和热是宇宙中物质的基本组成部分和基本运动形式，属于更为基础的"元素"，但从化学的角度来看，它们并不是由原子构成的"化学元素"。

而第二类中的后 3 种则是拉瓦锡个人的错误，他认为所有酸中都含氧，于是将盐酸、氢氟酸、硼酸中去掉氧之后剩下的不能再分解的"元素"称为"盐酸基"、"氢氟酸基"、"硼酸基"。虽然现在我们知道这一论断是错误的，但还是留下了后遗症：Oxygen 这一来源于希腊文"酸"的单词，日语中氧元素依然被称为"酸素"，便是这个单词的直译。

第三类所有的金属都是简单物质，都是元素。

第四类中的"土"并不是简单物质，而是一些金属的氧化物，只是这些金属太活泼了，当时的实验条件无法将它们再分解。只有到 19 世纪初，戴维将电解手段用于化学反应中之后，才从石灰（CaO）中分解出钙、苦土（MgO）中分解出镁、重土（BaO）中分解出钡、矾土（Al_2O_3）中分解出铝、硅土（SiO_2）中分解出硅。

下面，就让我们从第一类气体元素开始。

空气虽然在我们周围无处不在，但它虚无缥缈，古人只能笼统地用一个"气"字概括所有这些身边的精灵，并不知道其中有些什么成分。随着 17、18 世纪化学实验的发展，早期的化学家相继制备出了氢气、氧气、氮气、氯气、二氧化碳等气体，它们中的一些被归纳到了最早的化学元素表中。

表 4-1 常见气体元素的性质

	氢$_1$H	氮$_7$N	氧$_8$O	氟$_9$F	氯$_{17}$Cl
密度(g/L)	0.0899	1.251	1.4289	1.554	2.980
熔点(℃)	-259.2	-210.0	-218.8	-219.62	-100.98
沸点(℃)	-252.766	-195.8	-183.0	-188.1	-34.05
临界温度℃	-239.95	-146.958	-118.6	-128.85	143.8
丰度(g/T)	1400	19	461000	585	145
空气含量 V/V	$5.5×10^{-7}$	78.084%	20.946%	0	0
丰度排名	10	34	1	13	19
命 名	成水	成硝石	成酸	流动	黄绿色

4-1-1 氧$_8$O

氧作为一种在空气和化合物中都大量存在,并且活泼性中等使得它们之间可以相互转换的元素,很早就引起了古人的注意。

8世纪的中国,黑火药刚刚发明,一些炼丹术士就注意到了木炭和硫磺等物质在燃烧之后,会使空气发生变化,而硝石被加热之后又会放出一种能够帮助燃烧的气体。中国人用阴阳学说来解释,将易燃物称为"阳",则这种助燃气体就与之相对地称为"阴"。这一观点被当时一位炼丹术士马和(Maò hhóa)记录在了一本叫作《平龙认》的小册子中,后来这本小册子被传到德国语言学家克拉普罗特(化学家克拉普罗特的儿子)处,成为化学史上的重要资料。

在中世纪的世界各地,氧气可以通过加热硝酸钾、氧化汞等不稳定的含氧化合物获得,但各国的炼丹、炼金术士都没能正确解释这些气体到底是什么。1772年,瑞典化学家舍勒将氧化汞分解产生的气体称为"火空气"(feuer luft);1774年,英国化学家普里斯特利将其称为"脱燃素空气"(dephlogisticated air);同年,法国化学家拉瓦锡将其称为"生命的空气"(vital air)。

最终1775年,拉瓦锡通过对这种气体和金属反应的定量研究,证明了燃烧过程是可燃物和空气中的氧气结合的过程,推翻了燃素说。但拉瓦锡又犯了一个新的错误,他根据碳、硫、磷燃烧都生成酸性氧化物,溶于水之后生成酸而认为所有的酸中都含有这种元素,于是取希腊文词根 oxys(酸)和 geinomai(产生,源),将它命名成 Oxygéne(法文),元素符号定为 O。日文直译了这个单词,将其称为"酸素",现在我们在某些食品包装中还能看到"脱酸素剂",中文应该叫作"脱氧剂",用以去除包装内的氧气防止变质。我国创造了一个新字"氧",表示"滋养万物的气体"的意思。

关于氧气的性质,大家都很熟悉了,不再赘述。这里主要来讨论一下液氧、臭氧、水的颜色问题。

众所周知,词典上都说氧气、空气、水都是无色无味的物质,但天空、海洋、冰川却显蓝色,液氧、臭氧也显蓝色。那么这些蓝色是怎么来的呢?许多书上会将天空的蓝色和海洋的蓝色都归因为**瑞利散射(Rayleigh Scattering)**,波长越短散射越强,于是从光路的侧面观察,散射光呈蓝色,而迎着光路观察,蓝光散射之后剩下的是红光。我们看到的夕阳和朝阳都是红色的,用散射来解释天空颜色的成因没有问题。但如果我们潜入海底,直视太阳,会发现直射的阳光也是蓝色的,这就是瑞利散射所不能解释的了。

其实水的颜色是它本身的颜色,因为水分子中的 O—H 键伸缩振动的能量与 $3650\ cm^{-1}$ 和 $3755\ cm^{-1}$ 的红外光相同,对于这些红外光有吸收,液态水和固态的冰中较强的氢键使得这两个吸收峰按照一定的方式叠加产生能量更高的倍频峰,从而吸收 698 纳米的红色可见光。这种吸收非常微弱,日常生活使用少量水时不易发现,但当我们站在海边或很深的湖边,白光穿透了几米、十几米深的水后,红光大部分被吸收,就只剩蓝绿色了。在一些宇宙射线检测池内,灌入的不是几米深的水,而是四氯化碳或者液氙,这些液体没有 O—H 键,就看不到这种蓝色了。

而液氧、臭氧的蓝色来源于单电子的跃迁,吸收波长与水不同。氧分子基态时有 2 个未成对电子,是自旋平行的三重态,具有顺磁性,能被磁铁吸引。受光照激发时后,2 个未成对电子跃迁至同一轨道,变为自旋反平行且能量更高的单重态。从三重态到单重态的电子跃迁,气态时吸收峰在红外区,液氧中氧分子之间相互作用,出现 634 纳米和 476 纳米的吸收峰因而呈蓝色。将氯气通入过氧化氢和氢氧化钠的混合溶液中会生成单重态的氧分子,在跃迁回三重态时就会发出这种634纳米的红光。

氧气在常温下无法通过压缩液化，要制得液氧必须降温到 $-118.6℃$（临界温度）以下再加压，或者常压下降温到 $-183℃$（沸点）。临界温度是这么一个温度：在真空密闭容器中装入液体，其上方有挥发出来的少量蒸气，加热容器，液体热胀冷缩密度减小，气体虽然在恒压下也是热胀冷缩，但在密闭容器中饱和蒸气压上升得更快，所以密度上升，当升高到某一温度时，液体、气体的密度相等，折射率也相同，表面张力降为0，汽化热也降为0，两相完全没有区别，此温度就称为**临界温度**（**Critical Temperature**，简称 T_c），对应的压强称为**临界压强**（**Critical Pressure**，简称 P_c）。温度、压强均超过临界点的状态既具有气体的流动性和零表面张力，也具有液体良好的溶解性，称为"**超临界流体**"（**Supercritical Fluid**，简称 **SCF**）。

临界温度低于 $0℃$ 的气体在常温下无法通过加压液化，称为"**永久气体**"（**Permanent Gas**）。它们在钢瓶中以150个大气压的压缩气体形式储存，而不能像氯气、二氧化碳那样以液体形式储存。永久气体要求气体分子间作用力非常小，这就需要同时满足分子量小且分子极性小两个条件，包括稀有气体中的前4种：氦、氖、氩、氪；气体非金属单质中的前4种：氢、氮、氧、氟；2种双原子弱极性化合物：一氧化碳、一氧化氮；3种多原子非极性化合物：甲烷、三氟化硼、四氟化碳，一共13种。再加上压缩空气、氢的同位素氘，工业上使用的永久气体一共15种。

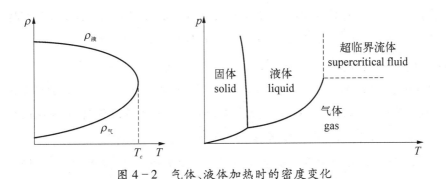

图 4-2　气体、液体加热时的密度变化

第 4 章　近代化学实验：确立元素概念

单纯从物理性质上来说,臭氧的临界温度-12℃,也是一种永久气体,但没有人会生产臭氧并把它灌装到钢瓶中出售,因为臭氧非常容易分解成氧气,常温常压下其半衰期只有30分钟。现在我们要用臭氧进行消毒都是现制现用的,比如紫外灯、电火花发生器都可以制出臭氧。

在紫外线的照射下,氧气分子内的共价键可能会断裂,氧原子重新组合有一定的可能性生成臭氧。而臭氧分子吸收了紫外线后也会断裂分解成原子,因为不如氧气分子稳定,所以更易分解,吸收紫外线效率更高。在离地面20~30公里的高空有一层"臭氧层"(Ozone Layer),但其中的臭氧浓度也仅仅是2~8 ppm,如果将其压缩为标准状况铺在地面,厚度仅为3毫米。但正是这3毫米的臭氧阻挡了99%以上的太阳紫外线,保护了地面的生命。1980年代起,因为氯氟烃等污染物的排放并随大气环流到达南北极的高空,臭氧层出现空洞,靠近南极的智利、阿根廷的皮肤癌发病率提高。

但在人类呼吸的空气中如果出现了浓度较高(超过0.1 ppm)的臭氧,就会对我们的呼吸系统造成伤害。夏天紫外线强度较高,所以近地面大气的臭氧浓度也会超标,取代PM2.5成为主要污染物。

4-1-2 氮,N

在氧气发现的同时,各方对脱除了氧气之后空气中剩下的成分也做了研究,并对其有不同的称呼。1772年,英国医生丹尼尔·卢瑟福发现这种剩余的气体不能支持老鼠呼吸,将其称为"有害气体"(noxious gas);同一时期,英国化学家卡文迪许将这种气体称为"恶臭空气"(mephitic air);随后,普里斯特利将其称为"燃素化空气"(phlogisticated air);1777年,舍勒将其称为"无效空气"(Verdorbene luft);同年,拉瓦锡把这种恶臭的空气称为azote,来自希腊文a(不)和zoos(生存),中文将其意译为氮,意思是冲淡了空气中的氧气,而日文意译成了"窒素";1790年,法国工业化学家沙普塔尔将其改称为Nitrogéne(法文),意为"硝石(nitre)的产生者(gen)",元素符号N即由此而来。

空气中有78%的体积比都是氮气,它不能直接供给动植物呼吸,但冲淡了空气中的氧气使其氧化性不至于太强。否则,常见金属如铁、铝只需稍微加热就会剧烈燃烧,动植物体内的糖类和脂肪也会迅速氧化,空气将变得非常危险。利用氮气的不活泼性,可以做成灭火器,但要注意它不能扑灭碱土金属比如镁的燃烧。

而和氧气及其他气体相同的是,氮气在高能粒子或电场的激发下也会发光。太阳风中的带电粒子被地球磁场引导到南北两极上空,与高层大气中已经原子化的氧碰撞放出 630 纳米的红光和 557.7 纳米的绿光,而在太阳活动增强时,带电粒子能够更深入地到达 200 公里左右的中层大气,与更加稠密的氮气分子碰撞放出 428 纳米的蓝紫光,这些光线变幻莫测,成为人们趋之若鹜的极光。低纬度地区较暗淡的类似发光称为气辉。在实验室中,我们也可以将稀薄的氮气、氧气或其他气体填充到玻璃管中通电来模拟这些颜色的极光。在我校的实物元素周期表中,氮气、氢气和 5 种稀有气体都是用这种方法展示的,氧因为氧化性强会腐蚀电极所以没有展示发光管而是展示了其他样品。

氮气的沸点只有 $-195.8℃$,且临界温度为 $-146.9℃$,是和氧气一样的"永久气体",并且沸点和临界温度都比氧气更低。不同于液氧的蓝色,液氮是一种无色的液体,沸腾时大量吸热(202 千焦/千克),使与其接触的物体温度降至其沸点 $-196℃$,用作制冷剂。

因为氮气在空气中大量存在,工业上将空气冷却得到液氮和液氧的混合溶液,根据氮气和氧气的沸点差异进行分馏可制得氮气,加压至 150 个大气压灌装至 40 升的钢瓶中出售。这种工业氮气纯度为 99.5%(稀有气体一并计入),称为"普氮",其中混有少量的氧气,但不影响作为一般保护气的用途。在精密的科学仪器如手套箱、气相色谱分析中必须使用高纯氮,纯度需要达到 5N 以上。无论是"普氮"还是"高氮",其纯度中都计入了 1% 左右的氩、氦、氖、氪、氙等稀有气体,其密度比纯氮高,这种密度的差异最终导致了 1894 年氩气的发现,详见 7-4。

虽然卡文迪许将氮气称为"恶臭空气",但氮气本身没有臭味。它的氢化物氨气有恶臭,1727 年最早由英国化学家哈尔斯从天然盐湖中的硇砂(NH_4Cl)和石灰共热得到。1785 年,法国化学家贝托莱发现氨中含有氮,拉瓦锡据此认为氮可能是"成碱要素",他在《化学基本论》中说:"今后极可能发现所有的碱性

第 4 章 近代化学实验:确立元素概念

物质都属于氮化物这个物种"。这一"碱中皆含氮"的观点和"酸中皆含氧"一样都是拿个别例子推广到全局，都被后来的实验事实所证伪。

但贝托莱的另一论断："动物体内皆含氮"被证明是正确的。氮元素是氨基酸的组成部分，而氨基酸脱水缩合成蛋白质，蛋白质则是所有生物的建筑材料。蛋白质的平均含氮量约16%，缺少氮就意味着缺少蛋白质，没有了材料，生物就无法生长。但因为氮气的不活泼，大部分生物无法从空气中获得氮，就像落难的水手无法从海水中获得水一样。常见的只有豆科植物根瘤中共生的固氮菌能够将氮气转化为植物能够吸收的氨态氮，其他植物都只能靠闪电中生成的少量硝酸和轮作土地上豆科植物尸体留下的化合态氮生存。要提高农作物产量就必须施用氮肥，早期氮肥只有从尿中获取的尿素和从硇砂获取的氨水，但这两种物质的制取只是从一种化合态转变为另一种化合态，并没有增加地球上化合态氮的总量。1909年，哈伯用锇或铀做催化剂成功让氮气和氢气化合成了氨气，开创了人工固氮的先河，后来，更廉价的铁触媒成为合成氨工业的主流催化剂。人工合成的氯化铵、硫酸铵中的氮被植物吸收后会留下氯离子、硫酸根离子和氢离子，使土壤酸化板结。

最好的氮肥是无残留的尿素（$CO(NH_2)_2$），其含氮量高达46%。1828年，德国化学家维勒成功将无机物氰酸铵（NH_4CNO）转化成有机物尿素，破除了"生命力论"。现在，尿素的生产是通过氨气和二氧化碳在200℃和150大气压下合成氨基甲酸铵（NH_2COONH_4），后者减压降温失水后生成尿素。

4-1-3 氢 $_1$H

与氧、氮类似，氢元素的发现也经历了对气体的观念的改变。

氢的制取是与硫酸生产规模的发展同步的。1650年，瑞士医生马埃恩最早报告，将铁放在稀硫酸中会放出一种可燃性气体；1671年，波义耳用同样的方法制得了这种气体，将其称为 volatile sulphur of Mars，直译为"火星的易挥发的硫"，因为硫代表可燃物，火星代表铁，所以意思是"铁的可燃性气体"。

1766年，英国化学家卡文迪许将这种气体称为"可燃性空气"（inflammable air），并发表了关于这种气体的专门论述。他提出制备这种气体所用的金属可以是铁,也可以是锌、锡,用的酸可以是硫酸,也可以是盐酸。他测定了"可燃性空气"的密度,发现它非常轻,不到空气的 11 分之一(实际只有 14 分之一)。他确定了"可燃性空气"不能支持物质燃烧和动物呼吸,但将其与空气混合后再点燃,会发生剧烈的爆炸。因为这些详细的论述,所以卡文迪许被公认为是氢气的发现者。

但因为对燃素说的迷信,卡文迪许认为"可燃性空气"就是金属中的燃素,来源于金属而不是来源于水或酸。而氢气燃烧就是和"脱燃素空气"即氧气化合生成"燃素化的空气"的过程。1781 年,卡文迪许发现"可燃性空气"的燃烧产物是水,但他对此没有做出正确的解释。

受到卡文迪许的启发,1783 年,拉瓦锡提出水不是一种简单物质,是由可燃性空气和生命空气按一定重量比组成的。1784 年,拉瓦锡成功用水和铁制出了可燃性空气,证明了它是水的一个组成要素,将其命名为 Hydrogéne(法文),元素符号定为 H,日文取其意直译为"水素",而中文另造新字,根据它是最轻的气体将其称为"氢"。

氢的含义是轻,充进气球可以漂浮,但因其易燃,不能用于日常生活,只用于气象探空气球。Hydrogen 的含义是"水素",所以我们的讨论也大部分与水有关。

初中物理课上我们知道,水的比热容 4.184×10^3 J/(kg·K),是所有固体和液体中最大的。而脱离物态的限制,所有物质中比热容最大的是氢气,恒压比热容达到 14.288×10^3 J/(kg·K),是水的 3 倍多。

氢有两种天然稳定同位素:99.985% 的 ^{1}H、0.015% 的 ^{2}H,还有 1 种痕量的放射性同位素 ^{3}H,半衰期 12.3 年,天然丰度约 10^{-17}。其英文名 Protium、Deuterium、Tritium 分别来源于希腊文中的序数词 protos(第一)、deuteros(第二)、tritos(第三),中文在气字头下分别填上一、二、三笔,并取其发音命名为氕(piē)、氘(dāo)、氚(chuān),形神兼备。

氘是 1931 年美国化学家尤里通过对蒸发液氢后的残留物进行光谱分析发现的,氚是 1934 年澳大利亚物理学家奥利芬特和奥地利化学家哈泰克用氘核撞击另一个氘核得到的。

因为氢原子核的质量和中子近似相等,和中子发生完全弹性正碰撞时,根据动量守恒和动能守恒可以推出:

$$v'_n = \frac{(m_n - m_H)v_n + 2m_n v_H}{m_n + m_H} = v_H$$

$$v'_H = \frac{(m_H - m_n)v_H + 2m_H v_n}{m_H + m_n} = v_n$$

氢原子核与中子发生速度交换,在核反应堆中可以立即使铀裂变发射的 0.1 倍光速的**快中子**减速为与分子热运动速度相同的几百米/秒的**热中子**,这种热中子更易被 ^{235}U 原子所吸收,从而会引发更多的铀裂变;如果发生斜碰撞也能使中子的平均速度下降为原来的 $\int_0^\pi \sin x \mathrm{d}x / \pi = 2/\pi = 63.7\%$,均方根速度下降为原来的 $\sqrt{\int_0^\pi \sin^2 x \mathrm{d}x / \pi} = 1/\sqrt{2} = 70.7\%$,经过不多的几次碰撞也能使快中子减速为热中子。但氢会少量地吸收中子(0.3326 靶恩,见表 5-3),所以实践中更多地使用几乎不吸收中子(0.000519 靶恩)的氘化合物,即重水(D_2O),称为重水反应堆。

为了提取重水,可以利用氕和氘在物理、化学性质上的差别。一般我们提到同位素,都会讲它们的化学性质几乎完全相同,物理性质有微小差别,但这个差别到了氕氘氚身上会被放大。因为其他元素的同位素质量数相差 1 个单位,在总质量数中只占百分之几,差别非常微小;而氕、氘的质量数相差 1 个单位,直接就是翻倍的差别,于是它们不仅仅物理性质有较大差别,化学性质也不一样。对于同一个化学反应,氕和氘在能否进行的问题上保持一致,但因为氘更重,所以反应速率更慢,平均来说只有氕的七分之一。所以用太阳光蒸馏海水,含氕的轻水更多地出现在雨雪中,含氘的重水更多地留在海水中。我们可以将已去除盐分的海水进行电解,氕更多地变成氢气,氘更多地以重水的形式留在液态水中。因为这种操作需要消耗大量的电能,所以重水成本很高,大约 10 元/克。

按丰度计算,一个 60 公斤体重的人体内有 6 克重水,它本身无毒,但参与生化反应时比普通水慢,并且 DNA 中的氢键长度变化使其无法参与有丝分裂。如果人为摄入过多重水,替换掉体内 20% 以上(约 10 公斤)的轻水,就会死亡。

氚的天然丰度仅 10^{-17},来自于宇宙射线中的高能中子轰击高层大气中的氚核。因为氢弹的反应原理是氘氚聚变,所以 1952 年第一颗氢弹爆炸后的几十年内,大气中氚的丰度上升了 100 倍以上,全面禁止大气层核试验后氚的丰度又开始按半衰期下降直至天然丰度。今天,我们可以将氚气封在内壁涂了荧光粉的玻璃管内,用于夜间的发光显示,这一任务在 1960 年代以前是由镭完成的,60~80 年代钷接过了接力棒,80 年代以后氚的生产成本降低后改用氚。因为它放出的 β 射线能量只有 0.0186 MeV(对比:铀和钍的 α 射线能量大约为 4 MeV),只能穿透 6 毫米的空气或 6 微米的玻璃,这种发光管正常使用时无害。但要注意不能摔碎,那样氚气泄漏出来吸进肺里会造成内照射。幸运的是氚气密度远小于空气,所以会迅速上浮离开人类日常生活的近地面空间。

氢是"水素",将氢气溶于水或通过电解、用镁置换等方法使其过饱和就制得了富含氢气的"水素水"。这种来自日本的舶来品宣称可以清除体内的氧自由基,延缓衰老,并引用了一些期刊上发表的文献,但目前在医学界还没有明确定论。

4-1-4 氯 $_{17}$Cl

因为对氧的错误认识,氯的发现史更加地曲折。

1774 年,瑞典化学家舍勒用软锰矿(MnO_2)与盐酸共热,得到了黄绿色的气体,具有和王水一样的刺鼻气味。因为舍勒坚信燃素说,而将这种气体称为"失去燃素的盐酸气"(dephlogisticated muriatic acid gas)。

拉瓦锡破除了人们对"燃素说"的迷信,开始认识到燃烧是可燃物与氧的化合反应,但由此带来了另外一个迷信。因为碳、硫、磷等非金属燃烧后生成的都是酸性氧化物,溶于水之后生成酸,所以拉瓦锡取其逆命题认为所有酸中都含氧。现在我们知道原命题成立,逆命题不一定成立,但拉瓦锡没有考虑这些,它将氧命名成了 Oxygene(酸+生成),认为盐酸、氢氟酸、硼酸也是氧和一种未知元素的化合物。并且拉瓦锡连这些未知元素的名字都想好了,用拉丁文中表示盐水的 muria 将其命名为 Muriatium,元素符号定为 Mu,中文意译为"盐酸基",而日文将其意译为"塩素"并沿用至今。于是盐酸化学式就成了 MuO_2,而用二氧化锰氧化后得到的黄绿色气体就成了 MuO_3。

1785 年,法国化学家贝托莱将这种气体的水溶液放在阳光下暴晒,产生了盐酸和氧气气泡。现在我们当然知道,氯水中产生的氧气来源于水,而不是来源于氯气。但当时的化学家不这么想,只能将氧气气泡作为拉瓦锡关于盐酸中含氧的又一个证据。

直到 1809 年到 1810 年间,法国化学家盖-吕萨克、泰纳尔和英国化学家戴维分别将氢气、木炭、白磷放在这种气体中加热燃烧,没有得到水、二氧化碳、十氧化四磷等任何含氧化合物,只生成了氯化氢、三氯化磷、五氯化磷等,而木炭在这种气体中根本不燃烧,由此证明了这种黄绿色气体中根本不含氧原子,而是一种单质。戴维根据这种气体的黄绿色用希腊文 chloros(黄绿色)将其命名为 Chlorine,元素符号定为 Cl,中文意译为"氯"。

氯气单质非常活泼,对人和所有生物体内的有机物都有强烈的氧化作用,从而导致呼吸道水肿,最终死亡。利用其毒性,氯气在 100 多年前就开始用作自来水和游泳池水的消毒剂,添加的微量氯气在完成消毒之后大部分转化为极稀的盐酸,不会对人体造成伤害。但因为氯气会和自来水中的微量有机物发生取代反应,生成有毒的卤代烃,所以许多城市已经开始不用氯气,而使用氧化性更强但不会发生取代反应的二氧化氯(ClO_2)作为消毒剂。

氯的许多化合物也有毒,尤其是含氯的有机化合物,所以在大学的化学实验室中,含卤素的有机废液要和普通的有机废液分开回收。其中最著名的 2,2′-二氯二乙硫醚(($ClCH_2CH_2)_2S$),是一种易挥发有刺鼻气味的油状液体,俗称"芥子气",皮肤和呼吸道接触后会导致溃烂,二战中被侵华日军用作毒气弹,战败后将其遗留在中国境内,至今仍不时会在土建施工时从地底挖出,对中国人民的生命安全造成威胁。但同样的含氯化合物,对于不同的生物物种毒性不同。例如六氯环己烷(六六六,$C_6H_6Cl_6$)和二氯二苯基三氯乙烷(二二三,DDT,$CCl_3CH(C_6H_4Cl)_2$)对昆虫的毒性较大,而对人体的急性毒性较小,是上个世纪非常常用的农药,为控制疟疾和粮食增产作出了巨大的贡献。但这些有机氯农药非常稳定,在环境中难以降解,并可通过食物链富集到顶级消费者即人类体内,长期累积摄入会导致慢性中毒并诱发癌症。1962年,美国生物学家蕾切尔·卡逊出版了环保著作《寂静的春天》,其中描述的农药对生态环境的危害触目惊心。70年代后,这两种农药全面停产,转而开发急性毒性较强但更易降解的有机磷农药。

氯和氟共同与碳结合形成的氯氟烃(chlorofluorocarbons,简称CFCs)非常稳定,无色无味,对人体无毒。它们的沸点接近室温,可以先加压液化,再减压气化吸热而用作制冷剂。这些氯氟烃的商品名统称为Freon,音译为"氟利昂",例如最具商业应用的二氟二氯甲烷(CCl_2F_2),商品名为F-12(具体的命名法见6-4氟)。因为氯原子较大,与碳结合不牢固,在紫外光照射下会裂解成电子数为奇数的氯原子($Cl\cdot$),称为"氯自由基"。氯自由基非常活泼,会抢夺臭氧分子中的氧原子生成氧气和一氧化氯。一氧化氯同样是单电子自由基,同样非常活泼,会继续抢夺其他臭氧分子中的氧原子,生成二氧化氯和氧气。二氧化氯容易分解,重新生成氯自由基和第3个氧气分子:

$$Cl\cdot +O_3 \rightarrow ClO\cdot +O_2$$

$$ClO\cdot +O_3 \rightarrow ClO_2\cdot +O_2$$

$$ClO_2\cdot \rightarrow Cl\cdot +O_2$$

3种含氯物种会在一条链上不断地反应,每进行一次循环,就会有2个O_3分子分解为3个O_2分子。直到非常偶然的机会,两个氯自由基碰撞生成稳定的氯气分子,链式反应才停止。在此之前超过10万个臭氧分子都变成氧气分子了,于是臭氧层就被严重破坏。

有机氯大部分有毒,但水溶液中游离的氯离子无毒,并且氯是所有生物必需的常量元素。但因为氯元素太过常见,通常供应量超过需求量,不太会因为缺乏症而引人注意,所以人们往往忽略了氯的必需性。在植物中,氯离子控制叶面气孔的开闭,参与光合作用和多种酶的激活过程。在人体内,胃壁细胞通过质子泵逆浓度梯度地将水中的H^+泵至细胞外(同时将K^+泵至细胞内),和通过离子通道蛋白协助扩散至细胞外的Cl^-一起构成盐酸,使胃液的pH值降至

2~3,激活胃蛋白酶,帮助蛋白质、多糖的水解消化吸收,并且具有杀菌消毒的作用。每个人体内氯元素的质量分数约0.15%,绝对质量约100克。

4‑2 钴、镍、锰、钼、钨、铂:钢铁伴侣

铁是人类很早就发现的金属,但因为技术的限制,早期冶炼的铁中碳、硫、磷含量高,其性能无法得到充分的发挥。随着技术的发展,铁中的有害杂质逐渐减少,并且更多和铁相似的金属陆续被发现了,现在它们都和铁一起制成合金,成为合金钢大家族中不可缺少的元素。

4‑2‑1 钴$_{27}$Co 和镍$_{28}$Ni

铁右边的两种元素钴、镍和铁一起构成了三胞胎。它们都在大质量恒星末年的e过程中形成,比结合能大使得丰度也大,被归为"铁峰元素"(见图1‑4);它们在太阳系中大部分都沉到了行星的内核,或者共存在铁陨石中;它们在地壳中都以硫化物的形式存在,只有铁因为丰度远大于硫,所以剩下的铁和氧结合了;冶炼成单质后,它们都是银白色金属,都有磁性;元素周期律提出后,它们都被归到了Ⅷ族,构成铁系金属。

两种金属的单质在外观上没有明显区别,我们可以将它们转化成化合物,通过颜色进行区分:向两支试管中分别加入钴片和镍片,各加2毫升稀硫酸,反应不明显,只有很少量微小的气泡附着在金属表面,显示出钴、镍的活泼性比铁差,再加1毫升双氧水,气泡开始增多,溶解出酒红色的Co^{2+}离子和绿色的Ni^{2+}离子。在自然界中,这两种颜色不容易见到,因为它们主要以辉钴矿(CoAsS)、硫钴矿(Co_3S_4)、红砷镍矿(NiAs)、辉砷镍矿(NiAsS)、镍黄铁矿($(Ni,Fe)_9S_8$)等硫化物、砷化物形式存在,呈银灰色或金黄色,只有两种产量很少的含结晶水的砷酸盐矿物钴华($Co_3(AsO_4)_2 \cdot 8H_2O$)和镍华($Ni_3(AsO_4)_2 \cdot 8H_2O$)能够显示出它们离子本来的颜色,作为找矿时的指标矿物。我国甘肃省金昌镍矿是全国最大的镍生产基地。

虽然钴和镍的化学性质与铁相似,但它们更多地以硫化物的形式存在。所

以在历史上,两者的发现都和同样以硫化物存在的铜有关,并且发现的接力棒都是由德国矿工传给瑞典化学家的。

镍和铜在元素周期表上相邻,可以以任意比互溶,含镍量超过16%的铜镍合金就显示出和铜完全不同的银白色,因而称为白铜。这种外观像银的金属早在公元4世纪就在中国的云南被冶炼出来,宋朝开始就被用来铸造钱币,直到现在,纯镍或铁镍合金依然出现在许多国家的硬币中。1597年,中国的白铜传入欧洲,英国人将它音译成Paktong(pak保留了中古汉语中的入声韵尾)。

虽然白铜是中译英,镍元素却是英译中。在17世纪末的欧洲,砷镍矿开始被添加在玻璃中制造青色玻璃,和铜矿相似,但用这种矿石却炼不出铜,德国萨克森的采矿工人将其称为"kupfernickel",其中"kupfer"是德语的"铜","nickel"是"骗人的小鬼"。1751年,瑞典化学家克隆斯特将砷镍矿用酸溶解,得到了蓝绿色的溶液,像是铜的化合物。但用铁去置换时,没有铜被置换出来,在高温下用炭还原能得到一种有磁性的金属。因为这种金属似铜非铜,克隆斯特沿用了德国矿工的说法将这种金属称为Nickel,元素符号定为Ni,中文音译为镍。18世纪末,瑞典人鉴定出白铜中的关键成分是镍,1823年,德国人成功仿制出白铜。

如果说镍是"骗人的小鬼"有点戏谑的意味,那么钴的名字就更加骇人了。含钴的辉钴矿在中世纪的德国被称为kobalt,意为"妖魔",因为这种矿石像铜矿却炼不出铜,并且含砷,毒害工人的健康。1742年,瑞典化学家布兰特(克隆斯特的老师)用木炭还原辉钴矿得到了灰色的金属粉末,能够被磁铁吸引。他沿用了德国矿工的说法,后来转写成英文(和拉丁文)时,k转写为c,命名成Cobalt(um),元素符号定为Co,中文音译为钴。

因为钴的原子序数为奇数,所以其丰度(25 g/T,排名30)比偶数的铁和镍(84 g/T,排名23)都要低,其价格(200元/kg)比镍(90元/kg)贵1倍多。并且因为钴的原子序数是奇数,所以只有 ^{59}Co 一种天然核素,可精确定出其原子量58.933195,有效数字达到8位;而镍有 ^{58}Ni、^{60}Ni、^{61}Ni、^{62}Ni、^{64}Ni 共5种天然同位素,所以镍元素的原子量58.6934只有6位有效数字。并且因为质量数56附近的原子位于比结合能曲线的最高点,生成的概率最大,丰度最高,所以镍的质量数最小的同位素^{58}Ni 的丰度最高达 68.08%,^{60}Ni 次之为 26.22%,而 3 种更重的同位素加起来丰度不到 6%,所以加权平均后镍元素的原子量比排在它左边的钴更小,是元素周期表中仅有的 3 对原子量和原子序数倒挂的元素对之一。

天然的钴 100%全部都是^{59}Co,人工合成的^{60}Co 具有强烈的放射性,以 5.271 年的半衰期发生 β 衰变,生成稳定的^{60}Ni。其射线可用于食品药品的消毒、辐射育种、工业探伤、治疗癌症,食品在接受完照射以后细菌全部被杀死,不会残留放射性,也无需加热无需添加防腐剂即可长期保存,适用于追求口感不能长时间加热的食品比如泡椒凤爪的消毒。但^{60}Co 射线很强,平时必须储存在 7 米以上深度的水中,转移运输时必须放在铅罐中,使用时必须用机械臂操作,不可人工操作。日本电视剧《血疑》中的大岛幸子就是在一次医院事故中受到大剂量^{60}Co 射线的照射导致再生障碍性贫血和白血病,最终死亡。

和铁一样,钴、镍的主要化合价也是+2、+3 价,但 Co^{3+}、Ni^{3+} 的氧化性比 Fe^{3+} 更强,可以用作电池的正极材料。比如可反复充放电的镍镉电池:Cd(负极)+ $2NiO(OH)$(正极)+$2H_2O \rightarrow 2Ni(OH)_2$+$2Cd(OH)_2$;因为镉的毒性大,后来改用镍氢电池:$H_2$(4MPa,负极)+$2NiO(OH)$(正极)$\rightarrow 2Ni(OH)_2$;又如钴酸锂用作锂离子电池的正极材料:$Li_{1-x}CoO_2$(正极)+$Li_xC_6$(负极)$\rightarrow LiCoO_2+C_6$。

钴的化合物颜色变化非常鲜明,在含结晶水的时候是粉红色的,而无水盐是蓝色的,可以用氯化钴($CoCl_2$)制作变色墨水或添加在硅胶干燥剂中用于指示含水量。玻璃和陶瓷中都不含水,所以钴玻璃和含钴的青花瓷釉料都是深蓝色的。

而钴和镍更主要的用途是添加在钢铁中。镍可以提高抗腐蚀性能,常用的 304 不锈钢就是含镍超过 8%、铬超过 18%、其余为铁的合金。钴的居里点(失去铁磁性的温度)达 1130℃,比铁(770℃)和镍(354℃)都高,用作永磁材料。

钴是维生素 B_{12} 的核心元素,对红细胞的形成有重要作用,人体内钴的总量为 1~3 毫克,主要储存在肝脏中,每天需摄入 3 微克。缺钴会导致恶性贫血,但摄入过量会抑制铁的吸收而引起缺铁性贫血。镍没有明确的生理功能,但有四分之一的人接触镍后皮肤会瘙痒,称为"镍痒症"。

4-2-2 锰$_{25}$Mn

大家对锰的印象来源于初中高锰酸钾的分解实验,知道它有+7、+6、+4、+2多种可变化合价。并且这些化合价颜色很丰富:紫黑色的高锰酸钾($KMnO_4$)、绿色的锰酸钾(K_2MnO_4)、黑色的二氧化锰(MnO_2)、极浅粉红色的硫酸锰($MnSO_4$)。在中世纪的欧洲,二氧化锰用来将玻璃中绿色的Fe^{2+}氧化为黄色的Fe^{3+},自身被还原为浅粉色的Mn^{2+},两种颜色互补形成中性的灰色,用来去除玻璃中的绿色。高锰酸钾氧化性强而毒性低,可以用于皮肤、水果的消毒。

但对于锰这种金属,见过的人并不多,因为它实在太脆了,用手一掰就断。1774年,瑞典化学家甘恩用木炭还原软锰矿(MnO_2),得到了一种非常脆的金属。当时软锰矿和同为黑色的磁铁矿(Fe_3O_4)混淆不清,所以锰的名字也来自于磁铁矿。因为最初的磁铁矿发现于希腊城市Magnesia,由此衍生成magnes lithos(磁石),为了和同样来自于该地的白色的碱式碳酸镁矿石magnesia alba相区别,所以将"g"和"n"对调而命名为Manganese,元素符号Mn,中文音译为锰。

今天,锰主要来源于软锰矿,其中的锰为+4价,呈不透明的黑色。而透明的含+2价锰的矿石呈现出漂亮的橙色或粉色,可以琢磨成宝石,如:锰铝榴石($Mn_3Al_2[SiO_4]_3$),因呈橙色而俗称"芬达石";菱锰矿($MnCO_3$),俗称"红纹石";蔷薇辉石($Mn[SiO_3]$),呈玫瑰红色;掺锰的锂辉石($LiAl[Si_2O_6]$),呈现粉紫色;掺锰的绿柱石($Be_3Al_2[Si_6O_{18}]$),呈粉橙色,商品名"摩根石"。

陆地上的铁、锰、铜、镍等金属元素被冲刷进海洋会以氧化物的形式沉积在海底,形成球状的锰结核,储量高达3万亿吨,可以说取之不尽用之不竭,并且还在以每年1000万吨的速度沉积,可看成一种可再生资源,其中锰含量高达50%,但因为海水太深至今尚未大规模开采。

金属锰本身很脆,但脆经常意味着硬。将它添加到钢铁中一方面可以脱除氧,另外也可以增强钢铁的硬度。含锰13%~15%的高锰钢既坚硬又耐磨,还富有韧性,用于滚珠轴承、挖掘机和推土机的铲斗等易磨损的部件,钢盔、坦克装甲等军事装备,以及体育馆、大剧院等大体量建筑的支撑结构。因为锰是铁的好搭档,所以锰和铁、铬一起被称为"黑色金属",而其他所有的金属都被称为

"有色金属"。其实无论是黑色金属还是有色金属,绝大部分金属都是银白或银灰色的,区别不在于颜色而在于出现的场合。

锰在人体内和植物中都是必需的微量元素,是多种酶的组成部分,尤其是呼吸过程中的糖酵解和三羧酸循环中的酶。对植物可施用硫酸锰肥料,对人体可从绿叶菜等锰含量较多的食物中获取,每天需要 3~9 毫克锰。但摄入过量后也会引起锰中毒,症状之一是帕金森综合征,通常只出现在长期大量接触锰的采矿和冶炼工人的身上,日常生活中使用高锰酸钾消毒的剂量是不会引起中毒的。

4-2-3 钼$_{42}$Mo 和钨$_{74}$W

和钴、镍、锰相比,钼、钨在元素周期表中离铁更远,但它们有更加专业的职责:提高熔点和在高温下的硬度。因为钼的熔点高达 2617℃,钨更是高达 3422℃,是所有金属中熔点最高的。

钼的名字来源于希腊文 Molybdos,表示铅矿。因为辉钼矿(MoS_2)和制造铅笔的石墨都是银灰色、非常软、有润滑性的矿石,所以都叫作 Molybdenite。1779 年,瑞典的舍勒发现这种矿石与硝酸共热会变成白色粉末(MoO_3),加碱会溶解成盐(Na_2MoO_4),与硫磺共热后又会恢复成原来的银灰色,从而认为其中有一种新元素。1782 年,瑞典矿场主耶尔姆用木炭在高温炉中还原此白色粉末得到了金属,命名为 Molybdenum,元素符号定为 Mo,中文音译为钼。

钨有两个名字:英文名 Tungsten 来源于瑞典文,意为"重"(tung)+"石头"(sten),因为舍勒发现的白钨矿($CaWO_4$)密度(6.1 g/cm^3)较大;拉丁文名 Wolframium 来源于德文,意为"狼"(wolf)+"泡沫"(ram),因为德国出产的黑钨矿(($Mn,Fe)WO_4$)经常与锡矿伴生,易形成矿渣而降低产量,就像被狼吞噬的泡沫一样。

今天,钨依然以其重而出名,钨的密度 19.26 g/cm^3,和金的密度 19.32 g/cm^3 不相上下。并且其价格只有 200 元/千克,是密度最高的一种廉价金属了。将钨条表面镀一层黄金,光靠手掂就掂不出区别了。利用这种高密度可以在小体积内携带大量动能,制造穿甲弹头。

而钨、钼更重要的性质是高熔点,分别达到2617℃和3422℃。纯钨丝用作白炽灯的灯丝,纯钼丝用来给钨丝提供支架和导线。两种金属的延性都很好,易拉成细丝,但展性差,受敲击会碎裂。纯钨可用作电弧焊接的电极,但电子发射能力差不易起弧,经常向其中添加百分之几的稀土氧化物以提高电子发射能力,如添加氧化镧制成镧钨电极、添加氧化铈制成铈钨电极、添加二氧化钍制成钍钨电极。

将钼添加在钢铁中,可增加钢铁在高温下的强度,俗称"钛钢"的316不锈钢就是一种钼钢,其中含铬17%、镍12%、钼2%,但不含钛,用作锅炉、管道等压力容器。钨和钴的合金称为"钨钢",其中并不含铁,它是一种硬质合金,用作车床的刀头、钻头、拉丝模,被称为"现代工业的牙齿"。因为钨的熔点极高,很难熔化后浇铸,所以一般采用粉末冶金的办法,将钨粉或碳化钨粉与钴粉混合压制成型后在氢气气氛中烧结,可以得到强度与浇铸相同的产品。

中国的钨储量超过世界的80%,其中江西大余一个县的钨就超过中国的一半,被誉为"世界钨都"。钼的储量也超过世界的30%,主要分布在北方省份如河南、辽宁、甘肃等。

钨、钼的最高正化合价都是+6,在自然界中以浅黄色四方片状的钼铅矿($PbMoO_4$)、白色四方双锥的白钨矿($CaWO_4$)、黑色单斜柱状的黑钨矿($(Mn,Fe)WO_4$)等形式存在。钨、钼也有较低的+4、+5价,钼的低化合价比钨更常见,储量最多的钼矿就是+4价的辉钼矿(MoS_2)。在实验室中,我们可以再现这种价态的转化:取白色的钨酸钠固体加入试管,加水溶解,加入稀硫酸,生成淡黄色的钨酸沉淀($WO_3 \cdot nH_2O$),在酒精灯上加热,黄色变深生成三氧化钨(WO_3),冷却后加入锌粒,在冒出氢气气泡的同时,锌粒周围悬浮的WO_3固体颗粒就会被还原为深蓝色的WO_x($x=2.82~2.92$),称为"钨蓝",这种蓝色可用来检验强还原剂如$TiCl_3$。这种深颜色是因为+5价的钨原子将电子转移给+6价的钨原子,发生**电荷转移跃迁(CT跃迁)**,凡具有混合价态的金属氧化物如Fe_3O_4、Pr_6O_{11}、Tb_4O_7或配位化合物如普鲁士蓝($KFe[Fe(CN)_6]$)都具有这种CT跃迁而导致的深颜色。

钼对动植物来说都是必需的微量元素,其中,豆科植物的根瘤菌中固氮酶的核心成分就是钼,可以将空气中的氮气还原为氨态氮,所以豆科植物尤其需要多施钼酸铵等钼肥。在其他植物中也起到将硝态氮还原为氨态氮的作用,对植物生长必不可少。在人体内,钼是黄嘌呤氧化酶、醛氧化酶、亚硫酸盐氧化酶的核心成分,缺钼时生长发育迟缓。但摄入过多会造成嘌呤的氧化产物尿酸增多,造成痛风。每个人体内共有 9 毫克钼,每日摄入量推荐值为 60 微克,最大可耐受值为 350 微克。

钨对生物没有确定的生理功能。

4-2-4 铂 $_{78}$Pt

今天的铂是一种人见人爱的金属,身价和黄金不相上下(300元/克),是白银(4元/克)的上百倍。但在近代以前,铂一直被当作银来使用,因为它的银白色和耐腐蚀性和银相似。古代南美洲的印第安人就开始使用自然界中的单质铂制作装饰品,古埃及的墓葬中也发现了掺有少量铂的黄金。

欧洲殖民者到来后,注意到了这种金属。1557 年法国矿物学家斯卡里吉的书中提到,所有的金属都能熔化,除了一种产自墨西哥和达里南(Darien,今巴拿马)的金属,这是因为铂的熔点(1768℃)在当时的所有金属中最高,是唯一一种无法熔化的。但以掠夺黄金为主要任务的西班牙殖民者非常讨厌铂金,因为它的密度 21.4 g/cm^3 比黄金还高,和银、铜一起掺在黄金中可以在保持密度不变的前提下增加重量而不增加实际价值,所以国王下令禁止开采,将其抛入海中。

1735 年,西班牙海军军官乌罗阿在秘鲁的平托河流域再次发现了这种金属,将其称为 Platina del Pinto,意为"平托河的银",转写为拉丁文 Platinum,元素符号定为 Pt,我国音译为铂,同时表示"白金"的含义,一语双关。

1819 年以前,世界上所有的铂都来自于南美洲。直到俄罗斯乌拉尔山脉发现了大量铂矿,并于 1826~1845 年发行了 3、6、12 卢布的铂金币。

但其实,铂并不适合于制作货币,因为它的熔点比黄金高很多,分割加工困难。直至今日铂金首饰的单价依然比铂金原料高 100 元/克左右,并且回收时的火耗高达 12%,与之对比的是首饰黄金的单价比原料只高 30 元/克,回收时火耗只有 1%。

铂作为一种偶数原子序数的元素，其天然同位素的种类也比金丰富得多，从 190 到 198 共有 6 种天然同位素，其中 ^{190}Pt 是一种放射性同位素，丰度 0.014%，以 6500 亿年的半衰期进行 α 衰变生成 ^{186}Os，是地球年龄的 100 多倍，应用时完全没有必要考虑其放射性。

第 5 章　分析化学：寻找元素的利器

5-1　溴、碘、硒、碲：稀散的非金属

从 18 世纪中叶开始,世界的科学中心从欧洲大陆转移到了厄勒海峡北边的瑞典,从此统治化学界长达 150 年。在此期间,瑞典人贝齐里乌斯发现了硅、硒、铈、钍;舍勒发现了氯;甘恩发现了锰;阿弗韦德森发现了锂;埃克伯格发现了钽;塞夫斯特伦发现了钒;布兰特发现了钴;克隆斯泰德发现了镍;莫桑德尔发现了镧、铽、铒;克利夫发现了铥、钬;尼尔森发现了钪。此外,乌普萨拉大学为化学和其他自然科学贡献了许多如雷贯耳的名字:开创双名命名法的林奈;创立诺贝尔奖的诺贝尔;提出酸碱电离理论的阿累尼乌斯;创立摄氏度的摄尔修斯等等。

发现这些元素最重要的方法是化学分析,它和古代的火法冶金有很大的不同。1780 年以前发现的金属,它们的矿物比较集中,并且大部分是氧化物或硫化物,其中的主要金属元素只有 1 种,只需焙烧或用木炭还原即可得到单一的金属单质。1780 年以后发现的元素,往往分布更加稀散,多种金属以硫酸盐、磷酸盐、硅酸盐等含氧酸盐形式共生在一起,或者干脆金属本身进入了含氧酸根,和另外一种金属共同构成化合物。结果直接用木炭还原出来的不是纯金属而是合金,性质不明,必须先行在溶液中进行分析,于是元素的提炼逐渐从干法过渡到湿法。

在水溶液中,许多离子都是有颜色的,并且不同价态的颜色不同。于是化学家可以先用强酸或强碱将矿石溶解,再用氧化剂、还原剂作用于这些离子,如

果颜色的变化与任何已知元素都不同,则认为其中含有新元素。

向矿石的溶液中加入硫化氢、硫化铵、碳酸铵或氢氧化钠,有一部分离子就会沉淀下来。这些沉淀的颜色也很丰富,并且溶解性不同:有些能溶于盐酸,或溶于硝酸,或溶于王水,或溶于氢氟酸,或溶于氨水,或溶于硫代硫酸钠,或溶于氰化钾,等等。如果生成的沉淀颜色、溶解性与任何已知元素都不同,新元素就被发现了。

而将沉淀过滤之后称重,灼烧之后测量其质量变化,可以知道矿石中每种元素的比例,当所有元素的比例加起来不到100%时,缺失的部分就只能来源于新元素了。这样,从定性分析过渡到定量分析,也成为了寻找新元素的重要手段。

而在找到新元素之后,要制得单质测定其性质才算真正发现了新元素。这时候,回归传统,用碳还原依然是主流。

经过了干法到湿法、定性到定量的地毯式搜索,地壳中绝大多数矿石中所蕴藏的元素都被发现了,除了最活泼无法制得单质和最稀散没有独立矿石的元素之外,元素表基本上被填满。这些元素包括稀散的非金属、铂族金属、难熔过渡金属、稀土金属(见彩色插页第4页图5-1)。

非金属在元素周期表中一共只有20多种,含量较大的碳、硫、磷和独立成矿的砷在古代就已经发现了,常见气体氢、氮、氧、氯在近代化学实验室中被发现,与氧牢牢结合在一起的硅、硼和最活泼的氟必须电解才能制得,"惰性气体"氦、氖、氩、氪、氙、氡无法通过化学反应提取,所以留给分析化学发挥的就只有在地壳中非常稀散的溴、碘、硒、碲了。它们虽然含量少,但是特点鲜明。

5-1-1 溴$_{35}$Br 和碘$_{53}$I

溴、碘这两种元素和氯一起在高一的常规课中已经详细地学习过了,在此对它们的性质不做赘述,只谈谈人们对它们的一些误解。

一般人的印象中,碘是容易升华的,好像不存在液体碘。但查阅数据之后我们发现碘的熔点114℃,沸点184℃,中间有很宽的液态范围。如果我们在试管中加入较多的碘,加热,它会在较低温度下先升华出一些紫色蒸气,但一旦超过114℃,它就能熔化成流动的液体,将试管倒立,可以看到液态碘流出,在白瓷板上逐渐冷却凝固成致密的紫黑色固体。其实碘给人留下这一印象只是因为它的蒸气颜色太深了,只需升华出一点点蒸气就能很明显地观察到。同理还有萘,熔点80.5℃,沸点217.5℃,因为蒸气气味重而被认为易升华。而其他所有的物质其实都能升华,只是现象不明显。真正在常压下不存在液体只能升华的常见物质只有二氧化碳、碳、砷、乙炔,它们的三相点都高于常压。

虽然溴在地壳中的含量(2.4 g/T,排名第50)是碘的6倍(0.45 g/T,排名第63),在海水中的含量(67 g/T)甚至是碘的1000倍(0.06 g/T),但历史上先被发现的却是碘,因为海水中的碘在海藻中会被富集。1811年,法国药剂师库尔图瓦将硫酸加到海藻灰中,放出一股美丽的紫色蒸气,由此发现了碘。盖-吕萨克鉴定了它,并用希腊文中表示紫色的ioeides,将其命名成了Iode(法文),元素符号定为I,中文取第二个音节音译为碘。

至于为什么溴碘比在海水中比在整个地壳中高很多,是因为碘主要存在于智利硝石($NaNO_3$)中,以碘酸钠($NaIO_3$)的形式混杂其中。所以现在我们使用的大部分碘都产自智利,而高一课本上的烧海带提取碘只是对发现史的追忆。相比之下,溴是真正的海洋元素,地壳中99%以上的溴都存在于海水中。

1824年法国化学家巴拉尔在分析盐湖水时发现了一种红棕色比水重的液体,散发着恶臭。一开始巴拉尔用拉丁文中表示盐水的muria将其命名成Muride,与氯最开始的名字Muriatium(盐酸基)类似。1826,法国科学院用希腊文中表示恶臭的bromos将其命名成了Brome(法文),元素符号定为Br,中文取其"臭"意译为溴。

此前几年,德国化学家李比希也检验过这种红棕色液体,但因为溴的性质介于氯和碘之间,所以他认为这是氯化碘(ICl),从而错过了溴的发现。

溴、碘和氯气类似,都非常活泼。其中溴因为其高密度和液体状态,与其他反应物接触更好,所以反应更剧烈。比如铝在氯气中需要点燃,在碘中需要水做催化剂,而在溴中可以直接反应。

将铝箔揉成一团投入装有液溴的试管中,立即发生剧烈反应,大量放热产生红棕色的蒸气,而铝本身被熔化成炽热的液体小球,浮在液溴表面到处游走,直至消失。

将铝粉和碘粉混合后聚拢成圆锥状,滴上一滴水,反应逐渐开始,冒出紫色的蒸气,之后蒸气越来越多,底下的反应物开始红热,冒出的也不光是紫色蒸气了,而是混杂了白色、黄色的烟(AlI_3 易挥发,熔点 188℃,沸点 382℃),最后整团混合物燃烧完,红光逐渐暗淡,渐渐冷却。

相比之下,锌粉和碘粉的反应要温和得多,同样将两种反应物混合聚拢成圆锥状,每滴一滴水就会冒出一团紫色蒸气,但不会持续反应,更不会红热燃烧。

溴有两种稳定同位素:^{79}Br 和 ^{81}Br,原子个数比大约为 1:1,所以溴的原子量约为 80。碘只有 1 种稳定核素 ^{127}I,所以其原子量 126.90447 测定准确,有效数字达到 8 位,仅次于氟。另有两种放射性同位素较为重要,^{129}I 作为空气中的氙遭受宇宙射线轰击散裂的产物和铀的天然裂变产物而痕量存在,它的产额并不高,但因半衰期长达 1570 万年而有一定数量的积累,主要出现在铀矿石中而不是海水中。2011 年日本福岛核泄漏,向海水中释放出另一种同位素 ^{131}I,半衰期 8.02 天,放射性强。因为碘容易在甲状腺中富集,使甲状腺遭受辐射,可事先服用含碘药片使其被稳定的 ^{127}I 饱和而不再吸收 ^{131}I,从而避免辐射伤害。但这种预防方法在中国演变为抢购碘盐的风潮,这就矫枉过正了,中国的食盐大部分来自井矿盐,不会被海水污染,并且其中添加的碘非常少,想要通过吃盐让甲状腺中的碘饱和是会被咸死的。而对于甲状腺肿瘤病人,则可利用富集在甲状腺中的 ^{131}I 放出的 β 射线治疗癌症。

碘是人体必需的微量元素,成人体内约有 20~50 毫克碘,每天需摄入 150 微克,但超过 800 微克会造成碘中毒,主要症状为甲状腺功能亢进,俗称"甲亢"。人体中 80% 的碘集中在甲状腺中,用于合成甲状腺素,帮助身体发育和智力发育。胚胎期缺少碘元素会导致"克汀病",俗称"呆小症";成人缺少碘元素会引起甲状腺肿大,俗称"大脖子病"。

溴没有确定的生物功能,但可以用作某些药品,$NaBr$、KBr、NH_4Br 三种溴化物的混合药片叫作"三溴片",用作镇静剂。某些含溴的有机物如溴氰菊酯($C_{22}H_{19}Br_2NO_3$)可以特异性地杀灭节肢动物,而对哺乳动物毒性低,用作农药。

5-1-2 硒 $_{34}$Se

硒作为一种人体必需的微量元素而出现在许多保健品广告中,为大众所熟知。然而大众不知道的是,这种元素过于"微量",每个人体内的总量只有14~21毫克,每日需要从食物中摄取100~200微克,过量反而是有毒的。饮用水中硒的允许含量不得超过0.01毫克/升,比铬(+6价)、氟、氰的限量都低,与铅、砷相当,仅比镉、汞高(GB5749—2006)。根据这种毒性,我们可以用二硫化硒(SeS_2)悬浊液来杀灭真菌,治疗皮肤病。

硒是谷胱甘肽过氧化物酶的组成成分,具有抗氧化性,防止自由基和过氧化物的过量生成和累积引起细胞膜破坏。一般来说,正常的饮食足够提供这些硒元素了,只有某些缺硒的地区才需要特别补充。我国黑龙江省克山县的土壤中缺硒,当地居民长期患有一种心功能不全、心律失常的疾病,称为"克山病",口服亚硒酸钠可以预防这种疾病。而湖北省恩施州的土壤中富含硒元素,当地出产的农产品受到市场的追捧。

硒元素位于ⅥA族,在硫的正下方,和硫共生在黄铁矿中,所以最早是在制取硫酸的铅室中发现的。1817年,瑞典化学家贝齐里乌斯在他经营的硫酸厂的铅室底部发现有红色粉末。它和硫一样熔沸点低,熔化后再冷却时不易结晶,而是逐渐变得粘稠,最后凝固,保持无定型状态。它与硫一样易燃,发出天蓝色的火焰,产生烂萝卜的臭味。贝齐里乌斯用月亮的希腊文Selene将这种元素命名为Selenium,元素符号定为Se,中文音译为硒。

硒有多种同素异形体,最稳定的是呈针状晶体的灰硒,任何其他同素异形体长期放置后都会慢慢转化成灰硒,但这种转化速率很慢;将硒熔化后冷却得到的是粘稠无定形的黑硒,它像玻璃一样是非晶体,又与弹性硫一样呈粘稠的胶状,所以称为玻璃硒或胶态硒,市售的硒就是这种无定形黑硒,在滴落冷却的过程中变为像红细胞一样的扁平圆盘状;而从硒的化合物溶液中还原出来的硒是红色粉末,称为红硒,贝齐里乌斯在硫酸厂中发现的红色粉末就是红硒,它与硫磺类似,是8个硒原子构成的皇冠形分子Se_8(见彩色插页第5页图5-2)。

在实验室中,我们可以再现这种同素异形体的转化:取一小块无定形黑硒,加入约2克氢氧化钠固体,1毫升水,在酒精灯上加热溶解,在浓碱中硒逐渐歧化为无色的硒化钠(Na_2Se)和亚硒酸钠(Na_2SeO_3),剩余的硒再与硒化钠反应生成红棕色的多硒化钠(Na_2Se_x,$x=2\sim5$)。当溶液逐渐变为深棕色不透明时,停止加热,将溶液倒入 100 毫升冷水中,加入足量盐酸,溶液颜色变浅,底部慢慢凝结成一团疏松多孔的红色絮状物,这就是红硒(Se_8)。实验过程中发生的化学反应方程式如下:

$$3Se+6NaOH \rightarrow 2Na_2Se+Na_2SeO_3+3H_2O \quad (歧化)$$

$$Na_2Se+(x-1)Se \rightarrow Na_2Se_x \quad (x=2\sim5)$$

$$16Na_2Se+8Na_2SeO_3+48HCl \rightarrow 48NaCl+24H_2O+3Se_8\downarrow \quad (归中)$$

硒与碱的反应是一大类非金属单质与碱反应的代表。和金属只能做还原剂不同,非金属在化学反应中化合价既能升高又能下降,既能够做氧化剂又能够做还原剂,反应的模式多种多样:

① 非金属做氧化剂,放出氧气。这类元素只有氟 1 种:

$$F_2+2H_2O \rightarrow 4HF+O_2$$

因为反应太过剧烈,还能生成 O_3、H_2O_2、OF_2 等更复杂的物质。

② 非金属既做氧化剂又做还原剂,发生歧化。

其中氯、溴、碘、硫、硒、碲的氢化物显酸性,会和过量的碱生成盐,加酸后再归中,如:

$$Cl_2+2NaOH \rightarrow NaCl+NaClO+H_2O \quad (歧化)$$

$$NaCl+NaClO+H_2SO_4 \rightarrow Na_2SO_4+H_2O+Cl_2\uparrow \quad (归中)$$

而磷、砷的氢化物不显酸性,直接以气体形式逸出,如:

$$2P_4+9NaOH+3H_2O \rightarrow 5PH_3\uparrow+3Na_3PO_4 \quad (歧化)$$

③ 非金属做还原剂,放出氢气,与铝类似。这类元素包括硅、硼两种:

$$Si+2NaOH+H_2O \rightarrow 2H_2\uparrow+Na_2SiO_3$$

④ 与碱不反应。包括不活泼的非金属,如碳、氮、稀有气体;或碱溶液中这

种元素已经饱和,如氢、氧。

硒具有半导体的性质,半导体不光是导电能力比导体差,而且其导电原理也不同。金属、石墨等导体是用自由电子导电的,自由电子数目与温度无关,但温度升高后,无规则的热运动变得更剧烈,对电子定向流动的阻碍增强,所以电阻会增大;而半导体本身没有自由电子,需要用热、光将一部分电子从价带激发进入导带,温度越高,光强越强,导带中的电子就越多,呈指数函数上升,电阻就越小,呈指数函数下降。

利用这种导电性对光强的响应,可以用硒来制造复印机。复印时,先给硒鼓充上静电,将原稿蒙在硒鼓上,当光照射原稿时,原稿上空白的部分可以透光,下方的静电被导出,深色的字迹和图案遮挡光线,静电被保留。这时再蒙上一张白纸,将墨粉撒上,静电被保留的部分吸附了墨粉,就会复制出原来的字迹和图案。

5-1-3 碲 $_{52}$Te

碲是自然界中唯一可以和金化合的元素,碲金矿($AuTe_2$)被称为"奇异金"(aurum problematicum)或"可疑金"(aurum paradoxicum),呈现出诡异的浅蓝白色。1782 年,奥地利的一家矿场监督米勒从这种矿石中提取出了一种银白色有金属光泽的固体,外观和锑很相似,但性质却与锑不同。1798 年,德国化学家克拉普罗特重复了米勒的实验,得到了同样的金属颗粒,用地球的拉丁文 Tellus 将其命名成 Tellurium,元素符号定为 Te,中文音译为碲。

和硒相比,碲更加稀有。硒在地壳中的含量仅 0.05 g/T,在所有元素中排名第 69;碲在地壳中的含量仅 0.001 g/T,在所有元素中排名第 77。但它们在宇宙中的含量却更高,因为地球形成时的高温和还原性气氛让大多数硒和碲都形成了气态氢化物而散逸到大气层外了。在地球上,碲是最稀有的元素之一,其丰度和黄金差不多,但价格却远远低于黄金的 300 元/克,只有 900 元/公斤。因为碲的用途并不多:主要在冶金工业中用作小众的添加剂;碲化镉(CdTe)作为一种半导体用在新型太阳能电池上;日常生活中只有在光盘中间那层银白色的夹层才能见到碲,当光盘逐渐被 U 盘取代之后,碲的需求就越来越少了。

碲对人体的毒性比硒低，但非常讨厌。摄入了碲化合物的人会散发出难以名状的臭味，在一两个星期内经久不散，但其本人往往闻不到这种气味。这种气味也限制了化学家对它的研究和应用。

碲有 8 种天然同位素：^{120}Te、^{122}Te、^{123}Te、^{124}Te、^{125}Te、^{126}Te、^{128}Te、^{130}Te，其中，^{128}Te 以 $2.2×10^{24}$ 年的半衰期发生双 β 衰变生成^{128}Xe，拥有已知所有放射性核素中最长的半衰期。因为在大质量恒星晚期通过 s 过程形成这些元素时可连续吸收多个中子，富中子同位素得到累积而丰度更高，所以最重的 ^{130}Te 丰度最高（34.08%），^{128}Te（31.74%）、^{126}Te（18.84%）次之，而剩下 5 种较轻的同位素加起来只有 15%，加权平均后碲元素的相对原子质量偏高，为 127.60，比它右边的单核素元素碘的原子量 126.90447 更高，构成了整张元素周期表中第三对原子量和原子序数倒挂的元素对。

5-2 钌、铑、钯、锇、铱：铂族贵金属

这一族金属和它们的族长铂类似，在地壳中含量稀少，价格昂贵，除了钌的克价低于 20 元外，其他 5 种都在 100~500 元之间。并且化学性质很不活泼，高贵冷艳。这两方面因素合在一起才能称为"贵"金属（Noble Metal 或 Precious Metal），而仅仅价格较贵但性质活泼的金属比如某些稀土、铷、铯就只能称作高价金属了。

铂族贵金属在自然界中几乎完全以单质状态存在，并且共生在一起，形成天然的合金，可以根据其中元素的相对比例将其命名成铂铱矿、铂钯矿、铱锇矿等等。它们非常不容易进行化学反应，要分离它们很不容易。

1803 年，英国化学家武拉斯顿从铂矿渣中分离出了第一种新元素，他将铂矿溶于王水中，除去酸后加入氰化汞（$Hg(CN)_2$），生成黄色沉淀（$Pd(CN)_2$），将硫磺、硼砂和这个沉淀共热，得到了光亮的金属颗粒。他用 1 年前德国天文学家奥伯斯发现的 2 号小行星智神星的名字 Pallas 将其命名成了 Palladium，元素符号定为 Pd，中文音译为钯。

表 5-1 铂族贵金属

	钌$_{44}$Ru	铑$_{45}$Rh	钯$_{46}$Pd	锇$_{76}$Os	铱$_{77}$Ir	铂$_{78}$Pt
命名	俄罗斯	玫瑰	智神星	恶臭	彩虹	银
单质颜色	银白	银白	银白	蓝灰	银白	银白
化合价	+8 淡黄 +3 棕黑 +2 橙红	+6 黑 +4 黑 +3 粉红	+4 砖红 +2 棕黄	+8 淡黄 +4 红棕 +3 橙红	+6 黄 +4 蓝黑 +3 暗绿	+6 棕红 +4 橙红 +2 黄绿
密度 g/cm^3	12.37	12.45	12.02	22.59	22.56	21.45
熔点℃	2334	1964	1555	3033	2446	1768
沸点℃	4154	3695	2963	5012	4428	3825

同年,武拉斯顿又从铂矿渣中分离出了第二种元素,这种元素的+3价盐溶液呈现出玫瑰一般鲜艳的粉红色,就用希腊文中的玫瑰 rhodon 将这种元素命名成了 Rhodium,元素符号定为 Rh,中文音译为铑。

1804 年,英国化学家坦南特从铂矿不溶于王水的残渣中分离出了两种新元素。其中一种的氧化物($IrO_2 \cdot 2H_2O$)从溶液中析出时颜色或青、或紫、或深蓝、或黑,像彩虹一样变幻无穷,于是他用希腊文的彩虹 Iris 将这种元素命名为 Iridium,元素符号定为 Ir,中文音译为铱。另一种在空气中加热时会生成挥发性的黄色氧化物(OsO_4),这种物质有恶臭,于是就用希腊文的臭味 osme 将这种元素命名成了 Osmium,元素符号定为 Os,中文音译为锇。

1840 年俄国喀山大学化学教授克劳斯分离出了最后一种铂族贵金属,他用自己祖国俄罗斯的拉丁文 Ruthenia 将其命名为 Ruthenium,元素符号定为 Ru,中文音译为钌。

至此,铂族的 6 种元素终于集齐了。今天,分离铂族金属依然要利用它们在活泼性上的微小差异,用特征的氧化剂来腐蚀它们。因为钯、铂能溶于王水,先用王水将它们溶解;铑能溶于熔融的硫酸盐;铱能被熔融的碱性氧化剂如过氧化钠腐蚀;而锇、钌能够被氧化为挥发性物质。整个分离的流程见彩色插页第 5 页图 5-3。

这一流程充分地体现出了分析化学的优越性,即用一种试剂将所有元素分为两组,每组再用另一种试剂再细分为两组。经过连续的二分法,即使原来的样品中有几十上百种元素,也可以用不多的几个步骤将所有元素分离。

铂族金属除了锇呈现出灰蓝色外,其他都是银白色非常闪亮的。钯、铂延展性较好,熔点较低,可以直接加工成首饰,因为钯溶于硝酸而铂仅溶于王水,实用中铂更常见;铑、铱硬而脆,熔点高,只能用于首饰的镀层;钌和锇在加热时会被氧化成有毒的挥发性物质,难以加工,所以无法用作首饰。

在工业上,铂族金属主要利用其耐腐蚀性能而用于实验设备和化工设备,当然,用于后者时,为了节约成本,往往只在廉价金属制造的基底上镀上几毫米厚的铂族金属薄层。在经常接触酸性墨水的钢笔笔尖,可以镶嵌上一粒不到1毫米直径的铱锇合金,以提高钢笔的耐磨性和抗腐蚀能力,延长使用寿命。

铂族金属的化合价比较丰富,+2价铂的化合物 $PtCl_2(NH_3)_2$ 的顺式异构体(顺铂)可用于治疗癌症;+3价钌的颜色很深,能够用于染料敏化太阳能电池;+3价铱具有较强的发光能力,用于电致发光材料;+8价锇的氧化性较强,是将烯烃氧化为邻二醇的特征试剂。

而在单质和化合物之间进行转化时,铂族金属显示出了双向反应的能力,这使得它们在反应始末的状态不变,而加速了其他反应物的结合。例如钯在常温下易吸收氢气,形成 $PdH_{0.8}$ 等填隙型的氢化物,氢以原子状态填入钯的晶格中,受热又能将这些氢原子释放出来,可用于催化烯烃、炔烃的加氢反应;钯配合物可以催化卤代烃和有机硼酸的交叉偶联反应(Suzuki 反应);钌配合物可以催化烯烃复分解反应;铂-铑合金加速 NH_3 氧化为 NO 的反应,用于硝酸的工业生产。

铂系元素除了铑只有 ^{103}Rh 一种天然核素外,其他都有多种天然同位素。人造放射性同位素中最重要的是 ^{192}Ir,由天然铱中 37.3% 的 ^{191}Ir(另外 62.7% 为 ^{193}Ir)经中子照射制备,半衰期 73.8 天,其中 95% 发生 β 衰变生成 ^{192}Pt,5% 发生 EC 衰变生成 ^{192}Os,并放出很强的 γ 射线,主要用于工业探伤,无损检测钢材的焊缝。南京、哈尔滨等地曾经发生过疏于管理的 ^{192}Ir 放射源丢失的事故,其外观与普通的金属链条无异,被居民捡拾后,造成一整幢楼的居民受到辐射,1 死多伤。虽然这种事故发生的概率很低,但还是要记住,来历不明的金属物品千万不能碰。

另外有一个名字里带"铱"的事物和铱没有直接关系。1997年起,摩托罗拉公司陆续发射了一批通讯卫星,因为计划发射77颗,和铱的原子序数相等,并且铱是最耐腐蚀的金属之一,所以就将这些卫星称为"铱星"。铱星的铝制天线非常平整,镜面反射的太阳光扫过地面会形成一条几千米宽的光带,光带内的人们会看到天空中突然出现一颗亮星,最大亮度可以达到-8等,缓慢飞行几秒至十几秒之后迅速熄灭,这一现象称为"铱星闪光",是地面上所能看到的最亮的人造天体。

5-3 钛、锆、钒、铌、钽、铬、铍:难熔金属

在元素周期表中间偏左的位置,有一群看上去和铁长得十分相似,没什么特点的金属元素。普通人在看到这些金属时,第一反应是"这块铁有什么稀奇的?"第二反应是"这块铁怎么不能被磁铁吸住啊?"第二个问题反映了它们隐藏在外观之下的区别。它们虽然单质外观非常相似,但其力、热、电、光、磁、化学性质以及化合物的颜色、性质都各不相同,所以能够开发出各具特色的应用。

表 5-2 难熔金属

	钛$_{22}$Ti	锆$_{40}$Zr	钒$_{23}$V	铌$_{41}$Nb	钽$_{73}$Ta	铬$_{24}$Cr	铍$_4$Be
命 名	泰坦	风信子石	凡娜迪丝	尼奥比	坦塔罗斯	颜色	绿柱石
丰度 g/T	5650	165	120	21	2	102	2.8
化合价	+4 无色 +3 紫黑	+4 无色 +3 红棕	+5 淡黄 +4 蓝 +3 绿 +2 紫	+5 无色	+5 无色	+6 橙黄 +3 绿/紫 +2 蓝	+2 无色
密度 g/cm^3	4.51	6.51	6.11	8.57	16.65	7.14	1.85
熔点℃	1668	1855	1910	2477	3017	1907	1287
沸点℃	3287	4409	3407	4744	5458	2671	2569

5-3-1　钛$_{22}$Ti

钛是这 7 种金属中知名度最高的,因为它熔点高、硬度大、耐腐蚀,所以在 1795 年德国化学家克拉普罗特从金红石(TiO_2)中发现它时,用了古希腊神话中的巨人族泰坦族 Titans 将其命名为 Titanium,元素符号定为 Ti,中文音译为钛。

事实上钛有些被神化了,它本身的化学性质还是比较活泼的,其氧化电位和铝类似,能够耐腐蚀完全依赖于表面那层致密的氧化膜。比如说钛虽然不溶于王水,在硝酸的氧化下那层氧化膜会变得更厚更致密,但却溶于还原性酸比如盐酸,生成紫色的三氯化钛的溶液。因为这种活泼性使得我们很难从它的化合物中将单质钛提取出来,直到 1910 年,美国化学家亨特用金属钠还原四氯化钛,才得到了纯净的金属钛。

钛虽然号称"稀有金属",听上去非常高端,但其实它在地壳中含量很高(0.5%),排名第 9,分布很广泛,只是太难提炼了。常见的含钛矿物有金红石、钛铁矿($FeTiO_3$)、钙钛矿($CaTiO_3$),都是冶炼金属钛的原料。另外,榍石($CaTiSiO_5$)、蓝锥矿($BaTiSi_3O_9$)折射率高,色散强烈,可以琢磨成漂亮的宝石。

今天,因为钛的抗腐蚀、低密度、高强度,而被用在许多尖端技术中。比如钛镍合金(Nitinol),在高温下为坚硬的奥氏体(austenite),低于一定温度后变为柔软的马氏体(martensite),可以任意变形,而加热后恢复成奥氏体,又会恢复成原来的形状,称为**形状记忆合金**(shape memory alloy)。人造卫星的太阳能电池板和天线,在发射的时候需要收纳成很小的体积,而到了太空中需要展开成巨大的平面,这时候就可以在高温下用这种合金为基底制作太阳能电池板和天线,冷却至常温后折叠成小体积,发射进太空后太阳光将其加热就又能展开。

形状记忆合金在高于相变温度时,奥氏体受到压力也能转变为马氏体,可以任意弯曲,撤去压力后又能恢复,其回复力与形变不成线性关系,这种性质称为**"伪弹性"**(pseudoelasticity,又称**"超弹性"**,superelasticity)。相变温度低于室温的形状记忆合金可以用在眼镜架上。

钛还是一种亲生物的金属,能够和人体组织长在一起,用于人造骨骼、关节。

因为钛的这种名气,它的名字被商家用在许多商品上,其实有些都不含钛。

比如"钛钢",是 316 不锈钢的俗称,其中含铬 17%、镍 12%、钼 2%,唯独不含钛。而有些名字中没有"钛"的产品其实里面有钛的化合物在默默地作出贡献,这种化合物就是二氧化钛(TiO_2)。自然界中的二氧化钛有四方柱状的金红石、四方双锥状的锐钛矿、正交片状的板钛矿 3 种不同的晶型(**同质异象变体,Polymorph**),其中多少含有一些铁而呈现深红色甚至黑色。而人工进行提纯后,可以制出纯白色的二氧化钛,因为它折射率高(2.616~2.903),光线进来后大部分都能全反射回去,所以作为白色颜料遮盖力很强,并且耐酸碱腐蚀,持久力强,称为"钛白"。因为钛元素对人体亲和性很好,所以二氧化钛可以用来给食品增白、给纸张增白。纸上如果写错字了,可以用钛白粉分散在有机溶剂中制成的修正液或者将钛白粉粘在胶带上制成的修正带遮盖字迹。在古代写错字用雌黄涂抹,所以随口乱说叫作"信口雌黄",而如果到现代再发明这个成语的话,就应该称作"信口钛白"了。但钛白粉反光性太强,扫描试卷时修正液部分一片白,其他部分一片黑,所以禁止在高考等大型考试中使用。

用修正液中的二氧化钛,我们可以做一个实验:将几毫升修正液注入坩埚中,用煤气灯灼烧。一开始有机溶剂挥发燃烧,发出明亮带黑烟的火焰,等到有机物完全烧尽,只剩白色的粉末后,加入浓硫酸继续加热,至液体沸腾,此时二氧化钛有一部分溶解在浓硫酸中生成了无色的硫酸钛酰($TiOSO_4$)溶液。为了检验其中的钛元素,可以将溶液分成两份,一份加入锌粉,溶液变为紫色,生成了硫酸亚钛($Ti_2(SO_4)_3$);另一份加入过氧化氢,溶液变为橙黄色,生成了一种配合物$[TiO(H_2O_2)]SO_4$。反应方程式如下:

$$TiO_2 + H_2SO_4 \rightarrow TiOSO_4 + H_2O$$

$$2TiOSO_4 + Zn + 2H_2SO_4 \rightarrow Ti_2(SO_4)_3 + ZnSO_4 + 2H_2O$$

$$TiOSO_4 + H_2O_2 \rightarrow [TiO(H_2O_2)]SO_4$$

钛有+3、+4 两种化合价,其中+4 价电荷太多,在水溶液中不以 Ti^{4+} 离子的状态存在,而是以 TiO^{2+} 钛酰离子的形式存在。而+4 价钛的氯化物干脆就是共价化合物了,常温下是液体,遇到空气中的水蒸气强烈水解,生成盐酸酸雾和二氧化钛粉末:$TiCl_4 + 2H_2O \rightarrow TiO_2 + 4HCl$。根据这个反应,可以用四氯化钛来制造烟雾弹。

5-3-2　锆$_{40}$Zr

锆被人们熟知是因为"锆石"常被用来冒充钻石,不光中文的字形长得像,其光学性质也和钻石非常相似,一样地璀璨夺目(见表2-2)。但其实这是一种误解,用来冒充钻石的人造"锆石"真正的名字是立方氧化锆(ZrO_2),而真正的锆石成分为硅酸锆($ZrSiO_4$),自古以来就是一种名贵的天然宝石,常因杂质染上红、黄等颜色,与风信子花的颜色相似而被称作风信子石。

1789年,德国化学家克拉普罗特在分析了锆石以后发现了其中含有的新元素,他用锆石的名字Zircon将这种元素命名成了Zirconium,元素符号定为Zr,中文取第二个音节音译为锆。

锆石在地壳中分布广泛,在许多岩石中都存在,并且非常稳定。锆石在形成时锆会将同为+4价的铀元素一起结晶在锆石内,而将+2价的铅排斥在外,随着时间的流逝,铀逐渐衰变为铅,只需测定出锆石中铀和铅的比例就能计算出这颗锆石的形成年代。目前,最古老的锆石发现于格陵兰岛,已经有39亿年历史了,地球形成后不到7亿年就有岩石形成并留存到现在了。含铀较多的锆石会带上放射性,而铀放出的射线会破坏锆石的晶体结构,使其密度、折射率降低,所以这种锆石称为"低型锆石"。

金属锆的耐腐蚀性能强,但这种强和钛一样,都来源于表面的氧化膜,当把锆拉成细丝或碾成箔片,增大它与氧气的接触面积后再点燃,就能燃烧发出明亮的光,可在老式照相机中用作一次性的闪光灯。

锆对中子的吸收能力弱(0.185靶恩,见表5-3),可以在核电站中用作装填核燃料的外壳,但这种锆必须含铪量低于0.05%,因为铪会强烈地吸收中子(104.1靶恩)。在常温下,锆不会被空气、水腐蚀,但在900℃以上,锆与水蒸气会强烈反应生成大量氢气,一旦遇到火花会发生剧烈爆炸。2011年3月11日东日本大地震时,福岛核电站的冷却系统因地震失灵,导致锆与水在高温下生成氢气后爆炸,导致严重的核泄漏。

二氧化锆前面已经提到可以替代钻石制作首饰,它的硬度8.5,虽然比钻石软,但在日常生活中佩戴已经足够了,因为空气中的灰尘主要是岩石风化后产生的二氧化硅粉末,其硬度为 7,高于 7 的宝石就不会被磨损了。利用二氧化锆的这种硬度也可以制作陶瓷刀具,这种刀具不会生锈也不会磨损,但要注意不能砍骨头,因为它比较脆,受撞击会崩碎。

5-3-3　钒 $_{23}$V

1830 年,瑞典化学家塞夫斯特伦在研究当地铁矿时发现炼出的铁性质有些奇异,从中发现了一种新元素。他用斯堪的纳维亚半岛神话中主管爱情和美丽的女神凡娜迪丝(Vanadis)将这种元素命名为 Vanadium,元素符号定为 V,中文音译成钒。

之所以用漂亮的女神名字为元素命名是因为它的化合物颜色很漂亮:+5 价的 V_2O_5 为橙色,VO_2^+ 为黄色;+4 价的 VO^{2+} 为蓝色;+3 价的 V^{3+} 为绿色;+2 价的 V^{2+} 为紫色,基本涵盖了所有的色系。自然界中有+5 价橙色的钒铅矿($Pb_5(VO_4)_3Cl$),+4 价蓝色的水硅钒钙石($Ca(VO)Si_4O_{10}\cdot 4H_2O$),有些美丽的宝石如产于坦桑尼亚的黝帘石($Ca_2Al_3(SiO_4)_3(OH)$,又称"坦桑石")中也含有微量的钒,一般在地底下刚开采出来时是以绿色的 V^{3+} 形式存在的,加热之后 V^{3+} 被氧化为 VO^{2+} 而显现出浓郁的蓝色。

我国四川的攀枝花铁矿就伴生了丰富的钒和钛,这些稀有金属和铁一起冶炼时可以改善钢铁的耐磨性。当 1958 年准备修建成昆铁路(成都——昆明)时,有东、中、西 3 条方案备选,其中,西线地形最为复杂,地质条件最为恶劣,但可以经过当时刚刚发现的攀枝花铁矿,于是周恩来总理亲自拍板,采用西线方案。今天在成昆铁路上,经常能看见运输超长钢轨的列车从攀枝花开出,源源不断地运往全国各地为高铁建设添砖加瓦(见彩色插页第 5 页图 5-4)。

用于造钢轨的钒不需提炼成纯净物,一般冶炼成含钒 50% 的钒钢,使用时按比例添加即可,这种钒钢比较便宜,65 元/千克。而如果要提纯成 99% 以上的钒就困难多了,价格高达 2400 元/千克。

五氧化二钒(V_2O_5)在硫酸工业中是重要的催化剂,用来将 SO_2 氧化

成 SO_3。

5-3-4 铌$_{41}$Nb 和钽$_{73}$Ta

1801年，英国化学家哈切特从北美洲一种黑色的矿物中分析出了一种未知金属元素。为了纪念发现美洲的航海家哥伦布(Columbus)，他将这种元素命名为 Columbium，元素符号定为 Cb，中文曾经音译为钶。

1802年，瑞典化学家埃克伯格从芬兰的一种矿物里分离出了一种新金属，他用希腊神话中宙斯的儿子坦塔罗斯(Tantalus)将这种元素命名成 Tantalum，元素符号定为 Ta，中文音译为钽。

1844年，德国化学家罗泽从钽中分离出了一种新元素，他用坦塔罗斯的女儿尼奥比(Niobe)将这种元素命名为 Niobium，元素符号定为 Nb，中文音译为铌。

后来发现，早期获得的钶和钽都是两种元素的混合物，而铌是钶中主要元素的纯净物，再加上铌和钽的这种父女关系，于是就舍弃了钶的名字。

铌和钽非常相似，在地壳中都以 $Fe(Nb,Ta)_2O_6$ 的形式存在，其中含铌量超过钽的称为铌铁矿，含钽量超过铌的称为钽铁矿。这两种矿物成分相似，晶型相同，"**类质同晶**"(**Isomorphism**)。要分离它们非常不易，必须将其溶解在氢氟酸中，铌生成五氟铌酸钾(K_2NbOF_5)，钽生成七氟钽酸钾(K_2TaF_7)，它们在水中溶解度不同，20℃时 K_2NbOF_5 的溶解度是 K_2TaF_7 的12倍，分步结晶可以将二者分离。

这两种金属都非常耐腐蚀，除了可溶于氢氟酸外，其他任何酸、碱、氧化剂都不能腐蚀它们，所以许多时候代替贵金属铂用于耐酸的化工反应容器。铌还用于高压钠灯的电极，以抵抗高温的金属钠蒸气的腐蚀。这两种金属对于生物的亲和性很好，可用于修补骨骼。

和钛、钒、铬类似，铌和钽的耐腐蚀性也不是因为元素本身不活泼，而是因为它们表面的氧化膜。将这些金属用作阳极进行电解可以使氧化膜增厚，不同的电解质、电压会让膜厚不同，当膜厚与可见光波长(400~700纳米)在同一数量级时，会发生光的干涉而呈现出多彩的颜色。

而钽可利用其氧化膜制造电容器。电容器是两块金属电极板中夹了一块绝缘体(电介质),当两块极板储存了等量异号电荷后,绝缘体中会有电场,电场强度乘以厚度即为电压。电容值定义为单位电压下所能储存的电荷,它正比于极板的面积 S 和绝缘体的介电常数 ε,反比于极板间的距离 d:

$$C = \frac{q}{V} = \frac{\epsilon_r \epsilon_0 S}{d}$$

因为钽的氧化膜很薄,所以可以在很小的体积内做出电容非常大的电容器。钽电容器约占电容器总产量的 75%,消耗的钽约占钽总产量的一半。

钽的熔点很高(3033℃),在金属中仅次于钨和铼,其化合物 $HfTa_4C_5$ 的熔点更是高达 4215℃,是所有已知材料中最高的,可以用于火箭发动机的喷口。铌的熔点较高(2416℃),添加在钢中可以提高钢铁在高温下的强度(见彩色插页第 6 页图 5-5)

钽的两种天然同位素之一 ^{180m}Ta(m 表示**亚稳态,metastable**)的原子核性质十分神奇,它是 ^{180}Ta 的**同质异能素(Isomer)**,能量比基态的 ^{180}Ta 高 77 keV,从热力学上来说更不稳定,但从动力学上来说反而比 ^{180}Ta 更稳定,^{180}Ta 的半衰期仅为 8.15 小时,而 ^{180m}Ta 的半衰期则长达 4.5×10^{16} 年,激发态比基态更稳定,这在 286 种原生核素中是唯一的特例。不过因为 ^{180m}Ta 的质子数、中子数均为奇数,并且是 9 种原生双奇数核(^2H、^6Li、^{10}B、^{14}N、^{40}K、^{50}V、^{138}La、^{176}Lu、^{180m}Ta)中最重的一种,在恒星核合成过程中生成概率很低,所以在所有天然钽原子中仅占 0.012%(其余为偶中子数的 ^{181}Ta),考虑到钽本身的丰度也不高,所以 ^{180m}Ta 是宇宙中最稀有的一种原生核素。不过地球上最稀有的原生核素是 ^3He,原因见 7-4-2。

5-3-5 铬 $_{24}Cr$

铬有个更加洋气的名字叫作"克罗米",手表外壳、自行车把手、自来水龙头表面银光闪闪的镀层都是克罗米。这个名字来源于它的英文 Chromium,意为"颜色"。因为铬的化合物在不同价态、不同酸碱性条件下有不同的颜色:

+6价的铬在酸性条件下是橙色的重铬酸根($Cr_2O_7^{2-}$),在碱性条件下是黄色的铬酸根(CrO_4^{2-});+3价的铬在酸性条件下是绿色或紫色的铬离子(Cr^{3+}),在中性条件下是灰蓝色的氢氧化铬($Cr(OH)_3$)沉淀,在碱性条件下是绿色的亚铬酸根(CrO_2^-);+2价的亚铬离子(Cr^{2+})是天蓝色的。

在实验室中,我们可以重复这种颜色变化:取少量重铬酸钾固体($K_2Cr_2O_7$)进入试管中,加水溶解得橙色溶液,加氢氧化钠溶液变黄(K_2CrO_4),加过量硫酸溶液又变回橙色,加过氧化氢溶液混合处呈深蓝色(过氧化铬,CrO_5),迅速冒出大量气泡而变为绿色($Cr_2(SO_4)_3$),将绿色溶液加热煮沸去除其中过量的过氧化氢,逐滴加入氢氧化钠,先生成灰蓝色沉淀($Cr(OH)_3$),继续滴加氢氧化钠沉淀溶解生成绿色溶液($NaCrO_2$),加过氧化氢溶液变为黄色(Na_2CrO_4),再加硫酸溶液又变回最开始的橙色($Na_2Cr_2O_7$),铬元素完成了一个循环(见彩色插页第6页图5-6)。

利用这些丰富的颜色可以制造颜料:黄色的铬酸铅($PbCrO_4$)称为"铬黄",铬黄和普鲁士蓝($KFe[Fe(CN)_6]·H_2O$)的混合物称为"铬绿",而绿色的氧化铬(Cr_2O_3)称为"氧化铬绿"。

铬的这种颜色的多样性在矿石中也有所体现,微量(1%左右)的+3价铬混杂在刚玉中就会显示出红色,称为红宝石;微量的+3价铬混杂在绿柱石中会显示出绿色,称为祖母绿;+3价铬的纯净化合物钙铬榴石($Cr_2Ca_3[SiO_4]_3$)是绿色的;+6价铬的化合物铬酸铅($PbCrO_4$)形成橙黄色的铬铅矿。1797年,法国化学家沃克兰正是从铬铅矿中发现了它。

金属铬可以镀在钢铁表面用于防锈,并使外观更加闪亮,也可以和镍、铁制成不锈钢。在工厂中,工人为了和发音相近的镉区分而把铬读成"洛",创造了"镍洛丝"这样的专用词汇,实际是指镍铬合金制成的电阻丝,在通电时发热用于电炉中。

铬对于人体来说是必需的微量元素,但需要的量很少并且和价态密切相关。+3价的铬作为胰岛素的辅酶在糖代谢中发挥作用,每个人体内大约有6毫克+3价铬;+6价的铬因为具有强氧化性而导致细胞癌变,毒性大约是

+3价铬的100倍。环境监测中,会专门有一项监测+6价铬的含量是否超标,而对+3价铬不作要求。

5-3-6 铍 $_4$Be

和锆、铬一样,铍也是从宝石中被发现的。传统的五大贵重宝石中的祖母绿($Be_3Al_2[Si_6O_{18}]$)、金绿宝石($BeAl_2O_4$)都含有铍。祖母绿的名字其实和祖母并没有什么关系,它是古波斯语"Zumurud"的音译,意思是绿宝石。祖母绿的矿物名是绿柱石,含铬时呈绿色;含铁时呈黄色或蓝色,称为金绿柱石或海蓝宝石;含锰时呈粉色或橙色,称为摩根石。金绿宝石中如果含铬,会将蓝光和黄光都吸收,只留红光和绿光,太阳光中黄绿光较多,这种宝石呈绿色;而到了晚上,烛光、白炽灯光的色温较低,红光较多,这种宝石就变成红色了,这种"白天的祖母绿,晚上的红宝石"因其变色效应被称为"变石"。而如果金绿宝石中含有很多平行排列的针状晶体杂质,就会使反射光呈现出一条亮线,称为"猫眼"。

1798年,法国化学家沃克兰从绿柱石中发现了这种元素,它的盐有甜味,所以用希腊文中的甜味(glykys)将这种元素命名成了Glucinium,元素符号定为Gl,中文曾经译为鈹。后来,因为钇的盐类也有甜味,为了避免混淆,改用绿柱石(beryl)将这种元素命名为Beryllium,元素符号定为Be,中文音译为铍。

铍的化合物有甜味,但却有剧毒。这种甜味不需要刻意去尝,只需微量的氧化铍粉尘飘进嘴里就能觉察出这种甜味。据处理铍的工人描述,当尝到甜味时就必须采取防护措施了。

历史上,曾经有只贪吃的苍蝇为了这种甜味付出了生命的代价。德国化学家本生为了测定铍的原子量将氧化铍从溶液中沉淀过滤出来,但滤纸上的甜味吸引了一只苍蝇,它舐吸滤纸的时候被本生看到了。于是本生和他的助手在整个实验室中搜捕苍蝇,终于抓到了它,并把它在坩埚中烧成了灰。将灰的质量加到滤纸上的沉淀里去就得到了铍的精确原子量。这个故事告诉我们,实验室里的任何东西都不能去尝,不仅可能会被毒死,还有可能会被烧死。

铍的毒性和重金属不同,不是因为和硫结合生成沉淀,而是因为铍和镁长得像,能够替换镁的位置,使得由镁参与的酶促反应被抑制。铍主要通过呼吸道吸收,会导致肺部生长肉芽,所以冶炼时接触粉尘的工人是主要受害群体。而制成成品之后,通过皮肤接触不会吸收,大家不用担心摸了祖母绿的首饰就会中毒。

金属铍和铝类似,表面形成氧化膜而不易生锈,并且对其他金属最害怕的液态碱金属抗腐蚀性能特别好,所以可用作核反应堆的容器。它的密度比铝更低,只有 1.85 g/cm^3,可用于航天、航空领域。铍与铜形成的合金称为"铍青铜",它在摩擦时不会产生火花,所以用于加油站、化工厂等严禁烟火的场合。

而铍最为奇特的用途来源于它的原子核性质:

材料对 X 射线的吸收率与原子量正相关,比如:人体中的有机物大部分为碳、氢、氧,原子量 1~16,吸收率低;骨骼中的钙元素原子量 40,相对来说吸收率高,拍 X 光片时可以留下阴影;胃部造影时服用硫酸钡,原子量 137,吸收率更高,可以拍出胃部的影像;铅原子量 207,吸收率最高,可用于防护辐射。而铍的原子量仅为 9,是所有在空气中稳定的固体材料中最小的,所以对 X 射线的吸收率也最低,几乎是透明的,用于 X 射线管的窗口材料。

但对于能量更高的 γ 射线(>1.66 MeV)、快中子(>1.9 MeV)、α 射线,铍又显示出异常的活泼性。因为铍的唯一天然稳定核素 ^9Be 正好比 α 粒子的 2 倍多了 1 个中子,所以受到高能射线的激发或与第 3 个 α 粒子结合后就会把这个中子释放出来:$^9\text{Be}+\gamma \rightarrow 2\,^4\text{He}+^1\text{n}$;$^9\text{Be}+^1\text{n} \rightarrow 2\,^4\text{He}+2\,^1\text{n}$;$^9\text{Be}+^4\text{He} \rightarrow ^{12}\text{C}+^1\text{n}$。在放射化学实验室中常用 α 放射性的核素比如 ^{226}Ra、^{241}Am 和铍粉混合后制成中子源,或者用铍制的外壳作为核反应堆的中子反射层。

5-4 钇、铈、镧、"锚"、铽、铒、铀、钍:并不稀有的稀土

IIIB 族金属的氧化物与 IIIA 族元素铝的氧化物(铝土,Al_2O_3)类似,都是难溶于水的粉末状物质,这类粉末在拉瓦锡的元素表(见 4-1 节)中被称为"土"。又因为这些元素和铝相比,含量稀少,所以称为**"稀土"(Rare Earth)**。

其实,稀土一点都不稀少,地壳中含量最多的铈达到 70 g/T,排名第 25,和

铜、锌、镍相当,比锡、铅、钨、钼、锂等常见金属都要多好多倍;随着原子序数的增加,稀土元素的丰度总体上呈下降趋势,最少的铥只有 0.5 g/T,排名第 62,但也比碘、汞、银、锑、铋等实验室中的常见元素多;而相邻的元素比较,原子序数为偶数的大于其相邻的奇数元素。只是它们的比较对象是地壳中排名第 3 的铝,和铝相比,当然任何金属都是稀少的。并且它们分布很分散,很少形成富矿,难以提炼,所以自从发现以后长期没有得到很充分的利用。现在,稀土元素以其丰富的电学、磁学、光学性质吸引了人们的注意,获得了广泛的应用。

我国是稀土资源大国,内蒙古白云鄂博的稀土储量占全世界的 40%,占全中国的 90%,以碳酸盐和磷酸盐的形式与铁矿共生。为了运出这些矿石,上世纪 50 年代还专门造了一条从包头到白云鄂博长 146 公里的铁路。

现在已经知道,稳定的稀土元素总共 16 种,分别是钪$_{21}$Sc、钇$_{39}$Y、镧$_{57}$La、铈$_{58}$Ce、镨$_{59}$Pr、钕$_{60}$Nd、钐$_{62}$Sm、铕$_{63}$Eu、钆$_{64}$Gd、铽$_{65}$Tb、镝$_{66}$Dy、钬$_{67}$Ho、铒$_{68}$Er、铥$_{69}$Tm、镱$_{70}$Yb、镥$_{71}$Lu。它们的性质实在太相似了,所以历史上最初发现的"钇"、"铈"、"镧"等"元素"都是它们的混合物。后来又陆续从中分离出了几十种"元素",而这些"元素"有些依然是混合物,有些是矿石中的非稀土杂质元素,有些好几个不同化学家独立发现并命名成不同名字的是同一种元素,最终,只有这 16 种被确认并获得了国际公认的命名。

从化学性质和地质分布上来说,锕系的铀和钍也应该算稀土,并且地壳中的含量比一些镧系元素还要高。但因为所有铀、钍所属的锕系元素都具有放射性,和镧系相比有更为特殊的用途,所以习惯上不将其算作稀土。

5-4-1　钇$_{39}$Y、铈$_{58}$Ce、镧$_{57}$La、"Di"$_{59-64}$Di、铽$_{65}$Tb、铒$_{68}$Er

稀土的故事要从瑞典首都斯德哥尔摩附近的一个小镇乙特尔比(Ytterby)说起。1794 年,芬兰矿物学家加多林分析了小镇上的一块矿石,发现了一种新元素的氧化物,他就用小镇的名字将这种氧化物命名为 Yttria(钇土),将这种元素命名为 Yttrium,元素符号定为 Y,中文音译为钇。后来,其他化学家从钇中陆续分离出了多种元素,元素种类太多名字不够用了,就只能取 Ytterby 中的不同音节,将 1842 年发现的 65 号元素命名为 Terbium,元素符号定为 Tb,

中文音译为铥；68号元素命名为 Erbium，元素符号定为 Er，中文音译为铒；将1878年发现的70号元素命名为 Ytterbium，元素符号定为 Yb，中文音译为镱。而加多林（Gadolin）自己的名字则被后人用来命名他分析的那种矿石（Gadolinite，硅铍钇矿，$Y_2FeBe_2Si_2O_{10}$）和1886年发现的64号元素 Gadolinium，其元素符号定为 Gd，中文音译为钆。

1803年，瑞典化学家贝齐里乌斯和矿物学家希辛格分析了瑞典另一个地区的比重较大的矿石，发现了另一种稀土元素的氧化物。他们用1801年1月1日意大利天文学家皮亚齐发现的人类历史上第一颗小行星谷神星（Ceres）将这种矿物命名为 Cerite(铈硅石，$(Ce,La)_9(Mg,Fe^{3+})(SiO_4)_6(SiO_3OH)(OH)_3$)，分离出的氧化物命名为 Ceria(铈土)，这种元素命名为 Cerium，元素符号定为 Ce，中文音译为铈。

1839年，贝齐里乌斯的学生莫桑德尔从黄色的不纯的铈土中分离出了两种新的稀土，他用希腊文中表示隐藏的单词 lanthano 称溶于稀酸的白色的那种为 Lanthana(镧土)，元素称为 Lanthanum，元素符号定为 La，中文音译为镧；而不溶解的黄色的那部分因为容易形成孪晶，所以用希腊文中表示双生子的单词 didymos 命名为 Didymia，元素命名为 Didymium，元素符号定为 Di，我国曾音译为"锚"。1842年莫桑德尔又从钇土中分离出橙色的 Erbia(铒土)和白色的 Terbia(铽土)。当然，它们也都不是真正的"元素"，而是还有好多种其他稀土元素隐藏其中。其中有些"元素"中主要元素含量超过一半，其名字得以保留；而"锚"中任何一种元素都没有过半，所以这个名字已经不再使用，电脑字库中甚至都找不到这个字。这些隐藏元素含量更少，用溶解-沉淀的化学分析方法不容易发现，只有到第7章光谱分析的时候才能找到它们了。

铈、镧、钇是地壳中含量最高的3种稀土元素，它们在自然界中共生在一起，出现在独居石（$(Ce,La,Y,Th)PO_4$）、磷钇矿（YPO_4）等磷酸盐中。

开采出来以后，这些元素大部分也不加分离，直接以混合物的形式添加在钢铁中。因为这些第六周期元素的原子半径远大于铁，可以用于填补在钢的晶粒断裂和表面缺陷处，阻止晶粒继续长大，从而使钢的晶粒细化，提高钢的致密程度，改善钢的性能。这种混合稀土添加量很少即可大大改善钢的性能，1吨钢中只需添加 200 克,并且单价只有 30 元/千克,比镍、铌、钼等合金钢中常用的金属更低。

稀土金属的活泼性仅次于碱金属和碱土金属,易燃。70%的混合稀土和 30%的铁、铜、铬、镁组成的合金摩擦后容易产生火花,可用于打火机中。

稀土离子的 4f 亚层电子结构复杂,化学反应丰富。混合稀土的盐溶液可用于石油裂化、催化加氢、橡胶合成等有机反应的催化剂。

以二氧化铈为主要成分的混合稀土氧化物粉末硬度约为 6,与玻璃相仿,可用作抛光粉。

至于更加精细的电学、磁学、光学、核化学用途,因为每种稀土元素的性质各不相同,必须加以分离后才能使用,我们将在第 7 章发现更多种稀土元素并加以分离后再进行讨论。

5-4-2 铀 $_{92}$U

1786 年,德国的克拉普罗特在一种黑得像沥青但密度非常大的矿石中发现了一种新元素,1789 年提炼出了它的单质。联想到 1781 年英国业余天文学家威廉·赫歇尔发现了太阳系中的第 7 颗行星天王星(Uranus),将其命名成了 Uranium,元素符号 U,中文音译为铀。

将铀这种最重的天然元素与天王星这颗当时离太阳最远的行星联系起来是件非常巧合的事情,因为天王星在当时是实打实地扩展了太阳系的边界,但当时人们并不知道铀是最重的元素。从 1789 年铀被发现之日起一直到 1869 年门捷列夫画出第一张元素周期表,铀的原子量一直是 116(见图 7-4),而非后来大家所熟知的 238,这可能是因为铀的化合价以+4、+6 为主,计算时将 UO_2 和 UO_3 错当成了 UO 和 U_2O_3。

铀的化合价十分丰富,并且具有不同的颜色:+6 价为柠檬黄色,并且用紫外线照射后发出明亮的绿色荧光;+4 价为深绿色;+3 价为棕黑色;另有混合价态的 U_3O_8 为蓝黑色有沥青光泽的固体,天然矿物称作沥青铀矿。克拉普罗特正是通过这些丰富的颜色变化发现铀元素的,将沥青铀矿溶解于硝酸生成了黄色的+6 价硝酸铀酰($UO_2(NO_3)_2$)溶液,用碱液处理可以得到黄色的三氧化铀

(UO_3)沉淀,用盐酸溶解沉淀可以得到绿色的四氯化铀(UCl_4)。在化学实验室中,醋酸铀酰锌被用来检验钠离子,称为"钠试剂",它与含钠离子的溶液混合后会生成荧光黄色的沉淀:$NaAc + ZnAc_2 + 3UO_2Ac_2 + 9H_2O \rightarrow NaZn(UO_2)_3Ac_9 \cdot 9H_2O \downarrow$

因为这些丰富的颜色和独特的荧光,铀的化合物自从古罗马时代以来就被用来制造彩色玻璃和陶瓷表面的釉料,用捷克的铀矿石生产的荧光玻璃至今依然是当地非常有名的工艺品。这些制品都有放射性,但铀元素对人的主要危害不在于放射性,因为它太弱了,半衰期 44.68 亿年和地球的年龄相当,并且放出的是 α 粒子,穿透能力弱,无法穿透皮肤表面的那层死细胞,所以外照射不会造成伤害,只有摄入体内造成内照射才会造成伤害。铀和铅一样是重金属元素,摄入体内会造成化学中毒,这才是它的主要危害。可溶性铀盐大部分可以从尿液中排出,生物半衰期约为 15 天,但有少部分会蓄积在肾脏中,对肾脏产生危害。世界卫生组织推荐的每日摄入量限值为 35 微克,低于此限值被认为是安全的。

100 多年以后,当法国化学家贝克勒尔想要研究这种荧光时,他将硫酸铀酰和被黑纸包着的照相底片放在一起,底片虽然没有被可见光照到但也感光了,由此他发现了铀具有放射性。1939 年,当德国放射化学家哈恩和物理学家迈特纳用中子轰击铀想要制造出原子序数更大的超铀元素时,意外地发现了铀并没有吸收中子变成更重的元素,而是分裂成了两半,释放出巨大的能量。由此,人类进入了原子能时代。

天然铀一共有 3 种同位素:^{238}U,丰度 99.274%,半衰期 44.68 亿年;^{235}U,丰度 0.720%,半衰期 7.038 亿年;^{234}U,丰度 0.006%,半衰期 24.5 万年;能够吸收热中子并发生核裂变的铀只有其中的 ^{235}U。核反应的难易程度称为**反应截面**,其量纲与面积相同,单位为**靶恩**(**barn**),即 $10^{-28} m^2$。^{235}U 的热中子俘获截面达到 681 靶恩(见表 5-3),吸收中子后有 85% 的概率发生裂变,是自然界中以宏观量存在的唯一的一种易裂变核素(其他易裂变核素如 ^{233}U、^{239}Pu 等都是人造的),另外 15% 的概率不裂变而生成质量数增加 1 的 ^{236}U。而 ^{238}U 几乎不吸收热中子,其热中子俘获截面仅 2.68 靶恩,并且吸收中子后大部分(99.999%)生

成 ^{239}U 而非发生裂变(仅 0.001%)。^{239}U 发生 2 次 β 衰变后生成 ^{239}Pu,后者的热中子俘获截面 1017 靶恩,有 74% 的概率发生裂变,是一种人工合成的易裂变核素。在快中子反应堆中,因为 ^{235}U 和 ^{239}Pu 对快中子的俘获截面都更小,而 ^{238}U 俘获中子生成 ^{239}Pu 的机会相对来说更大,易裂变核素的数量不降反升,所以称为"增殖反应堆"。实战中第一颗原子弹,投在广岛的"小男孩"是用 ^{235}U 制造的;第二颗原子弹,投在长崎的"胖子"就是用 ^{239}Pu 制造的。

为了使 ^{235}U 的裂变能够维持一定的速率,需要将其浓缩,^{235}U 在所有铀中占比 3% 以上的**低浓缩铀**(Low-enriched Uranium,简称 **LEU**)可以用于核电站中,90% 以上的**高浓缩铀**(Highly Enriched Uranium,简称 **HEU**)才能用于制造原子弹。但 3 种同位素的化学性质一模一样,无法用化学方法加以分离。它们仅有的不同在于质量不同,分子扩散速度略有差别,所以可以将铀氟化成 UF_6 后进行扩散分离。之所以要氟化是因为 UF_6 易挥发,60℃就升华为气体,能够方便地进行气体分子扩散,并且氟元素只有 ^{19}F 一种天然核素,所以和铀形成的化合物分子的质量完全取决于铀的同位素的差别:$^{235}UF_6$ 分子量 349,$^{238}UF_6$ 分子量 352,其扩散速度之比为 $\sqrt{\dfrac{352}{349}} = 1.0043$。为了将 ^{235}U 从 0.72% 浓缩成 3%,需要扩散 $\ln\dfrac{99.27 \times 3}{0.72 \times 97}/\ln 1.0043 = 339$ 次;而若想将其浓缩至 90%,则需要扩散 $\ln\dfrac{99.27 \times 90}{0.72 \times 10}/\ln 1.0043 = 1665$ 次。早年间使用的扩散法分离速度太慢,现在改用离心法以加快分离,在高速旋转的离心机中,较重的 ^{238}U 更容易被甩到外壁,较轻的 ^{235}U 则较多地留在轴心而得到富集。

而在地球刚诞生时,^{235}U 的天然丰度约为 25%,之后不断衰变直到 20 亿年前下降到 3.6%,均无需浓缩即高于目前核电站中所用的浓缩铀的丰度。如果当时的天然铀矿遇到合适的中子慢化剂比如地下水,就有可能发生自持的链式裂变反应,形成一个天然的核反应堆。1972 年法国物理学家弗朗西斯·佩兰发现非洲加蓬的奥克洛(Oklo)铀矿中 ^{235}U 的丰度显著低于天然丰度,最低仅为 0.296%(天然丰度的 40%),对此最合理的解释是 20 亿年前一个天然的核反应堆,将其中的 ^{235}U 消耗掉而导致丰度降低,而裂变产物如 ^{86}Kr、^{99}Ru(来自 ^{99}Mo、^{99}Tc 的 β 衰变)、^{134}Xe、^{136}Xe(来自 ^{135}Xe 吸收中子)、^{147}Sm(来自 ^{147}Nd、^{147}Pm 的 β 衰变)的丰度相较于它们的其他同位素异常偏高也验证了这一假设。

核电站中使用的其他材料也可以从表 5-3 中寻找:热中子俘获截面最小的氧与铀化合成 UO_2,压制烧结成燃料颗粒,因为金属铀化学性质活泼易氧化,原子弹瞬间爆炸可以用单质,反应堆长期使用必须用稳定的化合物;热中子俘获截面较小且较耐腐蚀的锆、铝等,可以作为装填核燃料的外壳材料;热中子俘获截面较小且原子量较小的氧、氘(重水)、碳(石墨)、铍等,可以和快中子发生弹性碰撞,使其减速为热中子引发更多的铀-235 裂变;热中子俘获截面较小且流动性好的重水、氦气、液态钠等,可以作为传递热量的冷却剂;热中子俘获截面较大的钆、钐、铕、镉、镝、硼、铟、铪等,可以制成控制棒使核反应不至于太过剧烈。

表 5-3 部分元素及核素的热中子俘获截面(按截面大小排序)

从 大 到 小						从 小 到 大		
元素名称	元素符号	吸收截面(barn)	贡献最大的同位素			元素名称	元素符号	吸收截面(barn)
			核素	截面	丰度			
氙*			^{135}Xe	2700000	人造	氧	O	0.00019
钆	Gd	49700	^{157}Gd	259000	15.7%	氘*	^2H	0.000519
钐	Sm	5922	^{149}Sm	42080	13.9%	碳	C	0.0035
铕	Eu	4530	^{151}Eu	9100	47.8%	氦	He	0.00747
镉	Cd	2520	^{113}Cd	20600	12.22%	铍	Be	0.0092
钚*			^{239}Pu	1017	人造	氟	F	0.0096
镝	Dy	994	^{164}Dy	2840	28.1%	铋	Bi	0.0338
锂*			^6Li	940	7.59%	氖	Ne	0.039
硼	B	767	^{10}B	3835	19.8%	镁	Mg	0.063
铀*			^{235}U	680.9	0.72%	铅	Pb	0.171

续 表

从 大 到 小						从 小 到 大		
元素名称	元素符号	吸收截面（barn）	贡献最大的同位素			元素名称	元素符号	吸收截面（barn）
			核素	截面	丰度			
铀*			^{233}U	574.7	人造	硅	Si	0.171
铱	Ir	425	^{191}Ir	954	37.3%	磷	P	0.172
汞	Hg	372.3	^{199}Hg	2150	17.0%	锆	Zr	0.185
铟	In	193.8	^{115}In	202	95.7%	铝	Al	0.232
铒	Er	159	^{167}Er	659	22.9%	氢	H	0.3326
铑	Rh	144.8	^{103}Rh	144.8	100%	铷	Rb	0.38
铪	Hf	104.1	^{177}Hf	373	18.6%	钙	Ca	0.43
铀*			^{234}U	100.1	0.006%	钠	Na	0.53
铥	Tm	100	^{169}Tm	100	100%	……	……	……
金	Au	98.7	^{197}Au	98.7	100%	铀*	^{238}U	2.68
……	……	……	……	……	……	钍*	^{232}Th	7.37

* 为纯净的同位素，质量数在核素符号中标出

铀并不稀少，在地壳中的含量约为 3 克/吨，在所有元素中排名第 49 位。但因为能直接裂变的只有其中 0.72% 的 ^{235}U，所以铀作为一种能源依然十分宝贵。并且铀是彻彻底底的不可再生能源，是几十亿年前超新星合成出来的，用完了就没有了，目前可供开采的铀矿资源只够使用 100 年。所以，核能未来的发展方向还是要研究氢的可控核聚变，那才是取之不尽用之不竭的能源。

将 ^{235}U 分离出去以后，剩余的 ^{238}U 就可以作为民用用途添加至玻璃或陶瓷釉料中了，这种含 ^{235}U 低于天然丰度的铀称为**"贫铀"**（Depleted Uranium，简称 **DU**）。美国因为在冷战时制造了数千枚核弹头，累积了大量的贫铀，他们用这些不易发生核裂变的贫铀制造了数万枚穿甲弹，叫作"贫铀弹"。穿甲弹要求其弹头密度大，硬度高，有两种金属符合这一要求，分别是：铀，密度 19.05 g/cm³，硬度 7；钨，密度 19.26 g/cm³，硬度 7。中国的钨矿比较丰富，穿甲弹大部分是用钨制造的，仅保留少量"特种合金穿甲弹"以对美国保持反制。作为穿甲弹，铀

比钨更有优势的地方在于，钨有自钝性，与装甲撞击后会变钝，而铀有自锐性，与装甲撞击后会碎裂产生锋利的棱角。铀是较活泼的 IIIB 族金属，在空气中易燃，粉末甚至可以自燃，块状铀受热或撞击后也会燃烧，燃烧后产生的高温可以将装甲熔化。但燃烧产生的氧化铀烟尘吸入体内会造成内照射，沉降到土壤、水体中会造成放射性污染，对当地环境造成影响。1991 年海湾战争在巴士拉、1999 年科索沃战争在塞尔维亚南部城镇、2003 年伊拉克战争在费卢杰，美军都使用了大量的贫铀弹，导致当地居民和美军老兵癌症和新生儿畸形比例升高，患上"海湾战争综合征"。

5-4-3　钍$_{90}$Th

1829 年，铀被发现之后 40 年，瑞典化学家贝齐里乌斯在钍石（$ThSiO_4$）中发现了第二种放射性元素钍。当然和铀一样，刚被发现的时候人们并不知道钍有放射性，只是根据当时用神话人物命名元素的一般方法，用北欧神话中的雷神 Thor 将这种元素命名成了 Thorium，元素符号定为 Th，中文音译为钍。

相比于铀，钍在地壳中的含量更高，达到 10 g/T，在所有元素中排名第 38 位。但相比于铀，钍的性质无趣很多：化合价只有+4，并且都是些无色、白色的化合物；主要同位素只有^{232}Th 一种，半衰期 140.5 亿年，比宇宙年龄还长，其他只有一些半衰期很短的同位素作为铀、钍的衰变子体痕量存在于铀矿、钍矿中；密度 11.72 g/cm^3，不高不低。所以钍的用途比铀少得多。

和^{238}U 类似，^{232}Th 本身不能发生核裂变，但它可以吸收 1 个中子再发生 2 次 β 衰变而转化成易裂变的^{233}U，生产出更多的核燃料。因为钍的储量比铀丰富，所以是未来核电站发展的方向之一。

二氧化钍（ThO_2）熔点高达 3050℃，是所有金属氧化物中最高的。它受煤气火焰的高温灼烧会因黑体辐射而发出明亮的白光，用于照明。将棉线做的纱罩浸满硝酸钍（$Th(NO_3)_4$）溶液，罩在煤气灯上，第一次使用时棉线燃烧成二氧化碳和水，硝酸钍被加热分解成二氧化钍，形成一层硬而脆的薄壳，继续高温灼烧就能发光了。在电灯发明之前，欧美家庭的照明、马路上的路灯用的都是这种煤气灯。

二氧化钍掺杂在钨中制成钍钨电极中可以改善其电子发射能力,使电弧焊更容易进行,一般按质量百分比掺入2%的二氧化钍,称为WT20。钍的放射性很弱,这种电极储存时对人体不会造成放射性伤害,但在进行电焊操作时会有一些电极材料气化形成溶胶,工人需要注意防止吸入体内造成内照射。

含有二氧化钍的玻璃折射率可以上升至1.85,而和铅玻璃不同的是色散却没有明显增加,所以1960年以前被作为制造镜头的良好材料而使用。但因为其放射性,长期放置后玻璃中会产生色心而变黄,这时需要在阳光下暴晒几日用阳光中的紫外线去除色心。并且这种玻璃只能用来制造物镜不能制造目镜,否则会对表面没有死细胞保护的眼睛造成近距离放射伤害。现在,钍玻璃已经被同样使用IIIB族金属氧化物的镧玻璃取代了。

历史上,1928年到1945年,二氧化钍悬浊液还作为口服"钍餐"(Thorotrast)用于胃部X光造影,甚至被注射进血管中用于血管造影,因为钍的原子量大,对X射线吸收能力强,并且和后来常用的硫酸钡一样难溶于水,服用后大部分排出体外,没有化学毒性。但残留的少量二氧化钍会长期对肠胃内壁细胞直接照射,十几年后,当年服用过"钍餐"的病人纷纷患上肝癌、胆管癌或血癌,平均寿命较常人缩短14年时,人们才认识到这种在体外无害的放射性元素内照射的危害,才把"钍餐"改为"钡餐"。

5-5 镉:被遗忘的金属

有一种金属不属于以上任何一种类别,它上下的同族元素锌和汞都已经在古代被发现了,并且它本身在地壳中的含量(0.15 g/T,排名66)是汞的2倍(0.08 g/T,排名67),现在的价钱也不贵(16元/kg),但它一直被人遗忘迟至1817年才被发现。这种元素就是镉,被遗忘的原因是它和锌长得太像了。

锌是人体必需的微量元素,是人体中100多种酶的组成成分,尤其对细胞分裂时的蛋白质合成有着重要作用,所以碳酸锌、氧化锌自古以来就一直被用作收敛剂,以促进伤口愈合。药商生产出来的碳酸锌都是白色的,但加热分解后生成的氧化锌有时候是纯白的,有时候却带上黄色甚至红色,后者作为治病救人的药品就不合格了。为此,德国哥廷根大学的斯特罗迈尔教授走访了药商,将这种不合格的氧化锌溶于盐酸中,再通入硫化氢,利用金属硫化物溶解度的不同将其分离,得到了一种新元素。因为这种元素是从菱锌矿($ZnCO_3$,Calamine)中发现的,所以将其命名为Cadmium,元素符号定为Cd,中文音译为镉。

镉所在的IIB族都是一些沸点低易挥发让人捉摸不定的金属,所不同的是汞的熔沸点实在低得太离谱了,所以一经出现就以液体的流动性、能溶解多种金属、极大的比重、强烈的金属光泽等独特的性质引起了人们的注意,在公元前就被发现;而锌就因为其易挥发所以一直被混在黄铜里,纯锌发现的历史偏晚;和锌共生在一起的镉丰度比锌小,并且镉的沸点比锌还低,在冶炼时先于锌挥发逸出,所以不可能在古代被发现。直到分析化学的手段日益精进,通过颜色、沉淀的变化才有可能从锌矿石中将微量的镉分离出来,镉才会走入我们的视线。

与锌化合物大部分呈白色不同,镉的化合物具有较深或较鲜艳的颜色,碳酸镉($CdCO_3$)是白色的;氧化镉(CdO)是棕色的,正是因为它与氧化锌的颜色差异才导致了镉的发现;硫化镉(CdS)是黄色的,可以用作黄色颜料,称作"镉黄";硒化镉(CdSe)的颜色更深,用作红色颜料,称作"镉红";硫化镉和硒化镉按照不同配比掺在玻璃中可以显出从黄到红深浅不同的颜色,虽然主角是镉,但名字却叫"硒红玻璃"。

镉的熔点321℃,沸点766℃,可以用作低熔点合金,比如伍德合金就是1∶2∶1∶4的锡、铅、镉、铋合金,熔点只有70℃。

与锌类似,镉单质较活泼,也可以用于制造电池。在4-2-1中已经介绍过镍镉电池,这种电池用+3价的NiO(OH)为正极,用金属镉为负极,可以反复充放电。

镉对中子的吸收能力强,其中丰度为12.22%的^{113}Cd热中子俘获截面高达20600靶恩(见表5-3),所有8种天然同位素加权平均后也有2520靶恩,所以可以用作核电站的中子吸收棒。

但这些镉千万不能摄入体内,因为它有剧毒。镉累积在肾脏及肝脏内,会损伤肾功能。镉会取代骨骼中钙的位置,使骨骼疏松、软化,导致难以忍受的骨痛病。镉会取代许多酶中锌的位置而破坏酶的活性,引起高血压、心血管疾病。含镉的废水必须使用熟石灰中和,将其转化为难溶的氢氧化镉($Cd(OH)_2$)沉淀,或用离子交换树脂吸附后才能排放。如不处理,就会引发严重的环境公害事件。

　　1920年代,日本富山县神通川流域的一些农民发现他们种植的水稻生长不良。不久之后,这些农民自己也开始被一种怪病困扰,患者骨骼软化、萎缩,四肢和脊柱弯曲变形,骨质松脆,易发骨折,全身各部位发生神经痛、骨痛,最后痛苦地死去。二战以后,此病发病人数增加,但病因一时还找不到,只能根据病人不停地喊"痛"将其称为"痛痛病"。1960年代,日本科学家终于确认这种病与神通川上游炼锌厂排放的含镉废水有关,神通川两岸的稻田用河水灌溉,镉元素被富集在水稻中,当地人吃镉含量超标的大米,长期摄入过量的镉,久而久之就造成了慢性镉中毒。

第 6 章　电解的强大威力：活泼金属和非金属

6-1　钠、钾、锂：活泼的碱金属

IA 族金属因其溶于水生成强碱所以被称为碱金属，是最活泼的一类金属。

将碱金属从煤油中捞出，切去表面氧化膜，里面都会露出银白色或金黄色的金属光泽。暴露在空气中一段时间后，表面的光泽都会变得暗淡，并且变暗的速率按锂-钠-钾-铷-铯的顺序依次加快。铷和铯有可能自燃，而锂、钠、钾需要点燃，燃烧之后分别生成白色的氧化锂（Li_2O）、淡黄色的过氧化钠（Na_2O_2）、橙黄色的超氧化钾（KO_2）、深棕色的超氧化铷（RbO_2）和深黄色的超氧化铯（CsO_2）。

将碱金属投入水中，锂安静地漂浮在水面上，放出氢气气泡，反应通常需要几分钟；钠迅速地熔化成一个小球，产生氢气推着漂在水面上的钠球到处游走，发出嘶嘶声，经过半分钟左右全部反应完，有时候积聚的热量还会将产生的氢气点燃，发出爆鸣声；钾立即熔化成一个小球，伴随着"噗"的一声，氢气开始燃烧，升腾起紫色的火焰，几秒钟内就反应完了；而更活泼的铷、铯反应更加迅速，有可能发生猛烈的爆炸。

如此活泼的金属元素不可能自发地从它们的化合物中分解出来，也很难找到比它们更活泼的金属将它们还原出来。但还原剂的强度是有限的，有一种新兴技术手段的强度却是无限的。

1800 年意大利物理学家伏打发明了银锌原电池，虽然单个电池的电压只有 1 伏左右，但只要将几百几千个电池串联在一起组成电堆，就能将电压上升到几百几千伏。最初这种电堆被用来电解水,后来在电解水的过程中发现溶于水中的盐被电解成了酸和碱,使人们认识到了电能的强大。英国化学家戴维将伏打电堆用于无水盐的电解,很快就将这些性质活泼的碱金属和其他活泼元素从它们的化合物中分解出来,化学元素的种类迅速增多。

6-1-1 钠$_{11}$Na 和钾$_{19}$K

1789年拉瓦锡的化学元素表中连钠、钾及其化合物的影子都没有,这不是因为它们的化合物不常见,而是因为它们都具有碱性而被拉瓦锡认为是氮的化合物。他在《化学基本论》中说"固定碱、草碱和苏打在前表中被略去,因为它们显然是复合物质,不过迄今为止我们尚不知道它们的组成元素是些什么"。在贝托莱发现氨中含有氮之后,拉瓦锡认为氮可能是"成碱要素",他在《化学基本论》中说"今后极可能发现所有的碱性物质都属于氮化物这个物种"。这一观点被后来的实验事实所证伪。

1807年10月6日,是一个具有里程碑意义的日子。那一天,戴维电解熔融碳酸钾制备出了躲藏其中的活泼金属。他用Potash(草木灰)将这种金属命名为Potassium,拉丁文则是取阿拉伯文Kali(海草灰)转写成Kalium,元素符号定为K,中文取拉丁文的音译,并用"甲"表示这是最活泼的常见金属,定名为"钾"。

几天以后,戴维又电解熔融碳酸钠制备出了金属钠。他用Soda(苏打)将这种金属命名为Sodium,拉丁文和钾一样也是从阿拉伯文Natrum(天然碱)转写成Natrium,元素符号定为Na,中文取拉丁文音译为钠。

钾和钠刚被制造出来时没人相信它们是金属元素,因为它们比水还轻(钾的密度0.86 g/cm^3,钠的密度0.97 g/cm^3),并且一遇到水就剧烈地放出氢气,许多人包括戴维自己都认为它们是草木灰或苏打与氢的化合物。直到1811年,盖-吕萨克将钾在干燥的氧气中燃烧,在生成物中没有找到任何水的痕迹,这两种金属才被化学家承认为元素。

金属钾的熔点63℃,钠的熔点97℃,稍稍加热就能熔化。而钠钾合金的熔点更低,76%的钾和24%的钠形成的合金熔点低至-12.6℃,因其良好的流动性和导热性用作核电站中的冷却剂,又因其活泼的化学性质而被用作有机反应的还原剂或干燥剂。含钠12%、钾47%、铯41%的合金熔点低至-78℃,是已知熔点最低的合金体系。

钠在焰色反应中会放出明亮的黄光,如果在电场激发下也能得到相同的颜色,可以放一些金属钠在充了少量氩气的灯管中,一开始氩气发光时放出的热使钠气化,电场激发钠蒸气就能得到明亮的黄光。这种光的单色性非常好,只有589.0纳米和589.6纳米两条非常接近的谱线,所以在光学测量中用作标准光源。但因为这种光单色性太好,用于照明时色彩会失真,只能用于路灯等对显色性要求不高的场合,不能用于室内照明。

钠和钾的大部分常见盐类都是无色易溶于水的晶体,在中学阶段我们只能通过焰色反应去区分它们。而分析化学中可以使用一些特殊的试剂将它们分开,比如:高氯酸钠($NaClO_4$)、氯铂酸钠(Na_2PtCl_6)、四苯硼酸钠($NaB(C_6H_5)_4$)都易溶于水,而相应的钾盐、铷盐、铯盐、铵盐、银盐、亚铊盐都难溶于水,可将它们沉淀下来后进行重量分析;与之相反,醋酸铀酰锌钠($NaZn(UO_2)_3Ac_9·9H_2O$)难溶于水,生成黄色带荧光的沉淀,而相应的钾盐易溶,可用作检验钠离子的特征方法。

在动物体内,钠和钾同等重要,但我们的舌头往往更喜欢钠而忽视了钾。因为它们出现的位置不同:钠离子在细胞外多,钾离子在细胞内多,并通过一种嵌在细胞膜上叫作"钠-钾泵"的蛋白质分子来维持这种浓度差,消耗了人体大约1/3的能量。平时,钠-钾泵每消耗1个ATP,会逆着浓度梯度泵出3个钠离子,泵入2个钾离子。于是细胞膜外就带正电荷,膜内带负电荷,存在一定的电位差。而当神经冲动信号到来的时候,细胞膜上的钠通道开放,大量钠离子流入膜内,使电位差下降,于是细胞就感知到了这个信号,做出相应的动作。与动物不同,植物更喜欢钾而截留了地表径流中的钾,导致海水中钠多钾少,草木灰中钾多钠少。

因为钠离子主要出现在细胞膜外,在各种动物性食物的细胞外液(如血液、肉汤)中都能尝到,所以长期的味觉进化使钠离子成为味道最好的一种金属离子,只有纯正的咸味而不带苦涩味。虽然钠离子味道好,但如果摄入过多,细胞外液中钠离子浓度高,导致渗透压增高,血压也随之升高。现代人吃口比较咸,高血压发病率也较高。

而主要储存在细胞内的钾、镁和沉积在骨骼中的钙离子的味道就没有那么好了,苦得让人无法下咽。这种苦味也能够防止人们一次性摄入太多这些离子,因为它们过多地出现在细胞外液中会导致神经信号传输异常,有时候是致命的。

人体内总共有 150 克的钾元素,它们中 98% 在细胞内,细胞外只有 3 克,大部分时候钾都能从食物中获取,不需要额外补充。对于 60 公斤体重的成年人,只需要静脉注射超过 6 克氯化钾就可致死,所以被用在注射死刑中(对,你没有看错,是氯化钾而不是著名毒药氰化钾)。

地震中,有些长时间被埋压的伤员在房子底下还神志清醒,生命体征平稳,但被救出后不久就死亡了。这是因为被压住的组织细胞坏死,大量细胞内的钾离子释放,当被救出后,这些钾离子顺着血液流至心脏,造成心力衰竭。遇到这种情况,不能贸然地将伤员抬出,必须有专业的医务人员处理后才能施救。

而反过来,当血钾浓度过低时就要额外补充钾离子了,比如长时间运动体液大量流失,就需要饮用钠、钾、钙、镁等各种离子均衡配比的运动饮料。急性钡中毒、铊中毒时,钡离子、亚铊离子替换了钾离子的位置,导致血钾浓度过低,需要注射 10% 的氯化钾溶液,每针限补 10 毫升。

钾共有 3 种天然同位素:^{39}K、^{40}K、^{41}K,其中 ^{40}K 是天然放射性同位素,半衰期 12.48 亿年,在所有钾原子中占比 0.0118%,整个人体内大约有 15 毫克的 ^{40}K,其放射性活度约 0.1 μCi(微居里),每天对人体造成大约 1 μSv(微希沃特)的照射。但大家不用担心这种辐射,因为它是自古以来就有的,伴随我们的祖先走过了几十亿年的进化历程。

有些含钾丰富的食物比如香蕉还被用作辐射剂量的单位,如普通人 1 天接受的背景辐射相当于 100 根香蕉;做一次胸部 X 光检查相当于 200 根香蕉;坐一次越洋飞机相当于 1000 根香蕉;美国环保局设定的公众一年非自然来源最大剂量相当于 10000 根香蕉;在 2011 年福岛核泄漏最严重的时候在 50 公里外呆 1 天相当于 36000 根香蕉;会造成辐射病的剂量相当于 400 万根香蕉;接受超过8000万根香蕉的照射就必死无疑了;而1986年切尔诺贝利核泄漏事故中,个别消防员进入厂房中,在反应堆旁停留10分钟所遭受的剂量超过了5亿根香蕉。这些和放射性相关的问题将在第8章中详细讨论,具体数据见图8-1。

6-1-2 锂 $_3$Li

和钠、钾不同,锂的化合物中有更多难溶于水的,比如碳酸锂(Li_2CO_3)、氟化锂(LiF)以及各种硅酸盐。所以,锂最初发现时来源于矿石(锂云母、锂辉石、锂长石),而不是像钠、钾那样以可溶性盐的形式来源于动植物。所以,锂的英文名是Lithium,来源于希腊文表示石头的单词lithos,元素符号定为Li,中文里的锂是音译。

和钠、钾的化合物自古为人所知,"万事俱备,只欠电解的东风"不同,锂的丰度比钠、钾少得多,只有20 g/T,在地壳中排名第33,并且分布比较分散。在钠、钾接连被电解出来的时候,锂还以矿石的形式躲在地壳中,等待分析化学家先将它的化合物提取出来之后才能进行电解。

1800年,巴西科学家席尔瓦到瑞典旅行,发现了两种矿石,分别命名为Petalite(透锂长石,$Li[AlSi_4O_{10}]$)、Spodumene(锂辉石,$LiAl[Si_2O_6]$),它们在火焰中灼烧的焰色反应都是深红色。这些矿石如果纯净透明的话能够雕琢成漂亮的宝石,锂长石主要是无色或淡黄色的,而锂辉石经常因含锰而显示出漂亮的紫色,这种紫色在太阳的紫外线照射下会变浅,而到了晚上在不含紫外线的人造光源的照耀下就熠熠生辉,被人称作"暗夜精灵"。

1817年,瑞典化学泰斗贝齐里乌斯的学生阿弗韦德森分析了透锂长石,发现其中除了17%的氧化铝和80%的氧化硅外,还有3%的质量属于一种未知元素的碱质(氢氧化物)。从这里我们可以看出问题所在,因为锂的原子量很小,在化合物中的质量分数很低,很容易被人忽略,必须用精密的定量分析手段才能知道它的存在。所以虽然锂在地壳中的含量并不低,也有独立矿物,但发现年代还是比钼、钨、铌、钽、铍这些含量更少的难熔稀散金属晚。阿弗韦德森继续研究这种碱质,发现它的碳酸盐不溶于水,而硫酸盐的溶解度比硫酸钠、硫酸钾更大。于是贝齐里乌斯把这一新元素命名为Lithium,1817年被认为是发现锂的元年。1818年,戴维电解熔融氯化锂得到了金属锂。

锂的性质和钠、钾区别较大,而和它右下方的镁更加相似,例如:钠、钾非常活泼,在空气中燃烧能够夺取尽可能多的氧原子,生成过氧化物(Na_2O_2)或超氧化物(KO_2),而锂、镁只能生成正常的氧化物(Li_2O、MgO);钠、钾虽然非常活泼,但与氮气不反应,而锂、镁就能在氮气中燃烧,生成氮化锂(Li_3N)、氮化镁(Mg_3N_2);钠、钾的绝大多数盐都是易溶于水的,而碳酸锂、氟化锂、碳酸镁、氟化镁都难溶于水。这种左上-右下元素的相似性称作"对角线规则",原因是它们的半径相似。

金属锂的密度只有 0.534 g/cm^3,是所有金属中最轻的,不仅能浮在水面上,还能浮在煤油上,所以通常储存锂的瓶子除了要灌满煤油隔绝空气以外,还经常将瓶子倒扣以防止锂上浮接触空气。利用这种低密度,可以用锂铝合金制造出重量非常轻的飞机。

锂的原子量是所有金属中最小的,并且其电极电势最负,所以可以用最少的质量存储最多的电能,用于手机、笔记本电脑等便携式电子产品中。而因为原子量小,锂与氢气化合生成的氢化锂(LiH)也是效率最高的一种储氢材料,1 公斤氢化锂与水反应可以放出 2800 升氢气。

与氢氧化钠类似,氢氧化锂也能使油脂水解发生皂化反应,生成的硬脂酸锂($C_{17}H_{35}COOLi$)可添加在润滑脂中作为增稠剂。

锂不是人体必需的元素,但可以出现在某些药品中。碳酸锂是治疗狂躁型抑郁症的常用药。

天然锂包含两种同位素:^{6}Li 占 7.59%、^{7}Li 占 92.41%。其中 ^{7}Li 较稳定,在大爆炸初期的原初核合成中少量形成,而 ^{6}Li 为**双奇数核**(质子数、中子数都是奇数),更不稳定,只能在宇宙射线散裂过程中形成,丰度更低。

利用 ^{6}Li 的这种不稳定性,可以用它来制造氢弹。氢弹的一般原理为氘-氚聚变:

$$^3H + ^2H \rightarrow ^4He + ^1n \qquad Q = 17.57 \text{ MeV}$$

但氚有强放射性,半衰期仅 12.3 年,难以长期保存。所以许多氢弹改用氘

化锂-6(^{6}LiD),其中的^{6}Li原子核在中子的轰击下碎裂成氚和氦-4:

$$^6Li + ^1n \rightarrow ^3H + ^4He \quad Q = 4.787 \text{ MeV}$$

生成的氚核再和氘核进行聚变,两个反应方程式相加,总反应为:

$$^6Li + ^2H \rightarrow ^4He + ^4He \quad Q = 22.36 \text{ MeV}$$

所以,锂矿在开采出来以后,国家先会将其中的一部分^{6}Li提取出来用作战略储备,剩下的才会作为商品锂出售。这导致民用的锂产品比如锂电池中的^{6}Li丰度偏低,用这种"贫锂"测定出来的原子量会比6.941高,更接近7,存在严重的系统误差。而"浓缩锂"(^{6}Li丰度高于天然丰度)则受《中华人民共和国核材料管制条例》管制,是条例中唯一的一种非放射性物质。

碱金属家族中还有两个成员:37号铷和55号铯,因为分布分散,所以要在50年后靠更强大的光谱分析手段来寻找,并且应用也远不如前面3个,将在第7章中介绍。而87号钫则是强放射性元素,痕量地存在于铀矿石中,要到100多年后才被放射化学家找到,将在第10章中介绍。

6-2 钙、镁、钡、锶:碱土金属

这4种IIA族金属的化合物分布广泛。其中钙和镁在地壳中的丰度都超过2%,在所有元素中排名第5和第7,自古以来就被大量使用:天然出产的碳酸钙称作石灰石,其中结晶颗粒较大的称为大理石,都可以用作建材;带结晶水的硫酸钙俗称石膏,用作粘合剂;七水合硫酸镁($MgSO_4 \cdot 7H_2O$)称作泻盐,用于医药。而锶和钡的含量也分别达到了370 g/T和425 g/T,在所有元素中排名第15和第14,到了近代也陆续被发现:1602年,意大利制鞋工人发现了重晶石($BaSO_4$),与炭一起焙烧后会得到一种发磷光的物质(BaS);1787年,苏格兰人发现在斯特朗蒂安(Strontian)出产一种含锶的矿石。这些天然出产的碳酸盐或硫酸盐可以通过焙烧或其他的化学反应分解转化为氧化物,分别称为生石灰(CaO)、苦土(MgO)、重土(BaO)、锶土(SrO),其中前3种获得较早的被列入了1789年拉瓦锡的化学元素表中。这些氧化物溶于水呈碱性,但溶解度不大,类似矾土,所以称为"碱土金属"。但这种分解当时只进行到氧化物这一步,要进一步分解为单质就必须依靠强大的电解了。

按理说 IIA 族的碱土金属活泼性比碱金属差,电解时需要的电压更低,需要的保护气体也不用像电解制备碱金属时那么严格,应该更加容易制得。但我们忽略了一个困难:这些活泼金属的电解不能在水溶液中进行,必须电解它们的熔融盐或其他熔融化合物。碱金属的离子是+1 价,其化合物中离子之间的化学键较弱,熔点较低;而碱土金属的离子是+2 价,离子键更强,熔点更高。

办法总比困难多,为了解决这个困难,戴维想到了一个巧妙的办法:用一种不含水的液态导体作为介质,将高熔点的碱土金属化合物分散其中,在常温下即可进行电解。戴维找到的就是自古以来一直出现在人们视野中的液态金属——汞。1808 年 5 月至 7 月间,戴维连续电解石灰-氧化汞、苦土-氧化汞、重土-氧化汞、锶土-氧化汞等混合物,依次制得了钙、镁、钡、锶 4 种碱土金属元素的单质,这一顺序与这 4 种元素在地壳中的含量和它们的矿石被发现的顺序是一致的。

这 4 种金属的共性是所有主族元素中最明显的:单质的延展性都较差,比较脆;熔点都在 650~850℃ 之间,并且没有明显的增减趋势;都是活泼金属,并且还能够发生更活泼的碱金属所不能进行的氮化,氮化物(M_3N_2)遇水蒸气之后水解生成氨气而散发出臭味;都能发生焰色反应或燃烧发出明亮而有特征颜色的光,用于焰火制造。

6-2-1 钙 $_{20}$Ca

钙在自然界中大部分以碳酸盐($CaCO_3$)形式存在,根据其晶型可以分为 2 种:

三方晶系的方解石,密度 2.71 g/cm^3。纯净透明的单晶体称作"冰洲石",形状为菱面体,具有较明显的双折射现象:振动方向垂直于入射面的偏振光折射率恒定(**寻常光,ordinary ray,o 光**),为 1.486;振动方向在入射面内的偏振光折射率与入射角及光轴方向有关(**非常光,extraordinary ray,e 光**),为 1.486~1.660,变动范围达 0.174。将方解石压在书上可以看到字迹分为两个重影,水平旋转方解石,其中一个字影不动,另一个围绕着第一个旋转。利用这种性质,可以用在尼科尔棱镜等光学仪器中(见彩色插页第6页图6-1)。中等颗粒显晶质的方解石集合体称为大理石,而小颗粒隐晶质的方解石集合体称为石灰石。石灰石遇到富含二氧化碳的水会生成碳酸氢钙($Ca(HCO_3)_2$)而溶解,到了二氧化碳浓度低的地方又会分解析出沉淀,于是钙元素被流水搬运沉积后形成了形状各异的钟乳石、石笋、钙华等岩溶地貌,成为了石灰岩地区秀丽风景的一大来源。

斜方晶系的文石,密度 $2.94 g/cm^3$。单晶体为变形的四棱柱状,通常多个晶体从一点出发形成放射状的结核,称为"霰石",或细小的纤维状晶体集合成束。珍珠、贝壳的最外层就是文石的纤维状集合体,有特殊的光泽。

少部分的钙以硫酸盐($CaSO_4$)或其他盐类的形式存在,其二水合物可以长成巨大透明的柱状或片状晶体,称为生石膏($CaSO_4·2H_2O$)。生石膏加热失去一部分结晶水,生成熟石膏($CaSO_4·1/2H_2O$),这种白色粉末加水调成牙膏状,放置一段时间后这些水进入晶格中又会重新生成具有一定硬度和固定形状的生石膏,可以塑造石膏模型、给骨折的伤员固定肢体、浇铸成圆柱形的粉笔。但生石膏硬度不是很硬,用手指甲就能划出划痕,莫氏硬度将其定义为2。而莫氏硬度总共 10 个基准中,有 4 个基准都是用钙盐定义的:石膏($CaSO_4·2H_2O$)定义为 2,方解石($CaCO_3$)定义为 3,萤石(CaF_2)定义为 4,磷灰石($Ca_5(PO_4)_3(OH,F)$)定义为 5,可见含钙矿物在自然界中有多么丰富。

这些钙盐成为了人类获取建筑材料的最初来源,石灰、石膏、水泥无一不需要使用钙盐。块状的石灰石、大理石可直接垒砌成石制建筑,也可以将石灰石高温煅烧分解成生石灰,遇水后生成熟石灰,吸收空气中的二氧化碳而重新生成石灰石而硬化,成为一种气硬性胶凝材料,是最早的建材粘合剂。将石灰石和约 20% 的粘土一起焙烧,生成硅酸三钙(Ca_3SiO_5)、硅酸二钙(Ca_2SiO_4)、铝酸三钙($Ca_3Al_2O_6$)等复杂的钙盐混合物,与水化合后会凝固硬化,是一种水硬性胶凝材料,称为"水泥"。水泥凝固后比石灰更加坚固,并且凝固时不需要空气,所以既能作为粘合剂,又能与碎石、钢筋配合直接浇铸成大体积的墙体、楼板等建筑构件,凝固后与天然石料强度相当,取"人工石"之意称其为"砼"。

在生物体内,钙元素也被多种动植物用作"建筑"材料:远古的藻类堆叠而成的叠层石、腔肠动物珊瑚虫的遗体堆成的珊瑚礁、软体动物的贝壳、脊椎动物的骨骼,主要成分都是碳酸钙或磷酸钙,这与钙元素在海洋中既可大量获得而其化合物又难溶的性质密切相关。

我们人体也需要钙,因为碳酸钙和磷酸钙是骨骼和牙齿的主要成分,一个人体内大约有1公斤的钙,缺钙会导致骨质疏松(中老年)或软骨病(青少年)。然而,钙的作用不止于此。

钙离子对神经冲动的传递是一种抑制剂,当血液中钙离子浓度低时,肌肉就会持续收缩导致抽筋。低血钙的极致就是氟中毒时血液中的钙离子都和氟离子结合成氟化钙沉淀了,肌肉包括心肌不由自主地胡乱收缩,最后会心力衰竭导致死亡。

有一种假说认为脊椎动物的骨骼最早不是起支撑作用的,而是一种存储器官。我们的祖先在环境中钙浓度高时将多余的钙储存起来以备不时之需,结果不时之需没用上,骨骼的存在却帮助它们拥有了更好的运动能力和防御能力,在进化中取得了优势。

用石灰和氧化汞的混合物电解可以得到钙汞齐,蒸馏除去汞即得金属钙。因为来源于石灰,所以用拉丁文中表示石灰的单词 calx 将其命名为 Calcium,元素符号定为 Ca,中文音译为钙。

金属钙的密度只有 $1.55\ g/cm^3$,比镁、铝等常见轻金属都要低,但它在空气中容易氧化或氮化成为疏松多孔的粉末,所以不具有作为结构材料的实用价值。工业上钙一般作为强还原剂来还原活泼金属,比如用金属钙还原四氟化铀制取金属铀,因为生成物氟化钙特别稳定,反应大量放热,所以称为"钙热还原"。

6-2-2 镁 $_{12}$Mg

镁在自然界中大部分也以碳酸盐形式存在,纯净的碳酸镁与方解石类似为三方晶系的菱面体,称为菱镁矿($MgCO_3$),但更多的是和钙共生在一起的白云石($CaMg(CO_3)_2$)。希腊爱琴海边的城市美格尼西亚(Magnesia)出产一种白色的碱式碳酸镁矿石,用产地命名为 magnesia alba,而由此电解提炼出的金属元素就称为 Magnesium,元素符号定为 Mg,中文音译为镁。这个名字和锰(Manganum)很容易混淆,因为锰是从来源于同一地点的黑色矿石 magnesia nigra 中提取的。

镁是能够在空气中稳定存在的最轻的金属,密度 $1.74\ g/cm^3$,是铝的三分之二,只有铁、铜等常见金属的五分之一,用于航空、航天领域。

虽然金属镁很轻,比铝还轻,但以橄榄石($(Mg,Fe)_2SiO_4$)为代表的镁硅酸盐却比以正长石($KAlSi_3O_8$)为代表的铝硅酸盐重($3.3\ g/cm^3$ vs $2.7\ g/cm^3$),这导致了地壳中的镁反常地少。其实镁理应是宇宙中和地球上非常丰富的元素,因为镁的主要同位素 ^{24}Mg 是 α 粒子的 6 倍,是 ^{12}C 的 2 倍,在大质量恒星晚期的碳燃烧和 α 过程中都会较多地生成。宇宙中 ^{24}Mg 按质量计排在 ^1H、^4He、^{16}O、^{12}C、^{20}Ne、^{56}Fe、^{14}N、^{28}Si 之后的第 9 名,按原子个数计超过了 ^{56}Fe 排在第 8 位,而在整个地球上所有的镁元素按质量计丰度为 15.4%,仅次于铁(31.9%)、氧(29.7%)、硅(16.1%)排名第 4,按原子个数计更是超过铁和硅排名第 2,而铝按质量和原子个数计分别排在第 7 和第 5。但大部分镁都随橄榄石沉到了地幔中,和在它的表面冷却凝固形成的大洋地壳一起称作**"硅镁层"**(Sima),所以地壳中镁的质量分数仅 2.33%,跌到了第 7;而铝的硅酸盐较轻,浮在硅镁层之上形成大陆地壳,其中铝的质量分数达到 8.23%,排在氧和硅这两种非金属元素之后跃居第 3,所以大陆地壳称作**"硅铝层"**(Sial)。来自于外星地幔的石陨石主要成分也是橄榄石。

在地壳中,橄榄石虽然没有地幔中比例那么高,但也是一种常见的矿物。纯净的镁橄榄石(Mg_2SiO_4)是无色透明的晶体,当其中混有少量(10%)亚铁离子时显示出鲜艳的橄榄绿色,称作"贵橄榄石",可以琢磨成漂亮但不昂贵的宝石。

镁盐不显焰色反应,但焰火中依然可以用到镁,将金属镁粉混在火药中燃放后可以燃烧发出明亮的白光,并伴有噼啪声。这种燃烧发光的光谱是高温下的黑体辐射谱,其中含有大量的紫外线,对于照相用的感光胶片特别灵敏,在上个世纪初用作闪光灯。因为镁在氧气、氮气、二氧化碳、水中均能燃烧,所以要扑灭镁燃烧的火焰,必须用氯化钠粉末或钝化石墨粉制成的 D 类灭火器才能灭火,紧急时可以用干燥的沙土盖灭。

镁是所有生物必需的常量元素。在植物中,镁是叶绿素的核心元素,是光合作用必不可少的条件,对植物的意义就像铁对人的意义一样。在人体内,镁的总量约 25 克,在金属元素中仅次于钙、钠、钾排在第 4 位。因为钙大部分沉淀在骨骼中,钠离子更多地出现在细胞外,细胞内的金属离子中,镁仅次于钾排在第 2 位。这些镁离子富集在线粒体中,和 ATP 结合,影响细胞能量代谢中的多种酶促反应。对于其他金属离子,镁离子有协同作用,帮助神经信号的传递。

6-2-3 钡 $_{56}$Ba

自然界中的钡大部分都以硫酸钡($BaSO_4$)的形式存在,这种矿石的密度达到了 $4.30\ g/cm^3$,比一般硅酸盐石头的 $2.5\ g/cm^3$ 左右重了70%左右,用手掂就能明显地感受到它们的区别,所以称作"重晶石"。钡元素就是用希腊文中表示"重的"barys 来命名的,它的氧化物称作 Baryta(重土),元素称作 Barium,元素符号定为 Ba,中文音译为钡。

另外有少量的钡以碳酸钡($BaCO_3$)的形式存在,它的密度也较大,并且有毒,称作"毒重石"。毒重石可以溶解在盐酸、硝酸中方便地制成可溶性钡盐,而重晶石则在任何酸碱中都不溶,要转化为其他钡盐可以先在炭火中焙烧还原成硫化钡(BaS),再将硫化钡溶于不同的酸中。

钡的原子量大,对 X 射线吸收能力强,可用于胃部造影。但因为钡盐有毒,0.8 克即可致死,所有的可溶性钡盐如氯化钡、硝酸钡都不能用,一些能溶于酸的不溶性钡盐如碳酸钡、亚硫酸钡也不能用,因为它们在胃中溶于盐酸后也会被吸收而中毒,只有不溶于水且不溶于酸的硫酸钡可以用。这种毒性是因为钡离子和钾离子半径相似,堵塞了钾离子的通道,造成低血钾症,解毒时应使用硫酸镁或硫酸钠洗胃,并注射氯化钾。

硫酸钡更大量的用途在于钻井,为了防止井喷,钻井孔中必须注入一种较重的液体,这时候,硫酸钡悬浊液就派上了用处。一口千米深的井中平均需要用500吨硫酸钡。

硫酸钡非常稳定,用作白色颜料可以持久遮盖,称为"钡白",但硫酸钡折射率仅1.64,遮盖力差,通常与硫化锌混合,兼具硫化锌的遮盖力和硫酸钡的持久性,称为"锌钡白"。

钡盐的焰色反应为绿色,可以用于焰火中。

6-2-4 锶 $_{38}$Sr

锶在自然界中主要以硫酸盐($SrSO_4$)的形式存在,称为天青石。但最早发现的锶矿石是它的碳酸盐($SrCO_3$),称为菱锶矿,因为发现于苏格兰 Strontian 而称作 Strontianite。1808年,戴维通过电解从菱锶矿分解来的氧化锶和氧化汞的混合物制出了金属锶,将其命名为 Strontium,元素符号定为 Sr,中文音译为锶。

锶的性质不像钡那么极端(重、难溶、吸收辐射),也不像钙那么容易获取,所以用途不多,比较小众。

锶盐的焰色反应为红色,是焰火中的常用显色剂。

铝酸锶($SrAl_2O_4$)是磷光粉的基底材料,会吸收紫外光的能量并将其传递给掺杂的稀土离子而缓慢持续发光,可以制成冒充夜明珠的"夜光石",其发光颜色是稀土的特征光谱,和铝酸锶没有直接联系。

钛酸锶($SrTiO_3$)的折射率2.409,与钻石的2.417非常接近,色散0.190,是钻石(0.044)的4倍多,所以可以用作仿钻。并且比它的表亲金红石(TiO_2)更优秀的是,钛酸锶和钻石一样属于立方晶系,不像四方晶系的金红石那样会因为双折射而产生重影。

在铝硅合金中添加0.02%~0.04%的锶可以使晶粒细化而提高机械性能,因为纯金属锶易氧化或氮化,一般以10%锶铝合金的形式储存,使用时按比例添加。

锶没有明确的生理功能,也没有明显毒性。有统计表明饮用水中锶含量在5~10 mg/L时心血管疾病发生率最低,这可能是因为锶离子和钠离子半径相似,在肠道内竞争性吸收,减少钠的吸收。广西巴马县的地表水中锶含量较高,当地盛产百岁老人(占总人口万分之3),成为中国著名的长寿之乡。锶和钙可以互相替代,一些热带鱼爱好者会在鱼缸里添加一些氯化锶溶液,以帮助珊瑚长得更好。人体骨骼中锶钙比在 1∶1000~1∶2000 之间。

锶的 4 种天然同位素 ^{84}Sr、^{86}Sr、^{87}Sr、^{88}Sr 全部都是非放射性的,对人体无害。其中,^{87}Sr 是铷的长寿命放射性同位素 ^{87}Rb 发生 β 衰变的产物,后者半衰期约 490 亿年,测定岩石中 ^{87}Sr 和 ^{87}Rb 的比可以求出岩石的年龄。1945 年人类开始进行核试验后,^{90}Sr 作为铀的裂变产物痕量地出现在大气中,半衰期 28.79 年。因为人体骨骼中会富集锶造成内照射,所以需要环境部门严密监测。

碱土金属中最重的镭,是地壳中含量最高的次生放射性元素,也是 19 世纪末放射性元素发现热潮中第一批被发现的元素,将在第 8 章中讨论。

6-3 硼、硅、铝:难缠的半金属

这 3 种元素位于金属与非金属的分界线附近,都属于"**半金属**"(**Semimetal**)或"**准金属**"(**Metalloid**),活泼性比前面的碱土金属更差一点。然而,与前面碱土金属中分析过的情况类似,它们的化合价为+3、+4,化合物中的化学键更强、熔点更高,于是就陷入了一个怪圈:活泼性越差就越难制取。所以最初它们的制取都不是直接电解熔融化合物,而是用更活泼的金属比如钾去还原它们的化合物。

6-3-1 硼 $_5B$

硼在地壳中只有 10 g/T,排位在第 37 位,和它的原子序数 5 相比低得有些不相称。这是因为和具有特殊稳定性的 ^4He 和 ^{12}C 相比,^{10}B 和 ^{11}B 原子核的比结合能偏低,在高温下易碎裂,在宇宙中丰度就很少。

十水合四硼酸钠($Na_2B_4O_7 \cdot 10H_2O$)产于我国西藏的盐湖中,早在公元 6 世纪就开始开采。在宋朝人编写的《日华本草》中最早称其为"盆砂",明朝李时珍的《本草纲目》还对这个名字做了解释:"或云炼出盆中结成,谓之'盆砂',一作硼砂"。后来,硼砂从西藏传到印度,再传到欧洲,1772 年,瑞典商人格里尔将这种来自东方的天然盐音译为 pounxa。

但"硼"这个元素名称却不是来源于中国。古代波斯人将硼砂称为 burah，意思是"焊接"，阿拉伯人将这个词转译为 bauraq，拉丁文再转译为 borax。因为硼砂可以溶解金属氧化物生成硼酸盐熔渣，所以在焊接中用作助熔剂，用以除去焊接处的金属氧化物。d 区过渡金属的硼酸盐熔渣具有特征的颜色，用作金属元素的化学分析。

1807 年，戴维电解硼酸，在阴极得到了一种棕色的可燃物，可能就是硼单质。真正确认硼单质是次年戴维用金属钾和氧化硼（B_2O_3）隔绝空气加热后得到的，它是一种黑色粉末，暴露在空气中表面被氧化而变白。戴维称其为 Boron，拉丁文名 Borium，元素符号定为 B，中文音译为硼。

直到现在，硼都是用活泼金属还原氧化硼得到的，只是还原剂换成了更廉价的镁，这样生产出来的是棕色的无定形硼。而纯度 4N（99.99%）以上并呈结晶态的硼需要通过碘化硼（BI_3）在热的钽丝上分解的办法得到，是一种银灰色带金属光泽的坚硬固体，硬度达到 9.5 仅次于金刚石。

而更坚硬的是硼的化合物。氮化硼（BN）和碳是等电子体，其结构亦与碳单质一样复杂多变，有多种**同质异象变体**（**Polymorph**）：和石墨结构类似的六方氮化硼（h-BN，α-BN）和菱方氮化硼（r-BN），层状结构，软而滑，用作润滑剂，但氮和硼之间形成的是定域 π 键而非离域 π 键，这种氮化硼的颜色为白色且不导电，被称为"白色石墨"；和金刚石、闪锌矿结构类似的立方氮化硼（c-BN，β-BN），硬度高达 9.5，用作切削刀具；和六方金刚石、纤锌矿结构类似的纤锌矿型氮化硼（w-BN），硬度超过金刚石，比金刚石硬 18%。

硼在焰色反应中显示为偏白的绿色，这种颜色可以用硼砂、酒精、浓硫酸在烧杯中混合，将生成的硼酸三乙酯（$B(OC_2H_5)_3$）点燃而观察到。

硼添加至玻璃中制成高硼玻璃，热膨胀系数很小，遇到骤冷骤热不会破裂，用于实验室中的试管、烧杯和家庭厨房中直接加热的玻璃器皿。

自然界中的硼硅酸盐 $Na(Mg, Fe, Mn, Li, Al)_3Al_6(Si_6O_{18})(BO_3)_3(OH, F)_4$ 属于三方晶系的 C_{3v} 点群，这种点群的晶体具有极性，其三棱柱状的晶体两端形状不同，一端有三棱锥，另一端没有。当温度变化时，晶体两端会带上等量异号的电荷，称为**热释电效应**（**Pyroelectricity**），所以这种矿物被称为"电气石"。电气石中的金属阳离子种类丰富,形成连续的**类质同晶固溶体**(**Isomorph**),可以产生鲜艳的颜色,用作宝石称为"碧玺":富铁的碧玺呈黑色和绿色;富镁的碧玺显示黄色或褐色;富锂、锰、铯的碧玺显示玫瑰红色、粉红色、红色或蓝色;富铬的碧玺显示深绿色。有时在同一碧玺晶体中,由于成分分布的不均匀性,会导致颜色的变化,沿晶体的长轴出现双色碧玺、多色碧玺或沿径向出现内红外绿的西瓜碧玺等品种。因为碧玺的热释电效应,在珠宝店的柜台或橱窗中长期存放后会因为静电吸附灰尘,与其他宝石在外观上有明显的区别,所以珠宝商又称其为"吸灰石"。

硼有两种天然同位素,其中丰度 19.8% 的 ^{10}B 热中子俘获截面达到 3800 靶恩,在核电站中用作控制剂。和镉、铪、稀土等其他用作控制剂的金属元素相比,硼的优点在于其化合物可溶于水,可以与核燃料充分接触以使核裂变反应迅速停止。1986 年切尔诺贝利核事故时,苏联空军向反应堆核心投入了 5000 吨硼酸,除了起到吸收中子的作用外,硼酸还能在高温下和裂变产物中的金属离子结合成硼酸盐,凝固成玻璃态,防止放射性废物扩散。

硼是生物体的必需元素,在植物中帮助保持细胞壁的完整性。在人和其他动物体内,硼可以减少钙的排泄,并激活维生素 D。但因为植物对硼的需求远远大于动物,所以除了从植物性食物中正常获取外不用特别补充硼。过量摄入可溶性硼化合物会造成中毒,所以硼作为药品不能内服只能外用,例如皮肤沾到碱溶液后,可先用大量水冲洗,再涂抹硼酸的稀溶液以中和残余的碱液。

6 - 3 - 2 硅 $_{14}$Si

硅是地壳中第二丰富的元素,占到地壳总质量的 28.2%。

在地壳中,硅主要以各种金属的硅酸盐的形式存在。不含金属的纯净二氧化硅是无色透明的晶体,矿物名石英,俗称"水晶"。这种晶体中间呈六棱柱状,两端的晶面比较复杂,包含两套菱面体、三方双锥、三方偏方面体等单形,属于三方晶系的 D_3 点群,无对称中心,无镜面,具有旋光性、压电性等神奇的物理性质,被一些珠宝商人宣传为"能量之石"。这种宣传没有科学依据,但我们可以利用这些性质制造一些有趣的东西。比如利用压电性,遭受外力撞击后产生电火花,用在打火机中。而将压电性反过来用,通电后发生机械形变,发生频率固定的振动,用作电子钟表。半透明的隐晶质石英称为"玉髓",其中的有色杂质常形成层状条纹,因为像马的脑子而称为"玛瑙"。石英晶体虽然化学式很简单,并且在自然界中大量存在,但人工制备却不容易,因为冷却液态二氧化硅只能逐渐变得粘稠,最后得到的是非晶态的玻璃,无法得到石英晶体,后者是在含硅酸盐的亚临界或超临界水溶液中用水热法制备的。

4000多年前,当古埃及人把石英、纯碱、生石灰混合加热的时候,得到了亮晶晶的非晶态透明固体,这就是最早的钠钙玻璃($Na_2O·CaO·5SiO_2$)。它的熔点(软化温度)只有600℃,非常容易铸造或吹制,是最常用的一种玻璃。直接将石英熔化后自然冷却也能得到非晶态的石英玻璃,但熔点较高(1750℃),古人无法制得。石英玻璃热膨胀系数极低($5.5×10^{-7}$/℃),制成的加热容器可以从1200℃投入冷水中急速冷却而不爆裂。石英玻璃不吸收紫外线,而普通的钠钙玻璃吸收300纳米以下的紫外线,所以紫外光谱分析的比色皿只能用石英玻璃制作。

玻璃坚硬、透明、耐酸,广泛用于化学实验室中的容器。但因为原料二氧化硅是酸性氧化物所以不耐碱,会被腐蚀生成硅酸钠(Na_2SiO_3)。并且硅与氟亲和性好,易溶于氢氟酸形成四氟化硅(SiF_4)气体或氟硅酸(H_2SiF_6)。

1811年,法国化学家盖-吕萨克和泰纳尔用金属钾还原四氟化硅,得到一种红棕色的可燃性固体,就是无定形硅。1823年,贝齐里乌斯用金属钾还原氟硅酸钾(K_2SiF_6)也得到了无定形硅,它将这种粉末在氧气中燃烧,得到了和石英成分相同的白色粉末。于是贝齐里乌斯用拉丁文silex(燧石)将其命名为Silicium,元素符号定为Si,中文起先音译为矽。后来中文名从土而改为硅,一开始也读作xī,从"畦"音,后误读为guī的人太多才改为guī。

今天,"矽"这个字依然约定俗成地用在一些和硅有关的事物中,就像3-1-1中介绍的"砒"也用在一些和砷有关的事物中一样。例如"矽肺",指的是长期吸入石棉、水泥等硅酸盐粉尘,造成肺部纤维化而逐渐失去呼吸功能,是矿工、水泥工人的常见职业病。"矽线石",音译自Sillimanite,化学式为Al_2SiO_5,因其含铝量高,与其同质异象变体蓝晶石、红柱石并称为"高铝三石"。

硅和硼虽然不在同一族,但是处在左上-右下的对角线上,可以适用"对角线规则",再加上位于直角位置的碳,三者的性质很相似:

它们的单质都是坚硬的原子晶体,银灰色带金属光泽。

它们都能与活泼金属形成金属碳化物、硼化物、硅化物:

$$CaO+3C \rightarrow CaC_2+CO\uparrow$$

$$4Mg+SiO_2 \rightarrow Mg_2Si+2MgO$$

$$6Mg+B_2O_3 \rightarrow Mg_3B_2+3MgO$$

这些化合物都不稳定,遇水迅速水解为气态氢化物:

$$CaC_2+2H_2O \rightarrow C_2H_2\uparrow+Ca(OH)_2$$

$$Al_4C_3+12H_2O \rightarrow 3CH_4\uparrow+4Al(OH)_3$$

$$Mg_2Si+4H_2O \rightarrow SiH_4\uparrow+2Mg(OH)_2$$

$$Mg_3B_2+6H_2O \rightarrow B_2H_6\uparrow+3Mg(OH)_2$$

这些气态氢化物都能通过共价键连接形成较大的分子,如Si_4H_{10}、B_4H_{10}、B_5H_9等,并且遇到空气都极易自燃。其中硅氢化合物只能以硅-硅单键相连形成硅烷,而不能通过双键或叁键连接成硅烯、硅炔;硼氢化合物(硼烷)可以通过硼-氢-硼之间特殊的3中心2电子键形成复杂的笼状、巢状、网状结构。

硅和硼与碱共热会被氧化而放出氢气,和铝类似,而和其他非金属的歧化不同(见5-1-2):

$$Si+2NaOH+H_2O \rightarrow Na_2SiO_3+2H_2\uparrow$$

$$2B+2NaOH+2H_2O \rightarrow 2NaBO_2+3H_2\uparrow$$

硅是人类能够提炼出的最纯净的物质,纯度可以达到12N(99.9999999999%)。之所以其他物质没有那么纯,不是因为提纯技术达不到,而是因为没必要,一般金属在3N时就足够日常使用了,达到5N~6N就足够用在精密仪器中了。而硅不行,必须要9N以上才能体现出本征半导体的性质;在其中掺杂0.001%的硼或铝,就会形成用带正电荷的空穴导电的**P型**

(positive)**半导体**；在其中掺杂 0.001% 的氮、磷或砷，就会形成用带负电荷的电子导电的 **N 型**(negative)**半导体**。将两类半导体接在一起，就能形成"PN 结"，电流单向导通而进行逻辑运算。电脑、手机、数码照相机，所有的电子产品都离不开这些高纯度的硅。

为了达到如此高的纯度，可以将常温下呈液体的四氯化硅($SiCl_4$)反复蒸馏，用氢气还原得到 8N 的高纯硅，再通过区域熔炼得到超纯硅。

而不纯的粗硅也有自己的用途。在炼钢时添加 0.8%~4.8% 的硅，不仅可以除去炼钢时过量的氧，还能掺杂在钢中制成硅钢片。它具有比纯铁更好的磁性(相对磁导率 μ_r = 7000~10000，生铁的 μ_r = 200~400)，并且剩磁和矫顽力都很低，当外界磁场的强度、方向改变时，硅钢片内的磁场也迅速跟着改变。用硅钢片制成环形的铁心，一侧绕上初级线圈并接上交流电源，另一侧绕上次级线圈并接上负载，初级线圈中的交变电流在铁心内产生交变磁场，交变磁场再在次级线圈内通过电磁感应产生交变电流，两线圈的电压(e_1、e_2)正比于匝数(L_1、L_2)，而电流(I_1、I_2)反比于匝数，利用这种原理可以制作变压器。

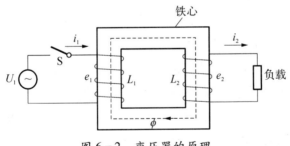

图 6-2 变压器的原理

硅和碳的原子结构相似，最外层电子数都是 4 个，所以都能用 sp^3 杂化轨道按正四面体方向形成 4 根共价键，形成立方金刚石型结构(闪锌矿型结构)。而碳和硅形成的化合物 SiC 也能用上述方式结合形成立方碳化硅(β-SiC)，但一般在高温下(>1700℃)用焦炭和二氧化硅生产出来的是六方金刚石型结构(纤锌矿型结构)的 α-SiC，因天然矿物由氟气的发现者、法国化学家莫瓦桑在亚利桑那的陨石坑中发现，所以称为"莫桑石"(Moissanite)。它具有与金刚石类似的高熔点（2700℃升华）、高硬度（莫氏硬度9.3），用作磨料和钻头，称为"金刚砂"；它纯净时无色透明，具有和钻石类似的高折射率（2.65~2.69，高于钻石）、高色散（$n_G - n_B = 0.104$，钻石的2.5倍），可用作仿钻，并且高温加热不会像钻石那样燃烧。但这三者不同的是，金刚石最高的满带（即价带）和最低的空带之间的能隙高达5.4 eV，室温下的热运动提供的能量无法将电子从满带激发至空带，价电子全部位于满带，所以不具有导电性；硅的能隙为1.1 eV，室温下的热运动将一部分电子从满带激发至空带，于是原先的满带中形成了一些空穴而导电，原先的空带中拥有了一些电子成为导带而导电；而碳化硅的能隙为2.86 eV，介于金刚石和硅之间，具有和硅类似的半导体性质，在高温下激发至导带的电子更多，导电性更强。将碳化硅棒通电可以发热发出红外线，用作浴霸等红外线取暖器和红外光谱仪的光源，并且可以根据其导电性用万用电表鉴别钻石与莫桑石。

硅和碳一样也能形成高分子化合物，但硅原子之间必须通过氧原子连接，连接的方式不同导致了硅的化合物种类非常丰富：

无机硅酸盐中，当硅和氧形成独立的岛状四面体阴离子时，其晶体对称性较高，并且原子堆积紧密，所以密度高，硬度大，比如橄榄石（$Mg_2[SiO_4]$）、锆石（$Zr[SiO_4]$）、石榴石（$Mg_3Al_2[SiO_4]_3$），其阴离子内的氧/硅比等于4。

当硅氧四面体首尾相连成环状结构时（主要为三元、六元环），晶体也呈现出三棱柱或六棱柱状，比如绿柱石（$Be_3Al_2[Si_6O_{18}]$）、堇青石（即水蓝宝石$Mg_2Al_3[AlSi_5O_{18}]$）、电气石（$NaMg_3Al_6[Si_6O_{18}](BO_3)_3(OH)_4$）、蓝锥矿（$BaTi[Si_3O_9]$），其环内的氧/硅（铝）比等于3。

当硅氧四面体连接成一维链状结构时，晶体也呈纤维状，比如石棉（$CaMg_3[SiO_3]_4$）、透闪石（即软玉，$Ca_2Mg_5[Si_8O_{22}](OH)_2$）、辉石（即硬玉，翡翠，$NaAl[Si_2O_6]$），显微镜下看到的玉石中的纤维交织结构和毛毡状结构就是来源于这种链，根据单链、双链的不同，其链内的氧/硅（铝）比小于等于3大于2.5。

当硅氧四面体铺展成二维层状结构时，晶体也呈层状，容易剥离和滑动，比如云母（$KAl_2[AlSi_3O_{10}](OH)_2$）、滑石（$Mg_3[Si_4O_{10}](OH)_2$），其层内的氧/硅

(铝)比均为2.5。

当硅氧四面体交联成三维骨架结构时,晶体呈块状,整个骨架连接成刚性结构,硬度较大,因骨架内空隙较多,所以密度小,有些骨架内还可以容纳一定大小的其他分子,称为"分子筛",比如长石(K[AlSi$_3$O$_8$])、沸石(Na$_2$[Al$_2$Si$_3$O$_{10}$]·2H$_2$O)、石英(SiO$_2$)、硅酸凝胶(SiO$_2$·nH$_2$O),其骨架上的氧/硅(铝)比为2(见彩色插页第7页图6-3)。

在硅氧链中添加甲基、乙基、乙烯基、苯基等有机基团,化学家也可以合成出有机硅化合物。当硅原子和氧原子连接成链状时,这种化合物在常温下为液体,具有良好的流动性和导热性,不溶于水而溶于有机溶剂,称为"硅油";硅油经硫化后,硅氧链交联成弹性很好的固体材料,并且在高温、低温下都很稳定,称为"硅橡胶";当硅氧链高度交联成三维网状结构时,材料的硬度增强,并且加热不会变形,成为一种热固性塑料,称为"硅树脂"。这些材料具有非常优良的性质:既疏水又疏油,用作生活器具不易变脏;对生物体是惰性的,可用作餐具、化妆品、人体植入材料;既耐高温又耐低温,并且密封性好,可用作太空舱的密封材料和舱外宇航服的表面涂层。

但生物体好像对这种和碳相似并且在地壳中大量存在的元素不感兴趣,只有个别生物会大量使用硅。比如硅藻使用二氧化硅来构筑自己的外壳,其遗体沉积在地层中,有机物腐烂分解后留下疏松多孔的二氧化硅粉末,称为"硅藻土",将其开采出来可用作高效的过滤材料。而其他大部分生物只会把硅当成微量元素,比如人体内的硅参与氨基多糖的合成,维持骨骼、软骨、结缔组织的生长。每个人体内大约有18克的硅,每天需摄入3毫克。

6-3-3 铝 $_{13}$Al

铝是地壳中含量最多的金属,地壳中60%的质量都是以正长石(KAlSi$_3$O$_8$)为代表的铝硅酸盐,是构成花岗岩的三大矿物之一。它们密度较小(2.7 g/cm^3),浮在洋壳上方形成大陆地壳,称为**"硅铝层"(Sial)**,和富含橄榄石(Mg$_2$SiO$_4$)、密度较大(3.3 g/cm^3)的大洋地壳和地幔物质**"硅镁层"(Sima)**相区别。硅铝层由40亿年来地幔分异形成,这一过程不可逆,所以陆地总面积只会增大不会减小。

这些铝硅酸盐矿物风化以后形成的细碎而有粘性的粉末就是粘土,世界各地的古人在用火的时候就发现粘土在高温下重新结晶,形成多孔但坚硬的陶瓷材料,至今已有2~3万年的历史。陶瓷制造炊具,使人类能够用煎、炒、蒸、煮等多种方法烹饪食物,结束了人类只能吃烤肉的历史。而对粘土中的化学元素,古人用而不知其为何物。

另一种含铝的天然化合物是明矾($KAl(SO_4)_2 \cdot 12H_2O$),因为在水中水解生成表面积很大的氢氧化铝($Al(OH)_3$)絮状沉淀,带着水中的泥沙一起沉降下来,自古以来就被用作净水剂。1754年德国化学家马格拉夫加热明矾分解得到矾土(Al_2O_3),1789年矾土被拉瓦锡列入第一张化学元素表。

1825年,曾发现电流的磁效应的丹麦物理学家、化学家奥斯特用氯气、木炭、氧化铝在高温下制出了无水氯化铝:$3Cl_2+3C+Al_2O_3 \rightarrow 2AlCl_3+3CO\uparrow$。将后者用钾汞齐还原,获得了氯化钾和铝汞齐,再将铝汞齐在隔绝空气的情况下加热蒸馏,除去汞,就得到了一种像锡一样柔软而呈银白色的金属。

此后60多年,铝一直在用这种方法小规模生产。因为氧化铝的熔点过高(2080℃)熔化困难,而熔点较低的氯化铝(180℃升华)是共价化合物不能导电,所以只能绕点弯路,用还原剂来还原氯化铝。而还原剂不是钾就是钠这些更活泼的金属,所以铝的生产成本非常高。铝在当时被看作和金银同等级别的奢侈品,在1855年的巴黎世界商品博览会上被称作"来自粘土的白银"。在法国皇帝拿破仑三世(1852~1870年在位)的宴会上,大部分宾客用的都是金制餐具,而皇帝自己和最尊贵的客人用铝做的餐具。建成于1884年的美国华盛顿纪念碑,顶上树立了一座100盎司(合2.8公斤)重的铝制金字塔,这已经是当时最大最昂贵的一块金属铝了。1889年,门捷列夫获得英国化学会赠送的铝制奖杯。

1886年,美国俄亥俄州奥柏林大学化学系的学生霍尔和法国圣巴比学院的学生埃鲁各自独立地发现了熔点较低的冰晶石(Na_3AlF_6,熔点1009℃)可以溶解氧化铝,电解该液体可直接得到金属铝。由于无需使用昂贵的钾做还原剂,铝的成本大大降低,终于在20世纪成为产量仅次于铁的第二大金属。两位大学生同年出生同年去世(1863~1914),又于同年获得一生中最重要的成就,非常巧合。

冰晶石之所以叫冰晶石是因为它的折射率非常低,只有 1.339,和水的 1.333、冰的 1.309 接近,所以浸入水中会像冰块一样边缘模糊,消失不见。而对比其他透明固体,玻璃大约 1.5,氯化钠 1.544,蓝宝石 1.77,钻石 2.42,就算最低的常见固体萤石也有 1.434,都比冰晶石大不少。天然的冰晶石仅出产于格陵兰岛,且早已枯竭,现在工业中使用的冰晶石都是人工用氟化钠和氟化铝合成的。

铝能够成为第二大金属除了因为它在地壳中含量高以外,还和它的优良性能有关:

铝在空气中不易生锈,作为日常生活器具更加耐用,上个世纪大量作为铁的替代品,称为"钢精"或"钢钟"。这种耐用性不是因为铝本身不活泼,而是因为它的表面有一层薄而致密的透明氧化膜,保护内部的金属免受进一步的腐蚀;而不像铁被氧化时生成的红色疏松多孔的粉末,吸水透氧使内部的铁锈得更快。这种氧化膜只能在固体铝表面生成,当我们用汞或镓将铝溶解为液体时,生成的氧化铝就不再是致密的薄膜而是疏松的粉末了,失去了保护的铝很快就会被氧化为一堆粉末而解体,所以含有汞或镓的物品都是不能带上铝制的飞机的。

铝的密度 $2.70\,\text{g/cm}^3$,只有铁的 3 分之一,适合于飞机、火箭、高速动车组、高速客船等需要上天或高速的交通工具。

铝的反射率仅次于银,可以真空蒸镀在玻璃基底上,用作镜子。与银粉和其他大部分金属粉末的黑色不同,铝和镁在粉末状态时也保持了银白色,混合在油漆、涂料中涂在物体表面可以使其银光闪闪。但这种活泼的金属粉末如果以高浓度飞散到空气中不慎遭遇火星会发生猛烈的粉尘爆炸,2014 年 8 月 2 日,昆山一家金属加工厂发生铝粉爆炸,造成 70 多人死亡。除了铝粉外,所有可燃物粉尘,比如面粉、糖粉、铁粉在一定分散程度下都有可能发生粉尘爆炸。但不是所有粉尘都会爆炸,可燃物完全燃烧之后的产物比如氯化钠粉末、二氧化硅粉末都不会再燃烧爆炸,可以用作灭火剂。

铝的延展性很好,可以碾成比纸还要薄的铝箔。铝的导热性很好,铝箔可包裹食材作为烹饪器具,因为像锡一样是银白色的所以又称为"锡纸"。

铝的导电性也很好,仅次于银和铜,在上个世纪我国铜资源紧缺的时候用作导线。它本身的导电性没有问题,但暴露在空气中的接头处存在不导电的氧化膜,电阻大,易发热而引起火灾。

金属铝表面的氧化膜是立方晶系的 γ-氧化铝,它是一种两性氧化物,易溶于酸和碱。将其加热至 1200℃后,γ-氧化铝会转化为最稳定的三方晶系的 α-氧化铝粉末,既不溶于酸也不溶于碱。继续加热至 2080℃熔化后再冷却结晶,就可以得到无色透明的 α-氧化铝晶体,就是矿物学上所称的刚玉(Corundum)。刚玉呈六方双锥或菱面体,其硬度达到 9,仅次于金刚石,并且不像金刚石那样存在八面体解理,比金刚石坚韧得多。纯净的刚玉晶体无色透明,当其中掺杂有 2%的 Cr^{3+} 时发生 d-d 跃迁显红色,称为红宝石(Ruby);掺杂有原子个数相等的 Fe^{2+} 和 Ti^{4+} 时,发生电荷转移跃迁而显蓝色,称为蓝宝石(Sapphire)。后来,掺杂有其他金属离子的各种有色刚玉和纯净的无色刚玉都称为 Sapphire,中文统一将其翻译为"蓝宝石",并不一定指蓝色的宝石。

刚玉是人类有能力合成的第一种宝石,1877 年,曾当过盖-吕萨克助手的法国化学家弗雷米将氧化铝粉末和重铬酸钾混合加热熔化再重新结晶,得到了第一颗人造红宝石。今天,人造刚玉广泛用于各个领域:用作首饰的合成红宝石或者蓝宝石批发价几百元 1 公斤,零售价几块钱 1 克拉;利用刚玉的高硬度,制作手表的外壳、齿轮的轴承、手机的镜头;利用刚玉的耐腐蚀性制作高压钠灯的外壳,以耐受熔融金属钠和钠蒸气的侵蚀;利用红宝石中铬离子的跃迁,在 1960 年制成了世界上第一台激光器,发出 694.3 纳米的红光。

铝和铍处在对角线位置上,根据"对角线规则",它们的性质比较相似:它们的金属单质都比较活泼,但因为表面致密氧化膜的存在,在空气中不易生锈;这两种氧化膜都既能溶于酸又能溶于碱,具有两性;它们的氯化物都是共价化合物,熔沸点低(氯化铝 180℃升华,氯化铍熔点 399℃,沸点 520℃),并且都是缺电子化合物,容易二聚成 Al_2Cl_6 或多聚成 $[BeCl_2]_n$。但它们和生物的相容性却完全不同:生物体可以和铝和平共处,但却容不得一点点的铍。

铝不是人体必需的元素,但是它在环境、生活、食物中到处存在,无法避免,在几十亿年的进化历程中,所有生物早就学会了和它共存,所以一般情况下对人体也无害。但近年来在阿兹海默症(俗称"老年痴呆症")患者的血液内检测到铝离子浓度高于普通人,使得一些人认为铝是导致阿兹海默症的罪魁祸首,从而推崇无明矾的食品,拒绝用明矾净化过的饮用水、胃舒平(含 $Al(OH)_3$)、铝制餐具等含铝制品。但相关性并不等于因果性,正常人食用含铝食品或服用了含铝药物后其中的铝离子几乎不能被吸收,血液中铝的含量仍然在正常范围内,阿兹海默症患者血液中铝含量偏高可能是因为病变导致更易吸收铝离子,而不是因为摄入铝离子导致的病变。陶瓷餐具也含铝,如果要彻底拒绝铝,陶瓷餐具也不能用了。

6-4 氟:最活泼的非金属

氟元素的发现是化学史上参与人数最多也是牺牲人数最多的一项工程。

从 1813 年戴维第一次尝试电解氢氟酸开始,一代代的化学家前赴后继试图去制取氟单质,但最后都以失败告终,有许多科学家都倒在了工作岗位上,其中爱尔兰的诺克斯 Thomas Knox(? ~1836)、比利时的鲁叶特 Paulin Louyet(1818~1850)、法国的尼克雷 Jérôme Nicklès(1820~1869)和一些没有留下名字的化学家都付出了生命的代价。

直到 1886 年,法国化学家莫瓦桑终于获得了成功。他采用铂制的 U 形管盛放氟氢化钾(KHF_2)的无水氟化氢溶液,用铂铱合金做电极,用萤石做绝缘塞,终于电解得到了一遇硅就放出火焰的非常活泼的氟气单质。而莫瓦桑在 1906 年领完诺贝尔奖之后的次年就去世了,年仅 55 岁,这也是因为氟元素对他的伤害。

狂暴,是氟给世人留下的第一印象。

然而单质越活泼,形成化合物之后就越稳定,因为它们在化合的过程中已经把大量的能量释放出来了,没有再释放的空间了。尤其是那些化合价已经饱和了的、结构非常对称的化合物,更是稳定得像稀有气体一样。

镍与氟气接触形成致密的 NiF_2 薄膜,保护内部的金属免受进一步的侵蚀,所以可以用镍制容器来保存氟气。

氟化钙(CaF_2),晶体呈立方体或正八面体,结构非常对称。它与氟气、氟化氢都不反应,用于制造电解槽的绝缘塞。天然的氟化钙中常混杂有 Y^{3+}、Ce^{4+} 等稀土离子,因为这些阳离子的电荷都比 Ca^{2+} 多,为了维持电荷守恒所以阳离子数目减少,形成空位**色心(Farbe center)**而带上绿色或紫色,这些色心在受到紫外线照射时会发出蓝色的荧光,因而称为"萤石"。而少部分萤石中的稀土元素以+2 价离子形式存在,比如 Eu^{2+},富余的电子吸收光能后形成电子色心,在光照停止后数小时内缓慢地复合将储存的能量释放出来,发出**磷光**,所以在中国古代又称"夜明珠"。我国浙江省金华市是全球萤石储量最高的地区,在金华博物馆进门的大厅内有一颗直径 2 米多的萤石球。萤石因为其低折射率(1.434)、低色散(0.007)而用在光学仪器中。并且其中的氟离子和许多金属形成的化合物熔点低,在冶炼金属时加入萤石可以使矿石熔化而充分反应,所以氟的拉丁文名称 Fluorum 及其元素符号 F 的意思就是"流动"。而像萤石那样发出的**荧光**也因此被命名为 **fluorescence**,这一名称和用磷(Phosphorum)命名的**磷光(phosphorescence)**类似,其词根和某种元素同源,但又脱离了具体元素而用来描述更加普遍的光学现象。某些萤石中还混杂有 U^{4+}、Th^{4+} 等放射性元素的离子,它们放出的射线使 F^- 离子失去电子而生成氟气,在晶体破碎时氟气释放出来,与空气中的氧气或水蒸气反应生成臭氧,发出令人作呕的臭味,称为"呕吐石"或"臭萤石"(Antozonite, ozon-表示臭氧)。这种萤石最早于 1841 年发现于德国巴伐利亚州,但一直没人能解释其臭味的来源,直到 2012 年才由慕尼黑理工大学的克劳斯课题组用核磁共振(Nuclear magnetic resonance,简称 NMR)的方法从中发现了自然氟气存在的证据,发表于《德国应用化学》上(Dr. Jörn Schmedt auf der Günne; Martin Mangstl; Priv.-Doz. Dr. Florian Kraus. (July 27, 2012.) "Occurrence of Difluorine F_2 in Nature — In Situ Proof and Quantification by NMR Spectroscopy". Angewandte Chemie International Edition. Volume 51, Issue 31, Pages 7847 – 7849.)。

六氟化硫(SF_6),硫已经达到了最高的+6价,6个氟原子将中心的硫原子团团围住,形成非常对称的正八面体,性质极其稳定,并且分子间作用力弱,熔沸点很低:熔点-64℃,沸点-50.8℃。它的分子量达到146,约为空气的5倍,是最重的一种无毒无放射性气体,吸入气管中可以让声音变得很低沉。我们可以用浮力来体现这种高密度,在透明的鱼缸中灌入六氟化硫,用铝箔折成小船轻轻放在鱼缸的口上,可以看到小船好像凭空漂浮了起来,用勺子舀一勺缸内的气体倒入船中,小船就下沉一点,继续舀,直至船舷低于鱼缸的边沿,小船迅速沉没。六氟化硫绝缘性很好,用作电器开关的保护气,以防止产生电火花。

四氟化碳(CF_4),碳已经达到了最高的化合价,形成正四面体,非常稳定,并且分子间作用力弱,熔沸点和临界温度低,是一种永久气体。而用氯原子替换掉一部分氟原子可以制成同样稳定的**氯氟烃**(Chlorofluorocarbons,简称 **CFCs**),临界点上升到室温以上,而沸点仍然低于室温,可以在室温下加压液化放热,减压气化吸热,从而产生制冷的效果。这些含氟卤代烃类制冷剂的商品名统称为**"氟利昂"**(Freon),具体化合物以 F 或 R(Refrigerant,制冷剂)开头后面跟数字,右起第一位数字是化合物分子式中的氟原子数;第二位数字是氢原子数加1;第三位数字是碳原子数减1,当其为零时,则省略不写;如出现同分异构体,则以 a、b 等字母加以区别。例如最具商业应用的二氟二氯甲烷(CCl_2F_2),商品名为 R-12,从前的冰箱、空调中都含有 R-12。在 4-1-4 氯中已经讨论过,氯氟烃中的碳氟键非常稳定,无法被紫外线分解,所以不会对臭氧层产生破坏,氟利昂中对臭氧层有破坏作用的是氯原子而非氟原子,"氟"的名字出现在这里是在帮氯背黑锅。随着环保意识的增强,现在生产的冰箱、空调中都不再使用氯氟烃,而采用**氢氟烃**(Hydrofluorocarbons,简称 **HFCs**)如 1,1,1,2-四氟乙烷(CF_3—CH_2F,R-134a),称为"无氟冰箱"。但这个名字也容易给人误导,因为其中用的制冷剂依然是其他含氟的化合物,只是不含氯而已。

虽然不含氯就不会破坏臭氧层,但所有这些稳定的含氟共价化合物,其碳氟键或硫氟键的振动频率都在近红外区域内,都能够高效地吸收红外线,从而导致比同浓度二氧化碳强10000倍的温室效应。从这个意义上来说,非氯氟烃的含氟制冷剂也应该尽早淘汰,开发真正的无氟冰箱。

聚四氟乙烯($\mathrm{\{CF_2-CF_2\}}_n$),虽然碳的表观化合价只有+2没有达到最高,但从共价键的角度来分析,每个碳原子按sp^3杂化连接了4根共价单键,其中2根和其他碳原子相连成长链,其余2根共价键被氟饱和,所以性质也非常稳定。并且因为不含氢原子,这种化合物既疏水又疏油,不会粘附任何液体,用作不粘锅的内涂层。

就算是化学史上造成多人死亡的氢氟酸,也是一种非常稳定的酸。因为氢氟键比较稳定不易电离,所以酸性也不强,其电离常数K_a在10^{-2}数量级上,算是中等强度的弱酸。但不能小看这种弱酸,它对人体毒性很强;它能腐蚀玻璃(见6-3-2硅),只能储存在铅、石蜡、聚乙烯或聚四氟乙烯容器中;它与其他一些含氟试剂混合后可以产生超强的酸性。

当氢氟酸遇到了结合氟原子能力更强的原子,比如五氟化锑(SbF_5)中的锑原子,就会形成更对称、更稳定的六氟合锑(V)酸根离子(SbF_6^-),而留下游离的氢离子,导致超强的酸性。以氟锑酸为代表的比纯硫酸更强的酸称为"**超强酸**"(**Superacid**),这些非水溶剂中的超强酸无法用pH值来衡量其酸性,而是需要用哈密特酸度函数H_0来衡量。纯硫酸的$H_0 = -11.93$,而氟锑酸的$H_0 = -31.3$,酸性比纯硫酸强2×10^{19}倍。它可以腐蚀石蜡等链状烷烃,夺取烷烃中的氢原子和一对电子,与酸电离出的氢离子结合而放出氢气,留下非常活泼的碳正离子,用作有机反应的引发剂。金属、玻璃、陶瓷、石蜡、普通含氢塑料都会在氟锑酸中溶解,只能装在不含氢的聚四氟乙烯容器中。

氟只有1种天然核素^{19}F,其原子量18.9984032,达到了9位有效数字,是所有元素中精度最高的。利用这种单一性,可以将四氟化铀与氟气反应制成易挥发(升华点56.5℃)的六氟化铀(UF_6),其分子量只与铀的同位素有关,可根据分子量的差别将^{235}U和^{238}U分开,详见5-4-2铀。

与六氟化硫和六氟化铀类似,六氟化钨(WF_6)也是非常对称的正八面体结构,其熔沸点也很低:熔点2.3℃,沸点17.1℃。它的分子量297.8,超过空气的10倍,其密度达到12.4 g/L,是室温下最重的一种气体。但因为中心的钨原子体积较大,氟原子无法将其完全包裹,容易被水分子等更强的配体进攻,在潮湿的空气中容易水解生成有毒的氟化氢,所以不能像六氟化硫那样用于接触人体的实验。

氟不是人体的必需元素,但适量的氟可以将牙齿中的羟磷酸钙($Ca_5(PO_4)_3OH$)转化为氟磷酸钙($Ca_5(PO_4)_3F$),使牙齿更坚固。而过量的氟沉积在牙齿上会导致牙齿表面长出黄斑,称为"氟斑牙",或者沉积在骨骼中导致骨骼疼痛、变形,称为"氟骨病"。

每个人的体内约有 3~5 克氟元素,绝大部分都以氟化钙的形式结合在了骨骼中,这些长期缓慢摄入的氟很安全。但如果一次性摄入的可溶性氟化物超过 20 mg/kg,或者血液中的浓度超过 3 mg/L,就有可能致死,这一致死剂量远小于人体中的氟元素总量。这是因为氟离子半径非常小,渗透能力很强,一旦进入血液后就会和钙离子结合沉淀,使血钙浓度降低,导致神经信号传递紊乱。

之前提到的氢氟酸酸性较弱,但不能小看这种弱酸,它虽然腐蚀性不强,但毒性很强,就是因为氟离子的存在。当2%的皮肤接触了较浓的氢氟酸后如果不采取措施就必死无疑,而采取的措施也很极端,就是截肢,将含氟的组织除去,才能避免这种伤害。正因如此,除了氟气特别活泼外,可溶性氟化物的强毒性也是导致氟气发现史上死亡率如此之高的因素。

第 7 章　从焰色反应到光谱分析

7-1　铷、铯、铟、铊：用颜色命名的金属

初三的化学课本上，大家都学过焰色反应。这种方法自古就有，在公元6世纪的我国南北朝时期，著名医药家陶弘景就在他的《本草经集注》中记载"以火烧之，紫青烟起，云是真消石也。"这里就是用钾的紫色火焰来鉴别适合做黑火药的硝酸钾（硝酸钠也能做黑火药，但容易吸潮不易保存）。1855年，德国海德堡大学的化学教授本生改进了当时的煤气灯，将煤气和空气预先在灯管中混合后再在管口点燃以帮助煤气充分燃烧，获得了外焰温度高达1500℃并且几乎无色的火焰，将焰色反应发挥到了极致。在煤气灯火焰的灼烧下，锂的深红色、钠的黄色、钾的紫色、钙的砖红色、锶的深红色、钡的黄绿色、铜的绿色都能作为对应元素的特征检验方法（见彩色插页第7页图7-1）。

但这种简易的检验方法仅限于纯净的样品，当样品是混合物时，多种元素的焰色混合在一起，无法用肉眼分辨其中到底有哪几种元素。尤其是当混有钠元素时，其焰色反应过于强烈，只要1%的含量就能让整个火焰的颜色呈现出一片明黄，其他所有元素的焰色都看不出来了。此时，可以采取两种方法：

一、隔着滤光片观察，将造成干扰的颜色滤去，如果剩下的焰色依然有预计的焰色出现，则对应元素被检出。比如钠元素强烈的黄光就可以用蓝色钴玻璃片或靛蓝溶液滤去，是中学化学中的常用方法。本生一开始使用的也是这种方法，但他检测了已知所有有焰色反应的金属盐类，使用了所有颜色的玻璃和有色溶液进行滤光，发现锶的红色和锂的红色依然无法区分。

二、1814 年,夫琅禾费发明了分光计,将各种颜色混合而成的光线通过三棱镜分成单色光,这种仪器最早是用来观测太阳光的。1860 年,同在德国海德堡大学的物理教授基尔霍夫建议本生将分光计用在焰色反应中,结果锂的焰色被分解为 670.79 纳米的红线和 610.36 纳米的橙线;锶的焰色被分解为 460.73 纳米、483.21 纳米的蓝线和 679 纳米、688 纳米、707 纳米的红线,两种肉眼难以分辨的焰色就这样轻易被区分了。将分光计用在未知矿石样品的焰色反应中,如果预计的波长处出现了谱线,则对应元素被检出,而如果光谱中出现了所有已知元素都无法发出的谱线,则检出了新元素,这一方法称为光谱分析(见彩色插页第 7 页图 7 - 2)。

从古代的火法冶炼到近代的湿法分析再到 19 世纪初的电解,人类一直在使用化学反应来寻找化学元素,而光谱分析将物理过程引入到了化学元素的寻找中来,其灵敏度非常高,可以检出质量比低至 10^{-12} 的痕量元素。自 1860 年以后用光谱分析陆续发现了不少元素,它们在地壳中丰度非常**稀少**或分布非常**分散**(合称"**稀散元素**"),没有自己独立的矿物,而是混杂在其他元素的矿物中微量存在。比如 1860~1863 年连续发现的铷、铯、铟、铊都是用这种方法从含量极低的矿石中检出的,以至于它们的名字也都是用颜色来命名的,铷来源于深红色,铯来源于天蓝色,铟来源于靛蓝色,铊来源于绿色的嫩芽(见彩色插页第 8 页图 7 - 3)。

7 - 1 - 1　铷$_{37}$Rb 和铯$_{55}$Cs

1860 年,就在本生和基尔霍夫创建光谱分析方法的同年,他们从 40 吨矿泉水的浓缩物中检出了 459.32 纳米和 455.54 纳米的天蓝色谱线,于是就用"天蓝色"的拉丁文 caesius 将其命名成了 Caesium,元素符号定为 Cs,中文音译为铯。

几个月后的 1861 年初,他们又从锂云母矿的溶液中检出了 421.56 纳米和 420.19 纳米两条既不属于钾也不属于锶的明亮的紫线,另外 780.03 纳米处还有一条明亮的深红线,于是就用"深红色"的拉丁文 rubius 将其命名成了 Rubidium,元素符号定为 Rb,中文音译为铷。

铷和铯都属于 IA 族的碱金属,化学性质非常活泼。并且因为它们位于第

五、第六周期，原子半径较大，对最外层电子控制能力更弱，比锂、钠、钾更活泼。将铷、铯投入水中，反应非常剧烈，不到 1 秒钟就会燃烧起来，炸出红色或蓝紫色的火花，有时候甚至能将反应容器炸碎。将铷、铯暴露在空气中，会先缓慢氧化积聚热量，直至温度超过燃点发生自燃，燃烧的产物是尽可能结合更多氧原子的超氧化物（RbO_2、CsO_2）。而在铷、铯过量时，还能形成 Rb_9O_2、Rb_6O、$Cs_{11}O_3$、Cs_4O、Cs_7O、Cs_3O、Cs_3O_2、Cs_7O_2、$Cs_{11}O_3Rb$、$Cs_{11}O_3Rb_2$ 和 $Cs_{11}O_3Rb_3$ 等**低氧化物（suboxide）**。

并且因为它们对自己最外层电子的控制能力弱，受光照就会释放出这个电子，具有光电效应。尤其是铯，对于蓝紫光更容易吸收，所以铯呈现出金黄色的金属光泽。

铷和铯的物理性质体现出了非常好的递变规律，因为它们的原子量大，所以密度比锂、钠、钾高，铷为 $1.53\ g/cm^3$，铯为 $1.90\ g/cm^3$，都比水重；因为它们原子半径大，金属键变弱，所以熔、沸点降低，铷的熔点 $38.9℃$，而铯的熔点仅 $28.4℃$，夏天很容易熔化成金黄色的液体。铷铯合金的熔点更低，含 36.3% 铯、63.7% 铷的合金熔点最低，至 $9.7℃$。

铷和铯在地壳中的含量并不低，铷达到了 $90\ g/T$，排在所有元素的第 22 位，铯也有 $3\ g/T$，排在所有元素的第 46 位。但它们分布非常分散，大部分化合物因为易溶于水而流入了海洋，可供开采的铷和铯主要存在于锂云母、锂辉石中，作为副产品进行回收，铯还存在于铯榴石（$CsAlSi_2O_6 \cdot nH_2O$）中，铯含量可以超过 20%。获取它们的单质可以通过电解或者用钙还原的办法，因为它们的沸点只有 600 多℃，远低于钙，在高温下铷和铯先生成蒸气逸出，冷凝后即得纯金属。目前，铯及其化合物的年产量大约 50 吨，金属铯的价格约 5 元/克，相比之下铯的化合物比如碳酸铯（Cs_2CO_3）仅为其十分之一；而铷虽然丰度更高，但其用途更少，全球年产量不到 10 吨，价格略高于铯。

因为铷、铯的光电效应，可以用作光电池。精确测量它们的外层电子跃迁时发光的频率，可以制造出铷原子钟、铯原子钟。国际单位制中对于秒的定义就是"铯-133 原子基态的两个超精细能阶之间跃迁时所辐射的电磁波的周期的 9192631770 倍的时间"。

天然的铯只含有^{133}Cs一种核素,而2011年福岛核事故时释放出来的放射性同位素^{137}Cs是铀裂变的产物,在自然界并不存在,它的半衰期30.16年。天然的铷有两种同位素:^{85}Rb,丰度72.2%,无放射性;^{87}Rb,丰度27.8%,具有非常微弱的放射性,放出β射线生成^{87}Sr,半衰期490亿年。将铷盐和照相底片放在一起30到60天可以使底片微弱地感光。测定含铷矿物中^{87}Rb和^{87}Sr的比例,可测定成矿年代。

7-1-2 铟$_{49}$In和铊$_{81}$Tl

1861年,英国化学家克鲁克斯想要从硫酸工厂的烟道灰中提取硒,但当他用分光计检查物料的时候,发现在535.03纳米处有一条绿色的新线,他断定其中有一种新元素,并从中提取出一些灰色金属粉末,于是用希腊文thallos(绿色的树枝)将其命名为Thallium,元素符号定为Tl,中文音译为铊。

1863年,德国弗莱堡矿业学院物理学教授赖希想用当地出产的一种锌矿来提取铊,在用硫化铵将其中的部分金属离子沉淀下来之后,得到一种草黄色的沉淀(In_2S_3),他认为这其中有一种新的元素。身为色盲的赖希请他的助手里希特用分光计来检查这种沉淀,结果发现没有铊的绿线,反而在451.13纳米处有一条靛蓝色的谱线,与铯的两条蓝线不在同一个波长上。于是两人共同署名发表论文,用希腊文indikon(靛蓝)将这种元素命名为Indium,元素符号定为In,中文音译为铟。

这两种元素既稀少,又分散,丰度都不到1 g/T,在所有天然元素中都排在60多位,并且都没有独立的矿床。铟按照"对角线规则"主要和左上方的锌共生在一起,存在于闪锌矿中(最高含量0.1%),全球储量仅5万吨,作为全球最大生产国的中国将其列为限制出口的战略物资。铊对角线位置的镉独立的矿床也很少,只能以硫化物的形式微量存在于所有金属的硫化物矿物中,这其中黄铁矿的产量最大,所以铊主要从用黄铁矿生产硫酸的烟道灰中富集提炼,而其他金属如铅、锌、铜、锰等的硫化物矿物中也含有微量铊,是这些金属冶炼过程中的副产品。

单质铟非常软,莫氏硬度只有1.5,用手指就能将其捏出指印,留下指纹。

铟的熔点很低,只有156℃,并且铟和同族的镓、右侧的锡形成的合金熔点更低,可以低至0℃以下,取三者拉丁文名的第一个音节合称为Galinstan。其中68.5%镓、21.5%铟、10%锡的合金熔点最低,为-19℃,因为这3种金属都无毒,所以在欧美已经代替水银用于体温计中。铊的熔点也很低(303℃),与汞形成含铊13.5%的铊汞齐熔点可以降到-60℃,用于南北极严寒地区的温度计。

铟的化合价以+3价为主,氧化铟锡(90% In_2O_3 和10% SnO_2 的混合物,简称ITO)既透明又能导电,镀在玻璃表面可制成导电玻璃,用于发光二极管(LED)的基底材料。金属间化合物锑化铟(InSb)是IIIA-VA族化合物,和硅是等电子体,可用作半导体材料。

铊因为 $6s^2$ 惰性电子对效应(**Inert pair effect**)而倾向于形成低价化合物,+1价较稳定,而+3价化合物如棕色粉末 Tl_2O_3 具有强氧化性,溶于盐酸后生成无色液体三氯化铊($TlCl_3$),受热易分解成+1价的氯化亚铊(TlCl)和 Cl_2。+1价的亚铊离子的半径与钾离子、银离子相近,所以许多化学性质也与这两种金属相近。

卤化亚铊和卤化银类似,都是难溶于水的沉淀,并且颜色也类似,氯化亚铊(TlCl)呈白色,溴化亚铊(TlBr)呈淡黄色,碘化亚铊(TlI)呈黄色,遇光都会分解变黑。碘化亚铊遇到射线会发出荧光,可用作射线的检测器。

氢氧化亚铊(TlOH)与氢氧化钾一样,易溶于水,水溶液呈强碱性。和氯铂酸钾(K_2PtCl_6)类似,氯铂酸亚铊(Tl_2PtCl_6)是难溶于水的。进入体内的亚铊离子可以替换钾离子,扰乱细胞膜内外的钠-钾平衡,造成强烈的毒性。这种毒性和其他重金属离子形成硫化物沉淀使蛋白质变性的原理不同,不能用鸡蛋清或牛奶解毒,可口服普鲁士蓝($KFe[Fe(CN)_6]\cdot H_2O$)使亚铊离子替换钾离子后形成沉淀,随粪便排出体外,并注射氯化钾补充血钾。过去硫酸亚铊(Tl_2SO_4)用作灭鼠药,但因为毒性太强现在已经不用。

1994年,清华大学女生朱令出现头发脱落、全身疼痛、脑神经受损等症状,经排查后确认为铊中毒。后虽然经过口服普鲁士蓝治疗将体内的铊元素基本排出,但她的智力和行动能力已经受到了永久的损伤。至今朱令仍然全身瘫痪、双目失明、生活无法自理,而投毒的凶手究竟是谁,至今仍然没有定论。

7-2 镓、锗：元素周期律的胜利

1869年，俄国化学家门捷列夫将当时已经发现的63种元素按照相对原子质量排序后，发现大部分元素的性质每隔7种就会周期性重复一次，由此提出了**元素周期律**（the Periodic Law），并排出了化学史上第一张**元素周期表**（the Periodic Table）。1869年3月6日，门捷列夫向俄罗斯化学学会正式报告了这一发现，题为《元素的原子量的性质之间的依赖性》（The Dependence between the Properties of the Atomic Weights of the Elements）。

但最早的元素周期表中一些元素的化学性质和按原子量排列的位置对不上，于是门捷列夫建议重新测量这些元素的原子量，结果铍、铟、铀、锇、铱、铂、钇、钛等8种元素的原子量被修正，1871年发表在《元素的自然体系及其在未发现元素的性质预测中的应用》中（Mendeleev, D. (1871). "The natural system of elements and its application to the indication of the properties of undiscovered elements". Journal of the Russian Chemical Society (in Russian). Volume 3. Pages 25-56.）。其中锇、铱、铂、钛的原子量只是微调了一下，而铍、铟、铀、钇则是因为化合价算错了，修正了之后在原来的原子量基础上乘以3/2、2/3等系数或直接翻倍。但钴和镍的原子量在当时的测量精度下相等、碲和碘的原子量依然颠倒，这一问题要等到1914年用莫塞莱定律确定出真正的原子序数之后才得到解决（见第9章）。

因为当时发现的元素种类较少，元素周期表中有很多空位，门捷列夫大胆地预言这些空位中一定存在着尚待发现的元素，并且根据其上下左右取平均值预测了这些未知元素的性质，对后续元素的发现具有指导意义。对于这些元素的名称，他从他的好友兼同事、梵文学者Böhtlingk那里得到灵感，因为古印度语言学家帕尼尼（Pāṇini）提出了二维表格形式的梵语发音表，所以门捷列夫用梵文的序数词Eka-（第一）、Dvi-（第二）、Tri-（第三）作为前缀加在同族已知元素的前面，以表达敬意。例如锰正下方的锝当时叫作"类锰"（Eka-manganese，эка-марганец），更下面的铼当时叫作"次锰"（Dvi-manganese，дви-марганец）。这些元素都在不久之后得到了验证，铝正下方的"类铝"（Eka-aluminium，эка-

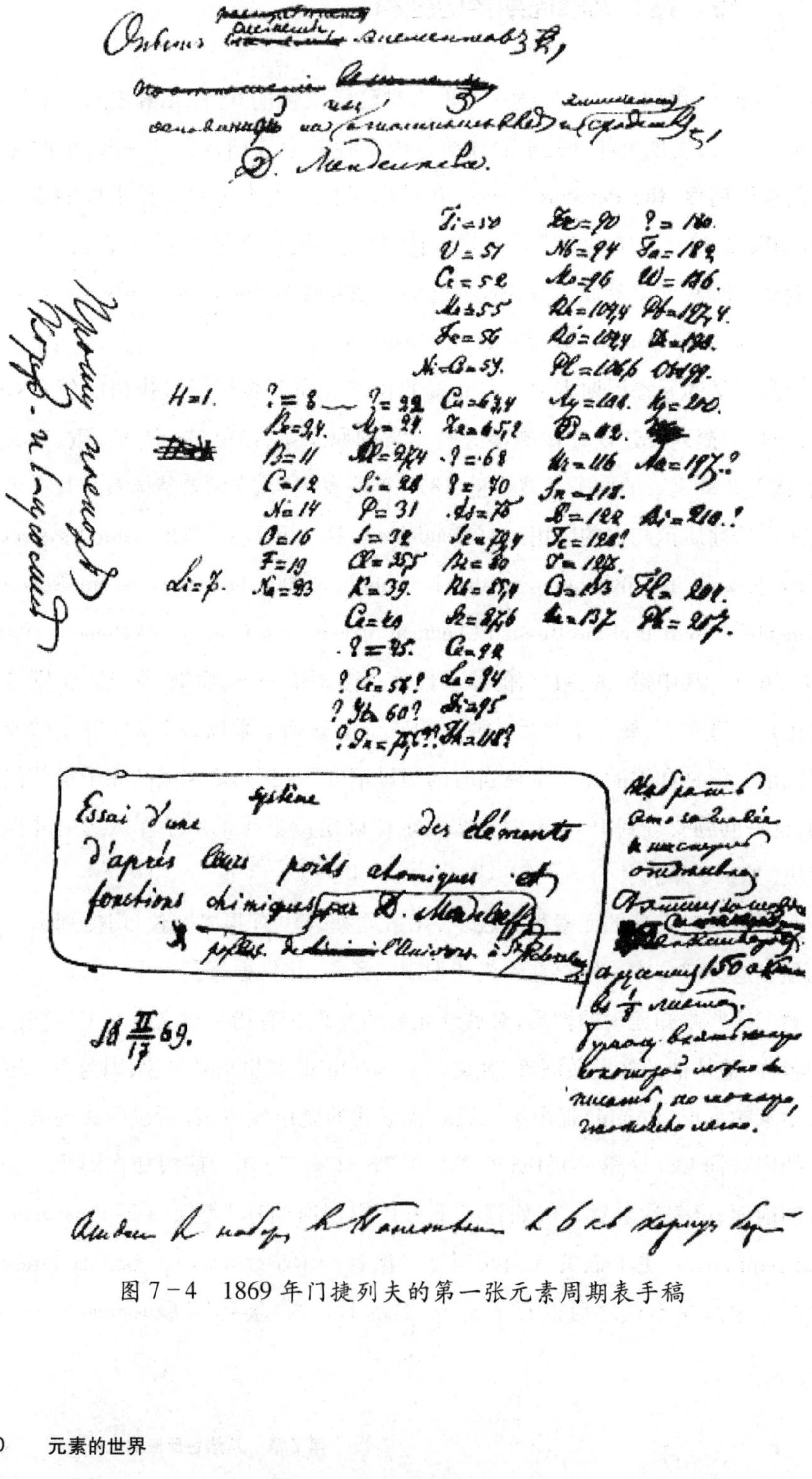

图 7－4　1869 年门捷列夫的第一张元素周期表手稿

алюминiй)1875 年被发现为镓,硅正下方的"类硅"(Eka-silicon,эка-силицiй) 1886 年被发现为锗,与硼同族的"类硼"(Eka-boron,эка-боромъ)1879 年被发现为钪。这 3 种元素的发现标志着元素周期律的胜利。

Reihen	Gruppo I. — R²O	Gruppo II. — RO	Gruppo III. — R²O³	Gruppo IV. RH⁴ RO²	Gruppo V. RH³ R²O⁵	Gruppo VI. RH² RO³	Gruppo VII. RH R²O⁷	Gruppo VIII. — RO⁴
1	H=1							
2	Li=7	Be=9,4	B=11	C=12	N=14	O=16	F=19	
3	Na=23	Mg=24	Al=27,3	Si=28	P=31	S=32	Cl=35,5	
4	K=39	Ca=40	—=44	Ti=48	V=51	Cr=52	Mn=55	Fe=56, Co=59, Ni=59, Cu=63.
5	(Cu=63)	Zn=65	—=68	—=72	As=75	Se=78	Br=80	
6	Rb=85	Sr=87	?Yt=88	Zr=90	Nb=94	Mo=96	—=100	Ru=104, Rh=104, Pd=106, Ag=108.
7	(Ag=108)	Cd=112	In=113	Sn=118	Sb=122	Te=125	J=127	
8	Cs=133	Ba=137	?Di=138	?Ce=140				
9	(—)							
10			?Er=178	?La=180	Ta=182	W=184		Os=195, Ir=197, Pt=198, Au=199.
11	(Au=199)	Hg=200	Tl=204	Pb=207	Bi=208			
12				Th=231		U=240		

图 7-5 1871 年门捷列夫发表的元素周期表

7-2-1 镓 $_{31}$Ga

1871 年,门捷列夫在论文《元素的自然体系及其在未发现元素的性质预测中的应用》中预言了在铝的正下方、铟的正上方有一种原子量为 68 的新元素:"在这一族后面应当具有原子量接近 68 的一种元素,我称它为 эка-алюминiй(类铝),因为它紧接在铝的下面。它处于铝和铟之间的位置,应该具有接近这两种元素的性质,形成矾。它的氢氧化物将溶解在氢氧化钾中,它的盐和铝盐相比较稳定,氯化类铝应当比氯化铝更稳定。它在金属状态时的比重将接近 6.0,这种金属的性质在各方面将从铝的性质向铟的性质过渡,即此金属和铝相比具有较大的挥发性,因此可以期待将在光谱研究中被发现,正如铟和铊是利用光谱研究被发现的一样,即使它比这两种金属更难挥发。"

1874 年,法国化学家布瓦博德朗将一种产自于法国和西班牙边界比利牛斯山脉的闪锌矿溶于盐酸中,加入锌片后有一种新的金属被置换出来,取这种金属进行光谱分析,发现了417纳米和404纳米两条紫色的谱线。布瓦博德朗为纪念他的祖国用法国的古称Gallia(高卢)将这种元素命名为Gallium,元素符号定为Ga,中文音译为镓。

1875年,布瓦博朗德将氢氧化镓溶解在氢氧化钾中,电解获得了金属镓,测定其比重为4.7。当1876年门捷列夫看到他的报告后,立即给布瓦博德朗寄去一封信,指出其密度测定有误。布瓦博德朗重新提纯了镓,测定出它的比重是5.94,和门捷列夫预测的6.0一致性非常好。元素周期律第一次获得了胜利。

表7-1 类铝和镓的物理、化学性质比较

名　称	预　测	实　验
	类铝	镓
年　代	门捷列夫 1871	布瓦博德朗 1876
原子量	68	69.72
比重	6.0	5.94
氢氧化物	两性	两性
硫酸盐	成矾	$NH_4Ga(SO_4)_2 \cdot 12H_2O$
发现方法	光谱分析	光谱分析

镓在地壳中含量并不低,达到19 g/T,排名在第35位。但镓没有独立的矿物,只能从它正上方的铝土矿或左边的闪锌矿中提取。目前这种稀散金属的价格约为1500元/千克。

因为镓的熔点只有29.8℃,而沸点高达2204℃,液态范围很宽,用作温度计可以测量几十摄氏度的常温到一千多度的高温。用镓制作的勺子或模型放在热水中即可熔化,放进冰箱里可以重新铸造。这种金属无毒,可以放在手心中熔化而不像汞那样造成中毒,但它浸润玻璃和皮肤,所以会在手上留下灰色的难以清洗的污迹。

因为这种低熔点,镓主要用于易熔合金中。含镓68.5%、铟21.5%、锡10%的合金熔点只有-19℃,构成这种合金的3种金属均无毒,可代替水银用于体温计中。要注意镓和同族的铝也容易形成液态合金,加速铝的氧化,所以所有含镓单质或镓合金的物品都不能带上飞机。

砷化镓为ⅢA－ⅤA族化合物,和硅是等电子体,可用作半导体材料。

7-2-2　锗$_{32}$Ge

锗发现于1886年,虽然不是直接通过光谱分析发现的,但这种"不能"也是用元素周期律预测出来的,所以我们还是将它放在了这一章中。

1871年,门捷列夫在预言镓的同一篇文章中写道:"毫无疑问,在未知的金属中,我认为最有兴趣的是Ⅳ族中缺少一种类似碳的金属元素。它紧接在硅的下面,因此称它为эка-силиций(类硅)。类硅的原子量应该大约是72,比重大约是5.5。它在一切情况下将是可熔的金属,在强热下挥发并氧化,不易分解水蒸气,几乎不与酸作用。将不从酸中释放出氢气而形成很不稳定的盐……"

1885年,德国弗莱堡矿业学院的矿物学教授威斯巴赫在弗莱堡郊外的一个矿井中发现了一种新矿石,初步分析其中含有银和硫,就用希腊文 argyros(银)命名它为 argyrodite(辉银锗矿,Ag_8GeS_6)。威斯巴赫将这种矿物送请分析化学教授温克勒进行详细地分析,发现其中除了已知元素外还缺了7%的质量,由此断定其中含有一种新元素。温克勒用传统的硫化物系统分析法,将硫化氢通入矿石的盐酸溶液中,得到一种不溶于硫化铵而溶于多硫化铵的红色沉淀,溶于多硫化铵得到的溶液遇酸又生成了白色沉淀。将这种沉淀在氢气中还原得到了一种新的金属。

$GeCl_2+H_2S \rightarrow GeS\downarrow(红)+2HCl$

$GeS+(NH_4)_2S_2 \rightarrow (NH_4)_2GeS_3$

$(NH_4)_2GeS_3+2HCl \rightarrow GeS_2\downarrow(白)+2NH_4Cl+H_2S$

$GeS_2+2H_2 \rightarrow Ge+2H_2S$

1886年,温克勒制得了这种新元素的单质,起初他认为这种脆性的金属类似于锑,但测定了原子量之后,他意识到这种元素应该放在硅的正下方。这一回,温克勒测定的性质没有像布瓦博德朗那样出现差错,和门捷列夫在1871年预测的类硅符合得非常好。

表 7-2 类硅和锗的物理、化学性质比较

名 称	预 测	实 验
	类硅	锗
年 代	门捷列夫 1871	温克勒 1886
原子量	72	72.32
比 重	5.5	5.47
与水反应	不反应	不反应
与酸反应	几乎不反应	溶于浓硝酸
气态氢化物	不稳定	GeH_4 易分解

因为这种元素是门捷列夫根据元素周期律在笔尖下预测出的,而在此之前的 1846 年,德国天文学家伽勒发现的太阳系第 8 颗大行星海王星(Neptune)同样是由英国天文学家亚当斯和法国天文学家勒维耶各自独立地根据牛顿定律在笔尖下预测出的,为了纪念两项发现的相似性,温克勒想要将其命名为 Neptunium。但 Neptunium 的名字当时正被另一种 1877 年由德国化学家赫尔曼"发现",后被证明是铌钽混合物的待确定"元素"占用,只能另选其他名字。为纪念他的祖国,温克勒改用德国的拉丁文名 Germania(日耳曼)将这种元素命名为 Germanium,元素符号定为 Ge,中文起初音译为鈤,后来音译为锗。

锗在地壳中的含量中等,约为 1.5 g/T,和锡差不多,在所有天然元素中排名第 55 位。锗以硫化物的形式和所有亲硫金属如铜、锌、铅、银等混杂在一起,在含黄铁矿的煤中也有 10 g/T 的含量,略高于平均丰度,经燃烧后得到的煤灰含锗量可达到 0.1%,是提炼锗的重要原料。因为锗的分布比镓更分散,所以其价格高达 15000 元/千克,比镓要贵上 10 倍。

锗和硅类似,是半导体材料,用于电子设备时锗对纯度的要求(5N)比硅(11N)更低,所以 1947 年世界上最早的晶体管就是用锗制造的。但锗做的晶体管在 75℃ 以上会失效,所以随着 60 年代以后在地壳中含量更大的硅的提纯技术的发展,硅逐渐取代了锗。

锗对于红外线是透明的,可以制造红外线探测器中的透镜。一些珠宝商人

据此宣称"锗石"（含锗矿物）会发出红外线，戴在身上可以活血化瘀，做成床垫可以改善睡眠，泡水之后会让水变成"活性水"。但其实锗只是透过并不会发出红外线，这种宣传和把水晶称作"能量之石"一样没有科学依据。

7-3 钪、镨、钕、钐、铕、钆、镝、钬、铥、镱、镥：剩余的稀土

自从 1842 年莫桑德尔发现第 6 种稀土"元素"以后，因为化学分析方法能力有限，稀土元素的寻找进入了一段沉寂期。直到 1860 年光谱分析方法建立以后，不少化学家利用光谱检验了当时已经发现的 6 种稀土（钇土、铈土、镧土、锚土、铽土、铒土），发现它们都不是单一元素的氧化物，而是含有多种元素。

1878 年，瑞士化学家马里尼亚克率先从铒土中分离出了镱土，打破了这种沉寂。一时间，几十种新发现的稀土"元素"纷至沓来，名称不够用了之后，发现者甚至开始用希腊字母代替，将它们命名成 γ_α、γ_β、S_1、Z_α、Z_β、Z_γ、Z_δ、Z_ε、Z_ζ、Γ、Δ、Θ、Ω 等。这种混乱终结于 1914 年莫塞莱定律和 1922 年玻尔原子模型的提出，镧系元素的种类最终被确定为 15 种，加上第四、第五周期的 2 种，稀土元素一共只有 17 种。而在 1794 年到 1911 年间发现的几十种稀土"元素"中有 16 种最终获得了承认，只缺了 61 号元素这 1 种（见彩色插页第 8 页图 7-6）。

"幸存"下来的这些稀土元素的名称非常有意思：大部分来源于地名，又往往和瑞典有关，钇（Yttrium）、铽（Terbium）、铒（Erbium）、镱（Ytterbium）都来源于瑞典小镇乙特尔比（Ytterby）、钬（Holmium）来源于瑞典首都斯德哥尔摩的拉丁文名（Holmia）、钪（Scandium）来源于瑞典所在的斯堪的纳维亚半岛（Scandinavian）、铥（Thulium）来源于斯堪的纳维亚半岛的古称（Thulia）、镥（Lutetium）来源于巴黎的古称（Lutetia）（因为发现它的是法国化学家乌尔班）、铕（Europium）来源于欧洲（Europe）；两种是为了纪念矿物学家，钐（Samarium）来源于褐钇铌矿（Samarsite，纪念俄国矿物学家萨马尔斯基）、钆（Gadolinium）来源于芬兰矿物学家加多林（Gadolin）；有两种与分离出它们的母体元素有关，镨（Praseodymium）由绿色（praseo）和锚（Didymium）组成、钕

(Neodymium)由新的(neo)和锘(Didymium)组成，"锘"这个"双生子"真的被分成了2种元素；有两种与发现过程有关，镧(Lanthanum)来源于希腊文隐藏(lanthano)、镝(Dysprosium)来源于希腊文难以取得(dysprositos)；还有一种来源于小行星，铈(Cerium)来源于1号小行星谷神星(Ceres)。

这些元素被分成了"铈组"和"钇组"：铈组包括57到64号元素，在镧系中原子序数较小，又称"轻稀土"；"钇组"包括65到71号元素，在镧系中原子序数较大，又称"重稀土"，但最轻的21号钪和39号钇却在重组中。为什么会出现这种反常的情况呢？

原来，这些镧系元素的化合价都以+3价为主，虽然化学性质十分相近，但终究是有些微小的差别。因为它们的核电荷数越来越大，原子核对最外层电子的吸引能力逐渐增强，原子半径和+3价离子的半径就会逐渐减小，这种减小称为**"镧系收缩"**(Lanthanide Contraction)。而元素的化学性质与原子的质量"轻重"关系不大，主要与它们的化合价、半径有关，化合价相同、半径相近的原子及其离子化学性质更加接近，在成矿时容易共生在一起。所以半径大的轻稀土主要和铈共生在一起，归在了"铈组"；而上方的钪、钇半径更小，和同样半径小的重稀土共生在一起，归在了"钇组"(见彩色插页第8页图7-7)。

这种原子半径的递变也会影响到密度、熔点、沸点等物理性质，随着原子量增大、半径减小，稀土金属单质的密度逐渐增大；随着半径减小，原子之间的结合更加紧密，熔点、沸点也会升高(见彩色插页第9页图7-8)。而铕和镱处出现了反常的尖峰则是因为4f亚层出现了半充满或全充满结构，特别对称而稳定，导致半径增大。

并且原子半径对元素的化学性质也有影响，半径大的原子，对最外层电子的控制能力弱，特别容易失电子，活泼性较强。一般来说，轻稀土较为活泼，在空气中缓慢氧化为氧化物(Ln_2O_3)、氢氧化物($Ln(OH)_3$)、甚至吸收空气中的二氧化碳生成碳酸盐(Ln_2CO_3)，逐渐变为一堆疏松的粉末。而这其中，半径最大的铕最为活泼，暴露在空气中以肉眼可见的速度变黄，生成氧化亚铕(EuO)。金属铕遇水可在几秒钟之内反应完，生成氢氧化亚铕($Eu(OH)_2$)，放出氢气。

而根据它们的含磷有机配合物在水和有机溶剂中溶解性的不同，可以使用萃取技术进行分离。因为稀土元素性质相似，每次分离系数很小，我国"稀土之父"徐光宪先生在1972年创立了"串级萃取"，将全部16种天然稀土包括最难分离的镨、钕分开，纯度达到4N，使我国从稀土资源大国转变为高纯稀土生产强国。

分离之后的稀土元素因为它们内层的4f亚层电子个数不同，所以光学、磁学、电学性质差别较大。

+3价稀土离子的颜色来源于f-f跃迁，这种跃迁比一般过渡金属的d-d跃迁发生概率更低，所以颜色更浅。并且其吸收光谱呈尖锐的线状，在不同光源下可能会像5-3-6中提到的铬那样发生变色，比如钕土在太阳光下是淡紫色的，在荧光灯下变蓝；钬土在太阳光下是淡黄色的，在荧光灯下变成粉红色。其他稀土变色效应不明显：Pr^{3+}为绿色、Pm^{3+}为粉红色、Sm^{3+}为浅黄色、Eu^{3+}为极浅粉红色、Dy^{3+}为浅黄色、Er^{3+}为粉红色、Tm^{3+}为浅绿色。处于或接近全空、半满、全满结构的 $Sc^{3+}(d^0)$、$Y^{3+}(d^0)$、$La^{3+}(f^0)$、$Ce^{3+}(f^1)$、$Eu^{3+}(f^6)$、$Gd^{3+}(f^7)$、$Tb^{3+}(f^8)$、$Yb^{3+}(f^{13})$、$Lu^{3+}(f^{14})$，发生f-f跃迁的概率更低，基本呈无色。但混合价态的稀土氧化物，比如Pr_6O_{11}（或写作$Pr_2O_3 \cdot 4PrO_2$）、Tb_4O_7（或写作$Tb_2O_3 \cdot 2TbO_2$），因为存在+3价到+4价的**金属-金属电荷转移跃迁**（**metal-to-metal charge-transfer**，简称 **MMCT**），跃迁概率很高，所以颜色很深，呈棕黑色。

根据稀土氧化物的颜色，我们可以将其掺杂在玻璃中，制出多种有色玻璃。其中，镨的绿色和钕的紫色基本互补，所以镨钕玻璃呈灰蓝色，在自然光下基本不会产生色差，并且对589纳米的钠黄光有特别强的吸收，用于电焊工和玻璃工的护目镜，在实验室中也能代替蓝色钴玻璃用在焰色反应中去除钠的干扰（见彩色插页第9页图7-9）。

不同的稀土离子在电场的激发下会发出不同颜色的光，可用于电致发光二极管（LED）中：Eu^{3+}发出613纳米的红光；Tb^{3+}发出545纳米的绿光；Eu^{2+}发出420纳米的蓝紫光；Sm^{3+}发出564纳米的黄光和610、648纳米的红光，呈橙红色；Dy^{3+}发出478纳米的蓝光和580纳米的橙光，呈黄绿色；Tm^{3+}发出482纳米的蓝光；Nd^{3+}发出1060纳米的红外光；Er^{3+}发出1530纳米的红外光；Yb^{3+}发出977纳米的红外光。其中，铕和铽因为提供三原色可用于照明或显示器。

稀土金属在 4f 亚层上具有未成对电子,具有顺磁性,其中钆具有 7 个未成对电子,在低于 292 K(19℃)时具有铁磁性,可以被磁铁强烈吸引。钆后面的铽、镝、钬、铒、铥在低温下也具有铁磁性,但居里点较低,分别为:铽 219 K(-54℃)、镝 85 K(-188℃)、钬 19 K(-254℃)、铒 19 K(-254℃)、铥 32 K(-241℃)。上述金属在高于居里点时转变为顺磁性,也能被磁铁较弱地吸引。我们可以将钆拴在铜丝或棉线上自然垂下,用磁铁在旁边吸引,交替用热水和冰水加热和冷却钆,就能看到钆冷却后被吸引,加热后松开。钆的可溶性化合物注射进血管中,可用作磁共振的增强剂。按照一定配比制作出的钕-铁-硼合金或钐-钴合金磁性非常强,可以用作永久磁铁。镝合金用作硬盘的磁头。

而对于 16 种稀土元素,与核外电子无关的原子核性质差别更大。钆、钐、铕的热中子俘获截面分别达到 49700、5922、4530 靶恩(见表 5-3),是所有天然元素中最高的 3 种,可用作核反应堆中吸收中子的控制棒;而铈、钇的热中子俘获截面分别只有 0.63 和 1.28 靶恩,化学性质又与铀、钍等锕系核燃料类似,可用作核燃料的稀释剂。

一部分稀土元素的天然同位素具有长寿命的放射性,其中寿命最短的 3 种都在千亿年数量级上:^{176}Lu,丰度 2.59%,半衰期 376 亿年,β 衰变成 ^{176}Hf;^{138}La,丰度 0.090%,半衰期 1020 亿年,β^+ 衰变成 ^{138}Ba 或 β 衰变成 ^{138}Ce;^{147}Sm,丰度 14.99%,半衰期 1060 亿年,α 衰变成 ^{143}Nd。用精密仪器可测出这些元素的放射性,考虑到丰度因素,放射性活度最强的是钐,1 克金属钐的放射性活度约为 0.0034 μCi(128 Bq,活度计算见 8-1),其放射性的发现年代也最早,在 1930 年代即由匈牙利放射化学家赫维西观测到其衰变,1950 年代确认其放射性主要来自于 ^{147}Sm。

根据这些放射性同位素和其子体的比例关系,可测量岩石的年龄。尤其是 ^{176}Lu,因为衰变产物是铪,与稀土的化学性质有较大差别,在富含稀土的磷酸盐矿物形成时不会带入铪,之后检测出的铪可认为全部都是由镥衰变而来的。

而半衰期仅次于上述三者的是 ^{146}Sm,过去认为其半衰期为 1.03 亿年,2012 年重新测量后确定为 6800 万年,刚刚到达 5800 万年的原生限(见 8-1-1),理论上从地球诞生之日起可以痕量地残存至今,但因为残存量

($2^{-46/0.68} \approx 10^{-21}$)实在太小,尚未在自然界中检出,被归为**"已灭绝核素"**(Extinct Radionuclide),用于测定陨石的形成年代(Kinoshita, N. et al. (30 March 2012). "A Shorter ^{146}Sm Half-Life Measured and Implications for ^{146}Sm–^{142}Nd Chronology in the Solar System". Science. Volume 335. Issue 6076. Pages 1614–1617.)。

7-4 氦、氖、氩、氪、氙:整整一族稀有气体

早在1785年,英国科学家卡文迪许就发现将空气用电火花除去氮气,用多硫化钾除去氧气和二氧化碳以后,还有占总体积1/120的气体无法与任何物质反应。他认为这是一种"由于某种原因没有跟氧化合而剩下来的氮"。

1892年,英国物理学家瑞利勋爵在测定氮气密度时发现,从空气中除去氧气、二氧化碳、水蒸气之后获得的氮气密度是1.2565 g/L,而由氨气分解得到的氮气密度是1.2507 g/L。1894年,在听过了瑞利的实验报告后,伦敦大学化学教授拉姆塞认为空气中的氮含有一种较重的未知气体。于是他们俩重复了100年前卡文迪许的实验,先用电火花使氮气与氧气化合,用碱液吸收氮氧化物,用五氧化二磷吸收水分,用炽热的铜除去氧气,用碱石灰除去二氧化碳,用炽热的金属镁再除去微量的氮气,结果发现果然有1/80的气体没有被任何物质吸收。测定这种气体的密度发现大约是氮气的1.5倍,于是来自空气的氮气和来自氨气的氮气的密度差异问题就解决了。

当时的元素周期表只有7列,按照氩的原子量,它应该放在氯和钾之间,那里本来没有空位,但拉姆塞大胆地提出,氩可能是新一族气体元素的代表,而他所获得的"氩"其实是整个一族气体混合物。1898年,拉姆塞通过液态空气的低温蒸馏获得了沸点从低到高的整整一族稀有气体,共计5种。

稀有气体确实很稀有,除了氩在地壳中丰度排名中等,在空气中大约占了1%的体积比之外,其余4种在天然原生元素中的排名都在倒数10名以内,其中氖和氙是最少的两种天然原生元素了。它们的名字"新"、"隐藏"、"难接近"也能体现出发现的艰难。

表 7-3 稀有气体的性质

	氦$_2$He	氖$_{10}$Ne	氩$_{18}$Ar	氪$_{36}$Kr	氙$_{54}$Xe
密度(g/L)	0.1785	0.899	1.784	3.749	5.9
熔点(℃)	无	-248.59	-189.35	-157.36	-111.75
沸点(℃)	-268.93	-246.08	-185.85	-153.22	-108.12
临界温度℃	-267.96	-228.75	-122.463	-63.81	16.6
丰度(g/T)	0.008	0.005	3.5	0.0001	0.00003
空气含量	5.24×10^{-6}	1.8×10^{-5}	0.934%	5×10^{-7}	8.6×10^{-8}
丰度排名	72	73	43	82	83
命　名	太阳	新	不工作	隐藏	难接近
发光颜色	粉红	红	紫	白	天蓝

1962 年以前，稀有气体还有一个名字叫作"**惰性气体**"(**Inert Gases**)。因为它们的化学性质极端不活泼，除了一些不依靠化学键连接的水合物和包合物之外，没有发现任何真正意义上的化合物。1962 年，英国化学家巴特列在研究铂和氟的反应时，发现了一种深红色的化合物，其组成为 $O_2^+[PtF_6]^-$，室温下氧气直接和六氟化铂蒸气反应即可得到此化合物。因为氧气的第一电离能 1175.7 kJ/mol 和氙的第一电离能 1171.5 kJ/mol 非常接近，巴特列猜想氙也能发生类似的反应。他仿照 $O_2^+[PtF_6]^-$ 的合成方法，将氙气通入六氟化铂蒸气中，得到了一种橙黄色的固体，经分析，其组成确实为 $Xe^+[PtF_6]^-$。"惰性气体"的帽子摘掉，改称"**稀有气体**"(**Rare Gases**)或"**贵气体**"(**Noble Gases**)。

今天，化学家已经合成出了数百种稀有气体化合物，但仅限于原子半径较大、电离能较小的氪和氙，另外 3 种原子半径较小的稀有气体氦、氖、氩的化合物仍未合成出来。至少到目前为止，它们仍然是非常惰性的。

稀有气体不光化学性质极端惰性，它们分子之间的范德华力也很弱，熔沸点很低，并且神奇的是，它们的熔沸点之间的差值只有几度，液态范围很窄。其中，氦、氖、氩、氪 4 种稀有气体的临界温度都低于 0℃，在常温下无法通过加压得到液体，是名副其实的"永久气体"。氙的临界温度 16.6℃，在冬天可以压缩成液氩封装在耐压石英管中,而在季节转换时可以看到超临界现象。

7-4-1 氩 $_{18}$Ar

所有的稀有气体中,氩的丰度鹤立鸡群,原因在于它是放射性核素^{40}K的衰变产物。^{40}K是钾的一种放射性同位素,半衰期12.48亿年,在所有钾中的比例为0.0118%。因为其半衰期短于地球年龄,所以地球形成时就已经存在的^{40}K现在已经衰变掉了一大半,只剩下了原来的 $2^{-\frac{46}{12.48}} = 7.8\%$。这些^{40}K可以发生$\beta$衰变生成^{40}Ca:$^{40}_{19}K \rightarrow ^{40}_{20}Ca + ^{0}_{-1}e$,比例为88%;也可以发生$\beta^+$衰变生成^{40}Ar:$^{40}_{19}K \rightarrow ^{40}_{18}Ar + ^{0}_{1}e$,比例为12%。经年累月累积下来的^{40}Ar就成为了空气中的第3大主要成分。并且导致了地球上氩的3种天然同位素^{36}Ar、^{38}Ar、^{40}Ar中绝大部分(99.60%)都是^{40}K衰变而来的^{40}Ar,使得氩元素的相对原子质量接近39.95;而钾的3种天然同位素^{39}K、^{40}K、^{41}K中绝大部分(93.258%)是^{39}K,使得钾元素的相对原子质量接近39.10,造成了元素周期表中不多的原子量和原子序数倒挂的现象。而在整个宇宙中,^{36}Ar因为是α粒子核素,在α过程中更易形成,所以丰度更高,^{36}Ar、^{38}Ar、^{40}Ar 的比值为8400∶1600∶1,原子量约为36.28,不会发生这种倒挂现象。

利用^{40}K的衰变还可以测定岩石的年龄。因为岩石在形成时只有钾能结晶,氩作为稀有气体元素无法进入岩石,所以氩浓度为0。当^{40}K逐渐衰变为^{40}Ar后,氩的浓度越来越高,根据氩、钾原子的浓度比就可以计算出^{40}K已经衰变了多久,即岩石的年龄。因为^{40}K的半衰期比^{14}C更长,可以测定更古老的年代,例如在坦桑尼亚奥杜瓦伊峡谷(Olduvai Gorge)发现的最早进入旧石器时代的人科人属物种能人(Homo habilis),通过钾-氩定年测定为距今175万年;造成恐龙灭绝的小行星撞击的沉积物,通过钾-氩定年测定为距今6600万年。

氩的化学性质极不活泼,在希腊文中,a 表示"不",ergon 表示"工作",二者结合成 argon,就表示"不工作",中文将其音译为氩。

今天,氩主要利用它的"不工作"为人类服务:在白炽灯泡中充入氩气代替空气,可以防止灯泡中的钨丝被氧化腐蚀;在电弧焊时,将氩气吹到焊接的作业部分,可以防止高温的熔融金属被氧化,这种方法称为氩弧焊;在化学实验室中,氩气作为保护气体,用来完成一些需要无水无氧条件的反应;因为氩气密度大于空气,可以覆盖在可燃物表面隔绝空气,所以可用作灭火器。除此以外,氩气和所有其他稀有气体一样,封在玻璃管中通上高压电可以发光,纯氩发出的是紫光,而混合了氖后,可以发出蓝色和绿色的光。

7-4-2 氦 $_2$He

另外一种稀有气体氦也是由放射性核素衰变而来的,铀、钍以及它们的许多子体都会发生 α 衰变,放射出的粒子就是氦原子核,例如:$^{238}_{92}U \rightarrow ^{234}_{90}Th + ^{4}_{2}He$。如果所有这些氦原子全部保留到现在的话,氦的丰度会比氩还要高。

但遗憾的是,氦太轻了,非常容易逃离地球的引力。让我们来计算一下:

根据麦克斯韦速率分布:$f(v) = 4\pi \left(\dfrac{m}{2\pi kT}\right)^{\frac{3}{2}} e^{-\frac{mv^2}{2kT}} v^2$

气体分子运动的平均速率为:$\bar{v} = \int_0^\infty v f(v)\, dv = \sqrt{\dfrac{8kT}{\pi m}} = \sqrt{\dfrac{8RT}{\pi M}}$

将 $R = 8.314\ \text{J} \cdot \text{mol}^{-1} \cdot \text{K}^{-1}$,$T = 300\ \text{K}$,$M_{\text{He}} = 4\ \text{g/mol}$ 代入得平均速率:$\bar{v} = 1260\ \text{m/s}$。这一速率看上去和地球的**逃逸速度(第二宇宙速度)** $v_2 = \sqrt{\dfrac{2Gm}{r}} =$ **11200 m/s** 相比很小,但如果计算可逃逸的氦气分子的比例:$n_v = \int_{v_2}^\infty f(v)\, dv = 2.4 \times 10^{-43}$,地球的大气层中总共有 5.6×10^{38} 个氦气分子,每时每刻有至少 1 个氦气分子达到这个速度的概率为 1.3×10^{-4},就不可忽略了。再考虑到大气层顶部的电离层的温度更高(约 1000 开),逃逸比例剧增(4.9×10^{-13}),经年累月就会大部分都逃出地球。氦-4 逃离地球的半衰期约为 5000 万年,更轻的氦-3 约为 140 万年。当气体分子平均速度超过逃逸速度的 10 分之一时,则其逃离的比例就不可忽略了。

与之对比,氮气的摩尔质量 $M_{\text{N}_2} = 28\ \text{g/mol}$,$T = 300\ \text{K}$ 时氮气分子的平均速

率 $\bar{v}$ = 476 m/s,可逃逸的氦气的比例 $n_v = \int_{v_2}^{\infty} f(v) dv = 4.9 \times 10^{-305}$,而当电离层中 T = 1000 K 时,比例也只有 3.0×10^{-91},绝没有可能有任何一个氮气分子逃出地球了。

地球诞生时存在于地球上的所有原生氦全部逃离了地球的引力,放射性元素产生的次生氦也绝大部分逃逸,只有近期放射出的氦还没来得及逃出去,留在了空气中。所以氦是地球上唯一一种非原生来源的稳定元素,在某些铀矿、钍矿附近被岩石封存在地下的天然气中含量较高,最高可达7%。美国铀矿资源丰富,相应地富含氦气的天然气资源也很丰富,全世界绝大部分国家都需要从美国进口氦气。但这些氦气非常宝贵,属于不可再生资源,再生周期以亿年计。并且,散逸到空气中的氦气无法回收利用,开采完了就没有了。

而在地球之外,氦的丰度非常高。在第1章中我们知道,宇宙大爆炸后几分钟之内,整个宇宙中25%的质子和中子都结合成了氦,这一比例一直保留到了现在。在太阳上,虽然太阳表面温度高达5700开,氦气分子运动的平均速度 $\bar{v} = \sqrt{\dfrac{8RT}{\pi M}}$ = 3400 m/s,但因为太阳质量高达 1.99×10^{30} 千克,引力很大,表面的逃逸速度 $v_2 = \sqrt{\dfrac{2GM}{r}}$ = 620000 m/s,所以仍然没有任何一个氦气分子能够逃离。所以太阳上的氦元素丰度和整个宇宙相同,为25%,人类第一次发现氦元素正是从太阳上发现的。

1868年8月18日,法国天文学家詹森在印度观测日全食,他用分光计将太阳边缘朱红色的发光气团(色球和日珥)分解成一条条的谱线,结果在黄色区域除了589.0和589.6纳米处的钠光谱线以外,还有一条587.49纳米的未知谱线。同年10月20日,英国天文学家洛克耶用自制的光谱仪也观察到了这一谱线,他认为这是由一种只存在于太阳中而不存在于地球上的新元素所产生的,根据太阳的希腊文 helios,将其命名为 Helium,元素符号定为 He,中文音译成氦。

事实上氦在地球上也存在,只是含量很少。1881年,意大利物理学家帕尔米里在研究维苏威火山喷出的气体时,观察到了同样的光谱线。1888年,美国化学家希尔德布兰德发现沥青铀矿和钇铀矿石经硫酸处理后放出一种既不能燃烧也不能助燃的气体,他认为这是氮气。1894年,受此启发的拉姆塞重复了这个实验,并对产生的气体进一步进行光谱分析,将1克钇铀矿石放进硫酸中加热,铀溶解进了溶液中,而铀衰变产生的氦气就释放了出来,收集这几毫升的气体,封入带有铂金电极的玻璃管中,通电,果然看到了26年前詹森从太阳上看到的那条黄色谱线。为了排除钠的干扰,拉姆塞还故意在玻璃管内预先沾上一点食盐,结果通电后,既看到了钠的谱线也看到了氦的谱线,两条线不重合。太阳元素氦再次从地球上被发现了。

氦有2种天然稳定同位素,放射性元素释放出的α粒子是氦-4的原子核,它非常稳定,结合能很高,在大爆炸初期大量合成,质量达到整个宇宙中物质的25%,在地球上的所有氦原子中占99.999863%。氦-3也是稳定的,但结合能偏低,并且无法从放射性元素衰变获得,并且质量比氦-4更小更易逃逸,所以地球上的氦-3很少,在所有氦原子中只占1.37×10^{-6},乘上氦元素在地壳中的丰度8×10^{-3} g/T,得到氦-3在地壳中的丰度仅为1.1×10^{-8} g/T,是所有286种稳定核素中最少的1种,甚至比镭-226、镁-231这些中等寿命的放射性核素还少。但氦-3在引力强大无法逃逸的太阳中和经常发生高能核反应的宇宙射线中较多,在遭受太阳风和宇宙射线轰击的月球表面岩石中也较多。氦-3可以由氚发生β衰变而产生,出现在一些含氚的夜光零件中。1950年代以来,人工合成用来制造氢弹的氚发生β衰变向空气中释放了一些氦-3。氦-3能够吸收中子变成氦-4并放出大量能量,是未来核能开发的研究方向之一。

氦的密度只有空气的1/7,是仅次于氢的第二轻的气体,可以填充气球、飞艇。因为空气中声音的传播速率正比于密度的平方根,所以吸入氦气后,声速变快,频率增高,声音也会变尖。

氦的分子间作用力极弱,沸点低至-268.9℃,绝对温度仅4.2开,是所有物质中最低的,可用于低温研究。而且液氦在常压下降温到绝对温度0开仍然不凝固,必须施加25个大气压以上的高压才能凝固。因为氦-4原子核的自旋为0,属于**玻色子(Boson)**,会发生玻色-爱因斯坦凝聚,在2.178开以下,液氦成为粘滞系数为零的**超流体(Superfluid)**，可以任意地流出容器的外沿。氦-3分子量更小，分子间作用力更弱，液化和固化也更困难，常压下沸点为3.2开，凝固的最低压强为29个大气压。且氦-3的核自旋为1/2，是**费米子(Fermion)**，形成超流体更困难，转变温度低至0.0025开。

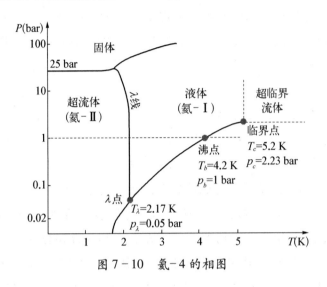

图7-10 氦-4的相图

氦极难溶于水，与氧混合制成"人造空气"供潜水员呼吸，在高压下不会溶进血液，在上浮时不会析出气泡，可避免潜水员病。

和所有其他稀有气体类似，氦在高压电场作用下发出粉红色的光，可填充霓虹灯。

7-4-3 氖 $_{10}$Ne

氖以另外一个译名"霓虹"为中国人所熟知，因为填充氖和其他稀有气体的灯管通电后发出五颜六色的光，就像彩虹和霓（彩虹外面一圈更暗淡、颜色顺序与彩虹相反的副虹）一样漂亮，并且其英文名Neon与"霓虹"发音相近，所以将这种灯翻译成"霓虹灯"。其实Neon来自希腊文neos，本意是"新"，表示它是一种新的气体。有一家烤肉店名叫"新石器"，其英文店名Neolithic中就包含了氖和锂两种元素的词根，吃顿烤肉就能学到两个化学单词。

霓虹灯中红色的充有氖,发光最亮。氦-氖混合气体可以产生632.8纳米的红色激光,其中氦负责传递能量,氖负责发光。这种红光也出现在劳技课所使用的电笔中,当电流流过电笔的氖灯泡时,就会发出红光,提醒我们物体带电,不要去触碰。

因为氦的分子量小,导热率过高,用作潜水艇中的呼吸气体会使潜水员损失体温,并且氦气密度低,声音会变尖而失真,所以会添加一些分子量较大的氖以克服上述缺点。

7-4-4 氪$_{36}$Kr和氙$_{54}$Xe

根据拉姆塞的实验记录,氪、氖、氙几乎是连续发现的:1898年5月30日氪先于含量更多的氖被发现,6月12日发现了氖,7月12日发现了氙。

氪和氙在地壳中的丰度是倒数2位的,在空气中也很少,只占空气总体积的$5×10^{-7}$和$8.6×10^{-8}$。因为提炼困难,所以它们的产量很低,价格也很昂贵,在1999年的欧洲,氙的年产量约为7000立方米,价格约为10欧元/升,氪为1欧元/升,氖为0.2欧元/升,而最丰富的稀有气体氩不到0.01欧元/升。

在电弧的作用下,氪和氙的光谱几乎是连续的白光,可以在工地夜间施工时用作照明,称为“小太阳”,汽车的头灯用的也是这种氙气大灯。液氙沸点较高,可用作探测基本粒子的气泡室工作液。氙是原子量大的非极性分子,易溶于油脂等有机溶剂,吸入体内后可以起到麻醉作用,这种麻醉剂无毒,诱导期和恢复期都很短,但价格昂贵,难以大规模应用。

氙有9种天然同位素,质量数分别为124、126、128~132、134、136,是所有元素中第二多的,仅次于锡的10种。氪有6种天然同位素,质量数分别为78、80、82、83、84、86,其中质量数最大的^{86}Kr在1960到1983年之间被用作米的定义,将其从$^2P_{10}$到$^5D_5$能级的跃迁发出的橙色光波长的1650763.73倍定义为1米,于是其波长相应地定义为605.780211纳米。1983年以后米的定义为光在真空中行进1/299792458秒的距离。

氙的人造的放射性同位素^{135}Xe半衰期9.14小时,在核反应堆中由铀的裂变产物^{135}I以6.57小时的半衰期发生β衰变产生,总产额约为6.3%。它的热中子俘获截面高达 2600000 靶恩（见表 5-3），是所有已知核素中最高的，会强烈吸收核反应堆中的中子造成功率下降，这一效应称为"氙中毒"（Xenon Poisoning）。一个新的反应堆启动后，^{135}I 和 ^{135}Xe 从 0 开始逐渐累积，并通过 β 衰变或吸收中子而消耗，至 40 小时后，这两种核素的产生速率和消耗速率基本相等，其浓度达到平衡浓度。之后，当反应堆功率上升时，中子通量随之升高，^{135}Xe 通过吸收中子消耗的速率加快，于是浓度下降，"氙中毒"效应减弱，功率继续上升；当反应堆功率下降时，中子通量也随之下降，^{135}Xe 通过吸收中子消耗的速率减慢，于是浓度上升，"氙中毒"效应增强，功率继续下降。这种"正反馈"会造成反应堆功率以 15 小时为周期发生振荡，但通过对控制棒插入深度的调节，还可以基本保持功率不变。而当反应堆停堆后，中子通量降为 0，^{135}Xe 只能通过 β 衰变消耗，不能再通过吸收中子消耗，但 ^{135}I 依然通过 β 衰变不断生成 ^{135}Xe，于是 ^{135}Xe 浓度在数小时之内不断升高，在停堆后 5 到 24 小时之间，^{135}Xe 浓度高到无法重启反应堆，这段时间称为"强迫停堆时间"或"氙死时间"（Xenon Dead Time）。

切尔诺贝利核电站的事故就与"氙中毒"有关：1986 年 4 月 25 日晚 22 点，核电站 4 号机组正在进行低功率试验，预定的试验流程是将功率从正常工作时的 3200 兆瓦降到 700 兆瓦，但因为功率下降后反应堆中累积了较多的 ^{135}Xe，所以输出功率继续意外下降到 30 兆瓦即接近关机的水平。4 月 26 日凌晨 1∶23，操作人员希望提高功率以恢复供电，所以将安全系统关闭将控制棒手动退出，结果使下方的反应堆中的核燃料超过临界质量，功率急剧上升至远超额定功率的 30000 兆瓦，发生剧烈的爆炸，并引发堆心用作中子慢化剂的石墨接触空气燃起大火，8 吨多强放射性的核燃料及其裂变产物泄漏进环境。

随着丰富多彩的稀土金属和稀有气体的发现，在用光谱分析的火眼金睛将整个地壳中所有能找到的矿物、水体、空气大浪淘沙都过了一遍筛子之后，整张元素周期表铀之前的位置基本全部被填满了。剩下个别的几种空位元素要么在自然界中不存在，要么分布太过稀散，我们将在第 9 章、第 10 章中讨论。

第 8 章　天然放射性元素

8-1　放射化学基本概念

1896年1月间,当法国物理学家贝克勒尔研究铀的荧光的时候,无意间发现和铀盐放在一起的被黑纸包着的照相底片上出现了铀盐的阴影,由此发现了铀的放射性。

铀射线的发现在整个法国传播开来,当时来法国求学的波兰女青年玛丽·斯克罗多夫斯卡正在攻读博士学位,她和她的丈夫皮埃尔·居里认为,虽然铀射线是从铀盐中被发现的,但没有理由认为铀是唯一能放出这种射线的元素。他们根据这种射线能使空气电离而使金箔验电器丢失电荷的性质,用一种灵敏的验电器检查了已知的70多种元素,于1898年4月发现钍也能放出同样的射线。后来,居里夫妇和其他物理学家、化学家分别从铀、钍的矿石中发现了多种新的放射性元素,为化学元素的大家庭增添了新的成员。

公众对于放射性元素普遍存在两个误区:一个是认为放射性物质是非常可怕的,谈核色变,但其实在安全剂量内的放射性物质对我们没有可测量的伤害;另一个是认为放射性物质离我们很远,一般人接触不到,但其实放射性是非常普遍的,我们身体内的许多必需元素都具有微弱的放射性,无法避免。曾经还有第三个误区:认为放射线的强大能量是有益的,详见 8-2-1 "镭补"和 8-2-2 "氡泉"等小节,后来的结果大家都知道了,喝了"镭补"的人纷纷得癌症死去;以及最近还有第四个误区:认为手机、WiFi、微波炉等电磁辐射和放射性元素一样有害,虽然相信这一点的公众很多,但因为大家都离不开手机,就只能忍了。

针对第一个误区,我们首先需要解决放射性强度的测量问题,定义出一种具有可比性的单位。一种最简单粗暴的定义方法是测量一秒钟内放射出多少个粒子,称为"**放射性活度**"(**Radioactive Activity**)。一开始,放射化学家将 1 克 ^{226}Ra 的放射性活度作为基准单位,因为 ^{226}Ra 是居里夫妇发现的,所以该单位称为"**居里**"(**Ci**)。但 ^{226}Ra 的半衰期只有 1600 年,标准样品过上几年放射性强度就会发生变化,不适合作为长期标准。后来,科学家选取了一种不依赖具体物质的自然单位,以 1 秒钟放射 1 个粒子作为基准单位,因为贝克勒尔是第一个发现放射性的科学家,所以该单位称为"**贝克**"(**Bq**)。这两个单位有一个恒定的比值,即:

$$1\text{Ci} = \frac{N_A}{M(^{226}\text{Ra})} \cdot \frac{\ln 2}{T_{1/2}(^{226}\text{Ra})} = 3.66 \times 10^{10} \text{Bq}$$

而对于其他放射性核素,只要知道它的半衰期、原子量和样品质量,就可以根据公式 $A = m \cdot \frac{T_{1/2}(^{226}\text{Ra})}{T_{1/2}} \cdot \frac{M(^{226}\text{Ra})}{M}$,计算出该样品的放射性活度。比如:

人体内钾含量 0.2%,约 120 克,其中 ^{40}K 半衰期 12.48 亿年,丰度 0.0118%,总含量 15 毫克,活度 $A = 0.11$ 微居里;人体内碳含量 23%,约 13 千克,其中 ^{14}C 半衰期 5730 年,丰度 1.2×10^{-12},总含量 0.015 微克,活度 $A = 0.07$ 微居里;人体内氢含量 10%,约 6 千克,其中 ^{3}H 半衰期 12.43 年,丰度 1×10^{-17},总含量 60 飞克,活度 $A = 0.0006$ 微居里。这些放射性核素天然地存在于人体内,总活度 0.18 微居里,无法避免也无需避免。

而 1 克 ^{238}U 的活度 $A = 0.34$ 微居里,相当于 2 个人;1 克 ^{232}Th 的活度 $A = 0.11$ 微居里,相当于 0.6 个人,也无需防护。一般微居里(10^4 贝克)级别的放射性物质样品对人体是安全的,而毫居里(10^7 贝克)级的Ⅳ类放射源需要在防护下操作,居里(10^{10} 贝克)级以上的Ⅲ、Ⅱ、Ⅰ类放射源就非常危险了,只能用机器人操作。

放射线活度是放射源本身的性质,考虑到放射源到人体的距离、照射的时间长度、中间被材料吸收程度、不同射线的穿透能力、电离能力的不同,射线对人体的实际影响不用放射性活度而用"**当量剂量**"(Equivalent Dose)来表示,单位是**希沃特**(**Sv**),定义是 1 千克组织吸收 1 焦耳射线的能量,再乘以由射线种类决定的系数(见彩色插页第 10—11 页图 8-1)。

希沃特是个很小的单位,希沃特又是个很大的单位:说它小是因为它换算成能量仅仅相当于 60 焦耳,60 焦耳的无线电波可以让手机通话不到 1 分钟,60 焦耳的红外线照射 15 cm^3 的手指温度上升不超过 1℃,60 焦耳的可见光可以让眼睛看到电灯泡微弱的光芒闪烁了 1 分钟;说它大是因为,同样 60 焦耳的能量,换成 γ 射线就会导致严重的辐射病,超过 200 焦耳的 γ 射线照射人体就会致死。

因为辐射的能量不仅仅和总能量有关,还和单个粒子的能量有关,无线电波、红外线、可见光的单个光子能量低,无法引起电离,总能量再高也无法引起辐射伤害,仅仅可能会像微波炉那样引起发热造成烫伤,所以我们不用担心手机、WiFi、微波炉等非电离辐射造成的辐射伤害;紫外线、X 射线、γ 射线的单个光子能量高,每一个光子都能引发大量的原子电离,并打断共价键,破坏物质结构,引起辐射伤害;β 射线、α 射线等带电实物粒子的电离能力更强,在能量相同时,辐射伤害比 γ 射线更强,应乘以更高的系数(α 射线乘以 20)。

放射线本身照射身体超过一定剂量时会造成伤害,但对于用 α、β、γ 射线照射过的物质,其原子核不会发生变化,所以不会残留放射性,我们不用担心用放射线消毒过的泡椒凤爪有什么危险(见 4-2-1 钴^{60}Co)。但用中子照射过的物质,其原子核往往会被注入中子变成不稳定的同位素,之后就按一定的半衰期开始放出自己的射线了,这种放射性称为"**感生放射性**"(Induced Radioactivity),计算当量剂量时需乘以 1~20 不等的系数。对于这些物品,我们需要根据其残留的放射性活度大小和射线类型采取相应的防护措施。

辐射的防护有 3 种主要的方法:时间防护、距离防护、屏蔽防护。前两条很好理解,离放射源距离越远、操作时间越短,则受到的伤害越小,所以一些放射性较强的样品(毫居里以上)必须用机械臂操作。而屏蔽防护是利用一些物质对射线的吸收、反射或减速,使射线不能到达人体,针对不同的射线类型,所选择的屏蔽材料也不同。

α 射线是带 2 个正电荷的氦原子核,电离能力很强,在短距离内就能把自己的能量全部释放出来,所以穿透能力较弱,一般只能穿透几厘米的空气或几微米的固体,无法穿透皮肤表面的那层死细胞,所以在体外无需特别防护。但需注意不要摄入体内造成内照射,因为 α 射线电离能力强,所以一旦在体内直接照射到活细胞,造成的伤害远大于 β、γ 射线。

β 射线带 1 个负电荷,其电离能力中等,穿透能力也中等,可以穿透几米厚的空气或几毫米厚的铝箔,用铝板或有机玻璃板可以屏蔽。

γ 射线和 X 射线是不带净电荷的电磁波(Electromagnetic Wave),但传播过程中存在交变电场和磁场,其电离能力较弱,在很长的距离内逐渐将自己的能量释放出来,所以穿透能力很强,可以穿透几百米厚的空气或几米厚的混凝土。必须用铅、钨、钡等原子序数高、核外电子多的材料,并且需要至少几厘米的厚度。

而中子因为不带电,也不存在交变电磁场,所以与核外电子几乎没有作用,只有与原子核碰撞后才能减速或被吸收,穿透力很强。要防护中子辐射必须先用水、石墨、石蜡等材料中较轻的原子核与快中子碰撞,将快中子减速为热中子,再用硼、镉等俘获截面大的元素吸收热中子,生成的感生放射性核素放出的 β、γ 射线再用铅等原子序数高的材料屏蔽。

针对第二个误区,我们需要对前面 7 章的已知元素进行一下梳理,会发现它们的许多核素都具有放射性,而这些核素可根据其来源分为 4 种类型。

8-1-1 原生放射性核素(Primordial Radionuclides)

放射性其实是一个很普遍的现象,286 种地球上大量存在的原生核素,它们中的相当一部分(已发现 50 多种)都会发生衰变,例如:

但这些核素的半衰期都很长,最长的 ^{128}Te 半衰期可以达到 10^{24} 年,1mol ^{128}Te 每年衰变不到 1 个原子,比本底辐射的强度还要低得多,普通仪器都测量不出来,不会对我们造成任何伤害。随着半衰期逐渐变短,放射性的强度逐渐增强,短到 1000 亿年以内就有可能用盖革计数器、硫化锌荧光屏等普通的仪器测出来了。

表 8-1 部分原生放射性核素

核素	丰度	半衰期（年）	衰变方式	核素	丰度	半衰期（年）	衰变方式
^{40}K	0.0118%	1.248×10^9	β^-, β^+	^{144}Nd	23.8%	2.29×10^{15}	α
^{40}Ca	96.94%	5.9×10^{21}	$2\beta^+$	^{147}Sm	14.99%	1.06×10^{11}	α
^{48}Ca	0.19%	4.3×10^{19}	$2\beta^-$	^{176}Lu	2.59%	3.76×10^{10}	β^-
^{50}V	0.25%	1.4×10^{17}	β^+, β^-	^{180}W	0.12%	1.8×10^{18}	α
^{50}Cr	4.35%	1.8×10^{17}	$2\beta^+$	^{182}W	26.50%	1.7×10^{20}	α
^{54}Fe	5.85%	3.1×10^{22}	$2\beta^+$	^{183}W	14.31%	8×10^{19}	α
^{58}Ni	68.08%	7×10^{20}	$2\beta^+$	^{184}W	30.64%	1.8×10^{20}	α
^{64}Zn	48.27%	2.3×10^{18}	$2\beta^+$	^{186}W	28.43%	4.1×10^{18}	α
^{70}Zn	0.63%	1.3×10^{16}	$2\beta^-$	^{187}Re	62.60%	4.12×10^{10}	β^-
^{87}Rb	27.83%	4.88×10^{10}	β^-	^{190}Pt	0.01%	6.5×10^{11}	α
^{113}In	4.29%	1×10^{15}	SF	^{198}Pt	7.16%	3.2×10^{14}	$2\beta^-, \alpha$
^{115}In	95.71%	4.41×10^{14}	$2\beta^-$	^{209}Bi	100%	1.9×10^{19}	α
^{122}Sn	4.63%	5.8×10^{14}	$2\beta^-$	^{232}Th	100%	1.405×10^{10}	α, SF
^{124}Sn	5.79%	1×10^{17}	$2\beta^-$	^{235}U	0.72%	7.308×10^8	α, SF
^{128}Te	31.74%	2.2×10^{24}	$2\beta^-$	^{238}U	99.27%	4.468×10^9	α, SF, $2\beta^-$
^{138}La	0.090%	1.02×10^{11}	ε, β^-	(^{244}Pu)	痕量	8.08×10^7	α, SF
^{142}Ce	11.07%	5×10^{16}	$2\beta^-, \alpha$	(^{146}Sm)	痕量	6.8×10^7	α

而半衰期继续缩短,短到远小于地球年龄,则这种核素就不可能作为原生核素出现在地球上了。因为放射性核素每个原子每时每刻衰变的概率恒定,每过一定时间会有一半的原子发生衰变,经过 n 个半衰期之后就只剩下 $1/2^n$ 了。在整个地球 46 亿年的历史中,如果经历了足够多的半衰期,1 mol 的该核素只剩下了不到 1 个原子,则不可能再被检测到了。要达到这种程度,需要满足 $2^n = 6.02 \times 10^{23}$,$n = \ln(6.02 \times 10^{23})/\ln 2 = 79$ 个半衰期,半衰期需短于 46 亿/79 = 5800 万年。而半衰期长于 5800 万年的放射性核素都可能从地球诞生时留存到现在,成为地球上原生的放射性核素。

半衰期长于原生限的核素中最短的 6 种依次为：6800 万年的^{146}Sm、8110 万年的^{244}Pu、7.038 亿年的^{235}U、12.48 亿年的^{40}K、44.68 亿年的^{238}U、140.5 亿年的^{232}Th。其中^{146}Sm 和^{244}Pu 非常接近原生限，所以地球上残存的量极少，一般不认为它们是原生核素，不包括在 286 种原生核素中，而是归为**已灭绝核素（Extinct Radionuclide）**；^{235}U、^{238}U、^{232}Th 构成了铀、钍两种元素的绝大部分原子，这两种元素被认为是最典型的原生放射性元素，而从 84 号到 89 号的次生放射性元素都是它们的衰变产物；^{40}K 以很低的比例（0.0118%）和钾的稳定核素^{39}K、^{41}K 混合在一起，所以习惯上依然认为钾是一种非放射性元素，在 6-1-1 中已经讨论过。

8-1-2　次生放射性核素（Secondary Radionuclides）

从 84 号钋到 89 号元素锕，它们的所有同位素半衰期都不超过 1600 年，远低于 5800 万年的原生限。从地球诞生到现在，至少都经历了 300 万个半衰期，衰变成原来的 $1/2^{3000000}=10^{-900000}$，一个原子都不剩了。那么，这些半衰期很短的元素为什么现在还存在呢？因为它们是铀、钍这些原生放射性核素的衰变产物，称为"**次生放射性核素**"。

^{238}U、^{235}U、^{232}Th 这 3 种原生放射性核素发生的都是 α 衰变，放出一个^{4}He 原子核之后，自身的质量数减 4，原子序数减 2；其衰变产物可以继续发生 α 或 β 衰变，质量数减 4 或不变。在最终衰变为稳定核素^{206}Pb、^{207}Pb、^{208}Pb 的过程中，会经过质量数被 4 除余数相同的一系列核素，称为"**放射系**"（radioactive series）或"**衰变链**"（decay chain）。

这些次生放射性核素在地壳中的含量可以用半衰期进行计算：在母体的半衰期远大于子体时，将达成长期的放射性平衡，母体因半衰期极长其浓度和活度基本不变，为子体的生成提供稳定的来源，子体生成速率基本不变，而消耗速率一开始随着子体生成的量增多而增大，当经过了子体的 5~10 个半衰期后，消耗速率和生成速率达到相等，$a_{母}c_{母} = a_{子}c_{子}$，平衡浓度与比活度成反比，与半衰期成正比。例如铀矿石中，^{226}Ra 的半衰期 1600 年是其母体^{238}U 的半衰期 44.68 亿年的 280 万分之一，所以含量也是^{238}U 含量的 280 万分之一，而其活度与^{238}U 的活度相等。经过了 n 次 α 衰变和 m 次 β 衰变之后，每一级子体的放射性活度都等于母体的活度,总放射性活度为纯净母体活度的$(n+m)$倍。

根据余数从 0 到 3,可以分为 4 个放射系:

① **铀系($4n+2$系)**

^{238}U 的质量数被 4 除余 2,经过 8 次 α 衰变和 6 次 β 衰变,最终生成稳定核素 ^{206}Pb,称为"**铀系**"。整条衰变链上除了母体 ^{238}U 及其同位素 ^{234}U 外,产量最大的是半衰期 1600 年的 ^{226}Ra,有时为了和铀的另外一种同位素 ^{235}U 为母体的放射系相区别,称为"**镭铀系**"。

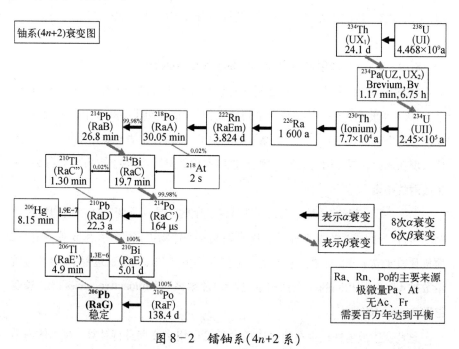

图 8-2 镭铀系($4n+2$系)

整条衰变链包含 8 次 α 和 6 次 β 衰变,达到平衡后活度应为纯 ^{238}U 的 14 倍。但因为所有子体中最长的 ^{234}U 半衰期为 24.5 万年,所以从贫铀(纯 ^{238}U)出发,达到平衡需要百万年,在此之前,只有半衰期 24.1 天的 ^{234}Th 和半衰期 6.75 小时的 ^{234}Pa 可以按平衡浓度存在,放射性活度为纯 ^{238}U 的 3 倍;而第二长的 ^{230}Th 半衰期为 7.7 万年,从天然铀(^{238}U 与 ^{234}U 达成平衡,并含有 0.72% ^{235}U)开始,数十万年后可以达到平衡,放射性活度上升为纯 ^{238}U 的 14 倍。

② 钍系(4n 系)

^{232}Th 的质量数被 4 整除，经过 6 次 α 衰变和 4 次 β 衰变，最终生成稳定核素 ^{208}Pb，称为"**钍系**"。整条衰变链上除了母体 ^{232}Th 外，半衰期最长的是 5.76 年的 ^{228}Ra，只需经过后者的几个半衰期即二三十年即可达成放射性平衡，放射性活度上升为纯 ^{232}Th 的 10 倍。所以存放 20 年以上的"老钍"会比新提纯的钍放射性强一个数量级。

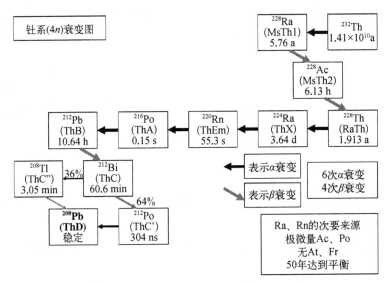

图 8-3 钍系(4n 系)

③ 锕铀系(4n+3 系)

^{235}U 的质量数被 4 除余 3，经过 7 次 α 衰变和 4 次 β 衰变，最终生成稳定核素 ^{207}Pb。整条衰变链上除了母体 ^{235}U 外，最早被发现的是 1899 年发现的 ^{227}Ac，所以为了和铀的另外一种同位素 ^{238}U 为母体的放射系相区别，称为"**锕铀系**"。

整条衰变链包含 7 次 α 和 4 次 β 衰变，达到平衡后活度应为纯 ^{235}U 的 11 倍。但因为所有子体中最长的 ^{231}Pa 半衰期为 3.28 万年，所以从纯 ^{235}U(高浓缩铀)出发，达到平衡需要十万年。在此之前，只有半衰期 25.5 小时的 ^{231}Th 按平衡浓度存在，放射性活度为纯 ^{235}U 的 2 倍。

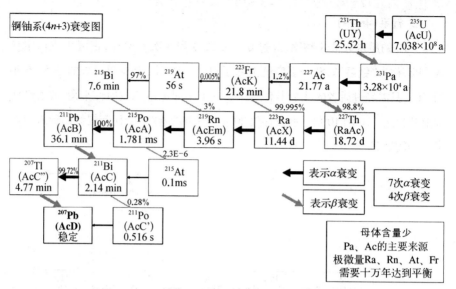

图 8-4 锕铀系(4n+3 系)

④ 镎系(4n+1 系)

^{237}Np 的质量数被 4 除余 1，经过 8 次 α 衰变和 4 次 β 衰变，最终生成稳定核素 ^{205}Tl，称为"镎系"。因为母体 ^{237}Np 的半衰期 214 万年远小于 5800 万年的原生限，无法自地球诞生之日起残存至今，所以镎系核素在今天的地球上除最终

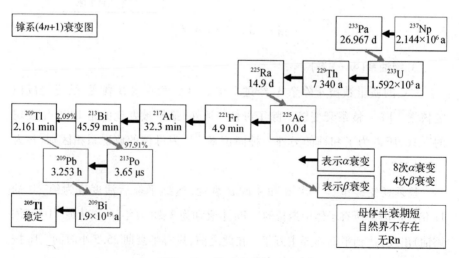

图 8-5 镎系(4n+1 系)

产物外都不存在。整条衰变链的倒数第二个子体 ^{209}Bi 半衰期远长于宇宙年龄，一般将 ^{209}Bi 作为镎系的最终产物，α 衰变只需进行 7 次。

3 个天然放射系中包括了 84 号到 92 号的所有元素，其中 84 号钋、86 号氡、88 号镭、89 号锕、91 号镤半衰期相对较长，存在的量相对较大，都是 19 世纪末 20 世纪初从自然界中发现的次生放射性元素，是我们这章真正要讨论的重点。

8-1-3 宇生放射性核素（Cosmogenic Radionuclides）

自然界中还存在一些较轻的短寿命放射性核素，比如半衰期 12.3 年的氚、5730 年的 ^{14}C、2.6 年的 ^{22}Na、71.7 万年的 ^{26}Al、30.1 万年的 ^{36}Cl、1570 万年的 ^{129}I 等。它们的半衰期不足以支持它们从地球诞生之日起残存至今，它们的质量数又太小无法由铀、钍衰变产生，只能由空气中的稳定核素与宇宙射线中的高能粒子碰撞生成，称为"宇生放射性核素"。这些核素中较为重要的已经在相应元素的章节中介绍过（见 2-2-2 碳-14、4-1-3 氚）。

表 8-2 宇生放射性核素

核素	生成方式	半衰期	核素	生成方式	半衰期
^{3}H	^{14}N(n, ^{12}C)T	12.32 年	^{32}P	Ar 散裂	14.3 天
^{7}Be	N、O 散裂	53.2 天	^{34m}Cl	Ar 散裂	34 分
^{10}Be	N、O 散裂	$1.387×10^{6}$ 年	^{35}S	Ar 散裂	87.5 天
^{11}C	N、O 散裂	20.3 分	^{36}Cl	^{35}Cl(n,γ)^{36}Cl	$3.01×10^{5}$ 年
^{14}C	^{14}N(n,p)^{14}C	5730 年	^{37}Ar	^{37}Cl(p,n)^{37}Ar	35 天
^{18}F	^{18}O(p,n)^{18}F Ar 散裂	110 分	^{38}Cl	Ar 散裂	37 分
^{22}Na	Ar 散裂	2.6 年	^{39}Ar	^{38}Ar(n,γ)^{39}Ar	269 年
^{24}Na	Ar 散裂	15 小时	^{39}Cl	^{40}Ar(n,np)^{39}Cl Ar 散裂	56 分
^{28}Mg	Ar 散裂	20.9 小时	^{41}Ar	^{40}Ar(n,γ)^{41}Ar	110 分
^{26}Al	Ar 散裂	$7.17×10^{5}$ 年	^{41}Ca	^{40}Ca(n,γ)^{41}Ca	$1.02×10^{5}$ 年
^{31}Si	Ar 散裂	157 分	^{81}Kr	^{80}Kr(n,γ)^{81}Kr	$2.29×10^{5}$ 年
^{32}Si	Ar 散裂	153 年	^{129}I	Xe 散裂	$1.57×10^{7}$ 年

因为宇宙射线来源于地球之外,所以高海拔地区强于平原,而飞机、宇宙飞船上遭受的辐射更强,并且因为地球磁场对带电粒子的引导,两极地区的辐射强于赤道地区。地面上来自宇宙射线的当量剂量每年约 0.4 毫希,青藏高原上每年 1 毫希,而在 12 公里高度飞行的民航客机在赤道上为 20 毫希/年(2 微希/时),在两极为 50~120 毫希/年(6~14 微希/时)。为保护空乘人员,民航总局规定每人每年飞行时间不能超过 1200 小时。

8-1-4 人造放射性核素(Synthetic Radionuclides)

43 号元素锝、61 号元素钷、85 号元素砹、93 号以后的所有元素都是通过人造的方法发现的,它们在自然界中或者不存在,或者即使在自然界痕量地存在,但因为量太少实用上是通过人造方法合成的。因为它们所有的核素半衰期都短于 5800 万年的原生阈值,并且不在 3 个天然放射系中或者只在放射系的支链上,并且其母体难挥发无法在高层大气中由宇宙射线生成。对于这些元素,我们将在第 10 章人造元素中进行讨论。

无论这些放射性核素的成因属于哪一类,其放出的射线都有很多用途,可以治疗癌症、杀菌消毒(见 4-2-1 钴^{60}Co)、测定年份(见 2-2-1 节^{14}C 定年、5-3-2 节^{238}U-^{206}Pb 定年、7-4-1 节^{40}K-^{40}Ar 定年)等,将在每一种元素中分别介绍。

8-2 钋、镭、氡、锕、镤:次生放射性元素

8-2-1 钋$_{84}$Ra 和镭$_{88}$Ra

高中语文课本上有一篇梁衡写的散文《跨越百年的美丽》,讲述的是居里夫人和放射性元素的故事。散文更加注重文学性,而我们的故事则更加注重科学性。这两种元素都是居里夫妇发现的,但这两种"发现"的含义却完全不同。

1898 年 4 月 12 日,居里夫妇向法国科学院报告一种反常的情况:铀矿石的放射性比纯铀强很多,最可能的解释是铀矿中有一种比铀放射性强很多的新

元素。为了分离出这种新元素,居里夫妇开始了艰苦的工作,从几十公斤沥青铀矿出发,采用100年前传下来的分析化学二分法,再结合放射性检测的新技术:① 将矿石加酸溶解,检测到放射性在溶液中比滤渣强;② 将溶液和碳酸钠共同煮沸,检测到碳酸盐沉淀的放射性比溶液强;③ 将沉淀再溶于酸,检测到溶液的放射性比残渣强;④ 向第3步的溶液中通入硫化氢,得到的硫化物沉淀放射性比溶液强,经过多次纯化,最终得到的硫化物沉淀的放射性比纯铀强400倍。于是居里夫妇认为这种新的放射性元素属于亲硫的p区金属,放在铋的后面。1898年7月,他们宣称获得了这种新元素,用居里夫人的祖国波兰将这种元素命名成Polonium,元素符号定为Po,中文音译为钋。

但其实纯钋的放射性是纯铀的120亿倍,居里夫妇得到的那些"钋"中真正的钋含量不到千万分之一,难以研究它的化学性质,并不能算真正得到了钋这种化学元素。真正第一个制得钋并研究它的化学性质的是德国化学家马克瓦尔德,他在1903年用类似的方法从更多(15吨)的铀矿渣里分离出了3毫克钋盐,并用电解法将钋单质分离出来。马克瓦尔德根据其化学性质将他得到的金属命名为Radiotellurium(射碲),最终"射碲"和钋被证明是同一种元素,但"发现"的殊荣已经归属居里夫妇了。

相比之下,镭的发现要更加正宗,从检出到制出纯品,所有的环节都是由居里夫妇完成的。

和钋一样,居里夫妇发现镭同样是采用对铀矿石化学分析和放射性检测结合的方法:① 将矿石加硫酸溶解,检测到放射性在滤渣中比溶液中强;② 将滤渣和碳酸钠共同煮沸,再加盐酸溶解,检测到溶液的放射性比残渣强;③ 向溶液中通入硫化氢,除去钋,再向溶液中通入氯气、氨气,再加入碳酸钠,生成的碳酸盐沉淀放射性更强;④ 将碳酸盐沉淀用盐酸溶解后蒸发至干,用浓盐酸洗涤除去氯化钙,放射性留在了结晶中。这样得到的氯化物结晶主要是氯化钡,但它的放射性是纯铀的900倍,其中必定含有放射性更强的元素。因为这种元素和钡类似,其硫酸盐难溶于水,所以应该属于IIA族的碱土金属。

1898年12月,居里夫妇向法国科学院报告了他们的发现,因为这种元素能够放射出当时已知最强的射线,所以用拉丁文radius(半径,射线)将其命名成

Radium，元素符号定为 Ra。我国曾经根据它的放射性将其意译成"鍦"或"鈤"（与锗的旧译名相同），享受化学元素中为数不多的意译待遇，足可见我国当时对这种元素的重视。1903 年，我国新文化运动的先驱鲁迅先生还写过一篇《说鈤》，发表于《浙江潮》上。后来，我国将 Radium 音译成镭，又借用镭指代许多不含镭甚至与放射性无关的事物，比如"镭射"（**受激辐射光放大**，简称**激光**），音译自 LASER（**Light Amplification by Stimulated Emission of Radiation**）。

此后，居里夫妇利用奥地利政府赠送的 1 吨产于捷克的铀矿渣，经过 4 年艰苦卓绝的工作，1902 年，居里夫妇终于提炼出了 0.1 克纯净的氯化镭，并从中电解出了金属镭，测定出它的原子量是 225（后修正为 226）。至此镭元素的发现史宣告完成。

钋和镭存在这种区别是因为它们的半衰期差别：镭最稳定的同位素是^{226}Ra，半衰期 1602 年，是其母体^{238}U 的 300 万分之一，所以含量也是铀的 300 万分之一，含 1 吨铀的矿石中有 0.3 克的镭；钋的已知同位素中最稳定的是^{209}Po，半衰期 102 年，但它的质量数为 $4n+1$，属于自然界中不存在的镎系，自然界中钋最稳定的同位素是^{210}Po，半衰期 138 天，是其母体^{238}U 的 120 亿分之一，所以含量也是铀的 120 亿分之一，含 1 吨铀的矿石中只有 80 微克的钋。所以居里夫妇只用 1 吨铀矿石有可能从中获得肉眼可见量的镭，但绝无可能获得肉眼可见量的钋。

从 1898 年镭被发现到 1975 年，70 多年间人类总共从铀矿中提取了 4.5 公斤^{226}Ra，目前这个数字不会再增加了，因为 1960 年代以后更廉价的人造放射性核素已经全面取代了镭的各种用途。在此之前，镭的主要用途包括：

利用镭的放射性杀死癌细胞，进行癌症的治疗。这一用途现在已被^{60}Co 和加速器产生的离子束取代。

镭和铍粉混合，用镭放出的 α 射线与^{9}Be 发生核反应产生中子，在核反应堆中作为启动中子源，或用在中子衍射、中子活化分析等分析仪器中。目前这一用途已被^{241}Am 取代。

将硫酸镭和硫化锌混合制造自发光的荧光粉，涂在仪表、指针上用于夜间显示。这种用途已于 1960 年代被^{147}Pm 取代，1980 年代起被氚取代。但因为镭的半衰期长达 1600 年,这些涂了镭的仪表、指针现在依然具有放射性。

因为镭的强大能量,历史上对镭的使用还有一段黑暗的往事。镭刚被发现时,是一种明星元素,人们认为它放出的射线能够促进健康和男性生殖能力,将镭用作高级滋补品。不过在当时的放射热潮下,许多黑心商家把自己不含镭的产品也标上了 Radium,比如镭淀粉、镭鞋油、镭牙膏、镭避孕套都不含镭,这反而倒成了一件好事。那么对于号称含镭的滋补品,同样地,如果喝到的是假冒的那还好,如果喝到真的那就可怕了。有一种饮料就真的含有镭,称作"镭补"(Radithor)。当然,从名字里可以看出,饮料中除了镭还有钍,因为镭实在太贵了,而钍便宜得像铜一样,但钍也是放射性元素,摄入体内同样也会造成内照射伤害。当时这种饮料每瓶售价 1 美元,相当于现在的 15 美元,只有商业大亨才能喝得起。有一位名叫拜尔斯的实业家每天饮用 3 瓶"镭补",可以说相当有钱了。结果在连续喝了 3 年以后,因为镭与钙同族,容易沉积在骨骼上,长期的体内辐射让他的骨骼布满空洞,并患上骨癌等多种癌症,最后痛苦地死去。拜尔斯下葬时,连棺材都是用铅制的。1932 年,这种害人的饮料终于停止生产了。

而钋因为半衰期更短放射性更强,所以应用一直受到限制。对于最易获得的 ^{210}Po,可用作 Po-Be 中子源,也曾利用它的射线使空气电离消除织物的静电以及照相底片上的灰尘。但获取方法不是从铀矿石中提取,而是通过人造的方法:用中子轰击被金箔覆盖的铋箔,^{209}Bi 接受 1 个中子后生成 ^{210}Bi,再以 5.012 天的半衰期发生 β 衰变生成 ^{210}Po。

对于一种从自然界中发现的元素,应用时却需要靠人工制备,其原因有三:

(1) 因为钋在矿石中含量太少,提取成本高;

(2) ^{210}Po 半衰期太短,从自然界中提取的使用寿命太短,而人工制备可以反复使用,衰变完了再用中子照射就又能产生 ^{210}Po;

(3) 钋有很难处理的缺点:① 在玻璃容器中极易被容器表面吸附;② 在溶液中极易水解,形成胶体;③ 放出 α 粒子之后,剩下的铅原子核因为动量守恒,在空气中极易产生反冲核,形成**放射性气溶胶(Radioactive Aerosol)**。这样很容易造成放射性污染,必须被金箔覆盖后再制备才能避免污染。

^{210}Po 的放射毒性和化学毒性都很强,曾被一些特工用于下毒。2004 年,巴

勒斯坦民族权利机构主席阿拉法特逝世,在其遗体遗物中检出了^{210}Po。2006年,叛逃英国的俄罗斯前特工利特维年科死于钋中毒,其摄入剂量仅仅10微克。如此受到特工青睐也得益于^{210}Po是铀放射系的倒数第二步中间产物,只需再经过一步α衰变即可变为稳定的^{206}Pb,只放出穿透力很弱的α射线而不放出β射线,γ射线的产额也很低,所以不会对下毒者造成伤害,也不会被安检设备查出。

但许多禁烟宣传片列举的香烟中的毒素包括钋-210,这就属于本末倒置了。香烟中的主要毒素是尼古丁、烟焦油和一氧化碳,会对吸烟者和周围的人造成毒害。而对于钋,烟草和其他的农作物一样,只能从土壤中吸收金属元素,普通的土壤中是不会有足够对人造成危害量的钋-210的,除非这些烟草种在了铀矿上方。烟民每天吸烟20支,一年下来累积受到其中钋-210的照射约为1毫希,低于本底辐射的剂量(2.4毫希/年)。

关于这两种放射性元素,最不重要的物理、化学性质放在最后说:

钋的熔点252℃,沸点962℃,密度9.3 g/cm³。但因为衰变而发热,热功率密度高达114.6 J·Ci^{-1}·h^{-1},即145.2 W/g,所以很容易挥发。钋在常温下能与空气中的氧气反应,所以必须保存在惰性气体或惰性溶剂中。钋易溶于稀酸,微溶于碱,其金属性强于非金属性。

镭的熔点700.0℃,沸点1737℃,密度5.5 g/cm³。和它上方的其他碱土金属类似,镭在空气中易被氧化和氮化,生成白色的RaO和黑色的Ra_3N_2。在水中,镭剧烈反应放出氢气,生成氢氧化镭。硫酸镭和硫酸钡类似,难溶于水。

8-2-2 氡 $_{86}$Rn

氡是对人体危害最大的放射性元素,构成体外天然本底辐射的60% (1.5毫希/年)。这主要不是因为它半衰期短(按8-1-2节的讨论,同一条衰变链上,半衰期短意味着含量少,各个子体总辐射量是相等的),而是在于它是一种气体,会主动扩散到呼吸道内造成内照射,而不像铀、钍那样,只要不吃就没事;并且这种气体很重,容易停留在地表附近和不通风的房屋内,不易稀释;并且氡气分子是非极性分子,易溶于油脂等有机溶剂,容易被人体吸收;然而它衰变的产物却都是固体,并且依然具有半衰期从几秒到几十年不等的放射性,会沉积在它所接触过的所有固体表面继续放出射线,称为"**放射性淀质**"(**Radioactive Deposit**),其中一种中间产物^{210}Pb 半衰期长达 22.3 年,虽然放射性活度比氡低了 2000 倍,但会长期停留在体内持续内照射。

建筑材料中的平均含铀量应低于 0.004%,以免产生的氡气对人体造成危害。因为来自于岩浆的火成岩比如花岗岩中的含铀量比较高,用作室内建材时可能会使室内的氡含量超标。而媒体经常炮轰有放射性的大理石属于由沉积岩在高温高压下变质形成的变质岩,从成因上来说铀含量就低,超标的可能性比花岗岩小。出现这种混淆可能是因为非专业的媒体和大众见到有花纹的石头就以为是大理石。当然,所有的天然岩石做建材时必须经过放射性检测,合格后才能上市。

氡一共有 3 种天然同位素,都是从铀、钍衰变而来的:最丰富也是最重要的^{222}Rn,半衰期 3.82 天,属于质量数 $4n+2$ 的铀系,直接母体是^{226}Ra,所以也叫"镭射气"(Radon,符号 Rn),氡的英文名和元素符号就来源于此,中文名氡也音译自其第二个音节,1900 年由德国物理学家道恩发现;^{220}Rn,半衰期 55.6 秒,属于质量数 $4n$ 的钍系,所以也叫"钍射气"(Thoron,符号 Tn),半衰期短所以含量少,并且能扩散的距离也有限,1899 年由卢瑟福的学生欧文斯发现;^{219}Rn,半衰期 3.96 秒,属于质量数 $4n+3$ 的锕铀系,所以也叫"锕射气"(Actinon,符号 An),半衰期更短含量更少,1903 年由法国化学家德比尔纳和德国化学家吉赛尔分别独立发现。

在放射化学的研究史上,这些气体放射性核素的出现是非常幸运的事情,因为早期发现的铀、钍、镭的寿命都太长,而钋又不纯,短期内都看不出明显的强度变化。而氡是气体,易于和母体分离得到**放射纯**(放射性活度只由 1 种主要核素贡献)的样品,并且半衰期适中,将镭射气收集密封在玻璃管中而不必额外提纯,其放射性强度就以每 3.82 天降低一半的速率衰减,这才发现了半衰期。

并且,氡从铀、镭衰变而来,再继续衰变成钋、铅,放出射线的同时竟然能从金属元素变为稀有气体,再变为原子量更小的金属元素,这是过去认为原子是物质最小组成单元的化学家想都不敢想的,也是令贝克勒尔、居里夫妇等放射化学先驱感到惊讶的。20世纪初,含氡的密封玻璃管曾被用作癌症的放疗,但因为体积大,定向性差,并且使用寿命短,后来这些废氡管主要用于提取 ^{210}Pb。

而同样在历史上,氡也像曾经的"镭补"那样受到追捧。"镭补"的危害之前已经讨论过,那段放射性刚发现时的热潮在1930年代戛然而止。不过可悲的是,直至今日,"氡泉"依然被看作温泉旅游区宣传的亮点,长白山脚下的一个火车站甚至直接就以"氡泉"命名。如果这是虚假宣传那还罢了,问题是许多著名的温泉真的含氡,因为温泉的热量就来自地球内部铀和钍的衰变,当它们从地底下流出来时就有可能将衰变产生的氡气一起带了出来。当这些温泉的保健作用和氡联系起来了之后,就受到了不明所以的大众的追捧。所幸大部分温泉氡含量都不高,不足以产生危害,而其保健作用主要和其温度有关,用家里煤气烧的洗澡水也能实现相同的效果。少部分氡含量高的温泉会对人体产生危害。

因为地下水中氡含量高于地表水,而地下水中深层水的氡含量高于浅层水,地震来临前地层活动加强,氡气沿断层逸出至地表,于是浅层水中氡气含量增加,可以监测地下水中氡气含量作为预报地震的依据之一。

8-2-3 锕$_{89}$Ac 和镤$_{91}$Pa

锕和镤在自然界中各有2种天然放射性同位素,但它们分别的半衰期和含量相差非常悬殊,所以实践中计算原子量时可以认为是单天然核素的元素。其中,各自含量最多的 ^{227}Ac 和 ^{231}Pa 都是质量数为 $4n+3$ 的锕铀系成员:

^{227}Ac,半衰期21.77年,于1899年由法国巴黎大学化学教授德比尔纳发现,因其放射性用希腊文 aktinos(光束)将其命名为 Actinium,元素符号定为 Ac,中文音译为锕。

^{231}Pa,半衰期32800年,是 ^{227}Ac 的1500倍,1918年由德国放射化学家哈恩和女物理学家迈特纳从沥青铀矿的矿渣中发现,因为它衰变成锕,所以用希腊文 protos(起源)的词根 prot-放在 actinium 之前,命名成 Protactinium,元素符号取两个词根的首字母定为 Pa,中文音译为镤。

^{231}Pa 和 ^{227}Ac 在同一条放射链上,达到衰变平衡后其丰度应与半衰期成正比。^{231}Pa 的半衰期是 ^{227}Ac 的 1500 倍,则丰度也是 ^{227}Ac 的 1500 倍,但 ^{231}Pa 却在 ^{227}Ac 之后十几年才被发现,并在名字中打下了烙印,这是非常奇怪的一件事。

再比较一下 ^{231}Pa 和最早得到肉眼可见量纯品的次生放射性核素 ^{226}Ra:^{231}Pa 的半衰期 32800 年是 ^{226}Ra 的半衰期 1600 年的 20 倍,其母体 ^{235}U 的丰度是 0.72%,而 ^{226}Ra 的母体 ^{238}U 丰度是 99.28%,^{235}U 的半衰期 7.038 亿年比 ^{238}U 的半衰期 44.68 亿年短 6 倍,所以 ^{231}Pa 在铀矿石以及整个地壳中的丰度应该是 ^{226}Ra 的 $\dfrac{0.72\% \times 32800/7.308}{99.28\% \times 1600/44.68} = 0.877$ 倍。镤和镭的丰度在同一个数量级,在所有次生放射性元素中居第二位。但镤却是最后一个被发现的,这就更加奇怪了。

原因可能得从化学性质上来考虑,镤和铀同属 IIIB 族,又离铀最近,最难分离,于是镤被一直当成了铀。而镭是碱土金属,与铀完全不同而和钡一起在硫酸盐、碳酸盐中富集,与铀分离后容易被发现。

^{227}Ac 的半衰期更短,含量更少,反而先于镤于 1899 年被发现。因为当时这种"发现"的定义和钋一样,非常含糊,只要从一堆去除了已知放射性元素(铀、钍、镭、钋)的残渣中测出放射性强度强于铀,就说发现了新元素,而这种"新元素"到底长什么样,可以暂时放在一边。^{227}Ac 的半衰期短,放射性强,所以被发现得较早。

从镤的另一种天然同位素的名字中可以看出端倪:^{234}Pa,半衰期 6.70 小时,其同质异能素 ^{234m}Pa,半衰期 1.17 分钟,属于质量数 $4n+2$ 的铀系,是 ^{238}U 的衰变产物。1913 年美籍波兰裔化学家法扬斯在分离铀的衰变产物时分离出了铀 X1 和铀 X2,他发现铀 X2 的性质类似于钽,因为半衰期很短而用拉丁文 brevitas(短)将其命名为 Brevium,元素符号定为 Bv,中文音译为鏷,而铀 X2 其实就是 ^{234}Pa。

同样的情况发生在锕的另外一种天然同位素中:^{228}Ac,半衰期 6.15 小时,属于质量数 $4n$ 的钍系,是 ^{232}Th 的衰变产物,被命名为 Mesothorium2(中钍 2,meso-表示中间),简称 MsTh2。

它们都是作为铀、钍的衰变子体而被发现,所以名字都是用 U、Th 开头。随后,铀系、钍系、锕铀系中的各个子体陆续被发现(见图 8-2~图 8-4),这些错综复杂的"元素"的发现使得当时放射性元素的种类多达几十种,一时间,19 世纪末稀土元素发现中的乱象仿佛又回来了。要等到莫塞莱提出用 X 射线光谱测定原子序数之后,这些元素才能理出头绪。

1961 年,英国原子能管理局(UKAEA)花费 50 万美元从 60 吨铀矿石中提取了 125 克 ^{231}Pa,分发给了几个想要研究镤的潜在用途的实验室。但这些努力都失败了,现在这 125 克样品大部分还都锁在这些实验室中。美国橡树岭国家实验室目前提供镤的成本约 280 美元/克。

与镤不同,锕的半衰期太短,含量太少,所以锕不是从矿石中提纯获取的,而是通过人工合成获取的。用核反应堆的中子照射 ^{226}Ra 生成 ^{227}Ra,后者以 42.2 分钟的半衰期进行 β 衰变得到 ^{227}Ac,这一方法和生产 ^{210}Po 的反应类似。不过,^{227}Ac 也没有发现重要的用途,并且其原料 ^{226}Ra 也已经停产了。只有利用其放射发热制造同位素热电池。

第9章 九九归一：真正的原子序数

1869年，俄国化学家门捷列夫将当时已经发现的63种元素按照原子量排序，发现它们的性质呈周期性递变。但这种递变规律中出现了3组颠倒的反常情况：Ar = 39.948、K = 39.0983；Co = 58.933195、Ni = 58.6934；Te = 127.60、I = 126.90447。按化学性质排在左边的元素其原子量反而比较大，这说明了原子量并不是元素性质周期性递变的决定性因素，只是当时的化学分析只能使用宏观手段，只能测出原子量而无法直接测量原子序数。

随着19世纪末20世纪初大批天然放射性元素的发现，科学家对于总共有多少种化学元素莫衷一是。许多半衰期、射线类型各不相同的放射性"元素"，它们的化学性质却完全相同，应该算作是同一种元素还是不同的多种元素也没有个判断标准。这时，德国物理学家伦琴在19世纪末发现的X射线挺身而出，帮了化学家的大忙。

X射线本质上和γ射线一样，都是高能的电磁波，不同之处在于γ射线产生于原子核内，能量更高，并且其波长、能量、强度与同位素的种类密切相关；而X射线则是核外电子受电场激发后发生跃迁释放出来的，能量相对较低，并且其波长、能量、强度与同位素无关，只与元素种类有关，同种元素不同同位素的原子产生的X射线波长相同。

不同种元素的X射线波长λ与原子序数Z间可以化为简单的线性关系，这一关系在1914年由英国物理学家莫塞莱提出，称为**莫塞莱定律**(**Moseley's law**)：

$$\frac{1}{\lambda} = \tilde{\nu} = R(Z-b)^2\left(\frac{1}{m^2} - \frac{1}{n^2}\right)$$

其中 m、n 分别为跃迁前后电子所在的层数；b 为屏蔽系数，对于 $m=1$ 的 K 层电子，$b=1$；R 为里德堡常数 $R = 1.0973731568549 \times 10^7 \text{ m}^{-1}$。其中，$K_\alpha$ 线是从 L 层 ($n=2$) 跃迁到 K 层 ($m=1$) 发出的 X 射线，取 $m=1, n=2, b=1$ 代入后得：

$$Z = \sqrt{\frac{1}{\lambda R\left(\frac{1}{m^2} - \frac{1}{n^2}\right)}} + 1 = \sqrt{\frac{121.6 \times 10^{-9}}{\lambda}} + 1$$

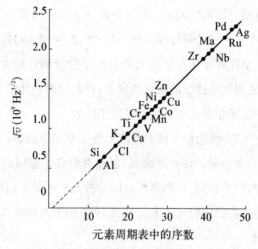

图 9-1 X 射线频率和原子序数的关系

根据这个公式可以将当时已知的所有元素的原子序数计算出来，发现 92 号元素之前的所有元素，除了第 43、61、72、75、85、87 号之外全部都已经被发现，剩下的 6 种元素在当时被称作**"空位元素"**。而这当中，83 种稳定原生元素已经发现了 81 种，九九归一，只剩 72 号铪和 75 号铼尚待发现（见彩色插页第 12 页图 9-2）。

9-1 铪$_{72}$Hf

对于 72 号元素在周期表中放在什么位置,当时的化学家有 2 种看法:发现 71 号元素镥的法国化学家乌尔班认为 72 号和 71 号一样属于稀土,并于 1911 年宣称从不纯的氧化镱中发现了这种元素,但在法国以外没有得到其他化学家的承认;玻尔根据他 1922 年提出的核外电子排布理论认为 72 号元素在 40 号锆的正下方,同年和玻尔一起工作的匈牙利化学家赫维西和荷兰物理学家科斯特受此启发,用 X 射线光谱从锆石中发现了这种元素。为了纪念该元素的发现地——丹麦首都哥本哈根,他们用古称"哈夫尼亚"将其命名为 Hafnium,元素符号 Hf,中文音译为铪。

铪在地壳中的含量并不算低,约为 3.0 g/T,排在所有元素的 47 位,比锡、汞等都要高。但因为镧系收缩导致其化学性质和它同族的锆太过相似,难以分离,所以直到 1922 年才被发现。所有的锆矿石、民用锆制品,比如在 5-3-2 中介绍过的锆丝闪光灯、二氧化锆陶瓷刀、二氧化锆仿钻中都含有 2~4% 的铪。事实上,这种混合金属在大部分场合下都不需要分离,一般都用锆铪的总量来计算纯度,比如 99.7%(铪 2%)的锆指的是其中锆铪的总量占 99.7%,其中锆 98%,铪 2%。

只有一种用途的锆和铪需要分离提纯后才能使用,这就是核电站中的燃料管和吸收棒。因为锆耐腐蚀并且中子俘获截面非常小(0.185 靶恩,见表 5-3),几乎不吸收中子,所以可以用作装填核燃料二氧化铀的燃料管外壳。但铪的中子俘获截面非常大(104.1 靶恩,约为锆的 600 倍),如果用作燃料管外壳的锆中含有少量铪,就会将中子大部分吸收掉,核反应就会停止。所以用作燃料管外壳的锆中铪的含量必须小于 0.05%,这种锆称为"核纯锆"(Nuclear-grade Zirconium 或 Hafnium-free Zirconium,不含中子吸收核素的锆)。分离的方法可以将它们在氢氟酸中溶解制成 ZrF_6^{2-} 和 HfF_6^{2-},用阴离子交换树脂进行选择性吸附;或者将它们溶解在磷酸盐中制成配合物,用有机溶剂进行萃取分离。分离出来的铪因为强烈地吸收中子,可以用作核反应堆中的控制棒,一旦产生的中子太多反应太过剧烈,就将金属铪棒插入反应堆中,中子被吸收后反应就慢下来了,这一用途在核电站中不常用(主要用更廉价的硼和镉),主要用在核潜艇、核动力航母等精密设备中。

铪的物理性质与锆有差异,密度更大(13.31 g/cm^3 vs 6.506 g/cm^3),熔点更高(2230℃ vs 1852℃),可以用于一些高温场合。纯金属铪可以用作等离子金属切割机的电极,在电火花的高温下也能保持既不熔化也不被腐蚀;含铪的化合物 $HfTa_4C_5$,熔点高达 4215℃,是已知熔点最高的物质,用作火箭推进器的火焰喷口。

9-2 铼 $_{75}$Re

铼是真正的稀有元素,地壳中的丰度只有 0.0007 g/T,排在所有天然原生元素的 81 位(即倒数第 3 位),低于所有的稀土元素、铂系元素,仅仅多于氦氙这两种稀有气体。铼没有独立的矿床,并且与它同族的 43 号元素锝当时也尚未被发现(事实上锝在自然界中无宏观量存在),而另一个同族元素 25 号锰离得太远,化学性质差别大,无法共生在一起,所以铼只能在它左上方的元素铌、钼的矿物铌铁矿、辉钼矿和右边的铂系元素矿物中少量存在。

1908 年,稀有气体发现者拉姆塞的学生,日本化学家小川正孝在方钍石中发现了一种和锰相似,"原子量为 100"的元素。因为锰下面的 43 号和 75 号都还未知,小川猜想它是 43 号元素,将其命名为 Nipponium,意为日本。但其他科学家都没能重复出他的结果,后人分析了他的实验记录,认为他其实错把 75 号元素铼当成了 43 号元素。1925 年,德国女化学家塔克和物理学家诺达克从铌铁矿中浓缩提取出了一种杂质,交给光谱专家贝格用 X 射线光谱检测,发现了 75 号元素,他们 3 人用德国第一大河莱茵河将其命名为 Rhenium,元素符号 Re,中文音译为铼。后来,诺达克和塔克结为夫妇,传为一段佳话。

1925 年发现的铼是自然界中发现的最后一种天然原生元素,而同族的锝是 1937 年通过人造方法合成的第一种元素。这不得不说是一个巧合,因为元素周期表是按化学性质和核外电子排列的,而元素的丰度、自然界存在与否则与其原子核的性质有关,两者之间并无直接联系,至于有没有更深层次的内在联系还有待人类进一步地探索。包括另一种人造元素 61 号钷 Pm 和第一种超铀元素 93 号镎 Np 也位于锝、铼的正下方，这也实在是太巧合了。

目前使用的铼主要是从焙烧辉钼矿（MoS_2）的烟道灰中获得。在地壳中，铼元素和钼按照"对角线规则"共生在一起，在焙烧过程中生成挥发性的+7 价氧化物 Re_2O_7，升华点 360℃，富集在烟道灰中。将其用氨水溶解后可以制得高铼酸铵 NH_4ReO_4。与高锰酸钾的紫红色和强氧化性不同，高铼酸铵是白色晶体，并且氧化性很弱，可以稳定存在。要制得金属铼必须用氢气还原高铼酸铵：

$$2NH_4ReO_4 + 7H_2 \rightarrow 2Re + 2NH_3 + 8H_2O$$

而金属铼遇到过氧化氢的氨溶液则可以溶解生成高铼酸铵：

$$2Re + 2NH_3 + 7H_2O_2 \rightarrow 2NH_4ReO_4 + 6H_2O$$

金属铼与铂系金属类似，室温下永远闪着银白色的金属光泽，熔点高（3180℃），耐腐蚀，而其化合物又具有多种可变化合价，具有很好的催化能力。所以铼的主要用途是和铂一起，用作高温炉的电阻丝、测量温度的热电偶；催化有机物的加氢、脱氢反应；以及将抗爆性差的汽油进行重排制成抗爆性好的汽油，这一过程称为铂-铼重整。

铼有 2 种天然同位素：丰度 37.40%的 ^{185}Re 和丰度 62.60%的 ^{187}Re。其中后者是原生放射性核素，发生 β 衰变生成 ^{187}Os，半衰期 412 亿年，是地球年龄的 9 倍，可以根据矿石中 ^{187}Re 和 ^{187}Os 的比值计算出成矿年代。但是它放出的 β 射线能量很低，只有 2.6 keV，是已知能量最低的 β 射线，穿透能力很弱，用常规仪器无法测到其放出的射线。一般认为放射性核素的半衰期与温度、压强、浓度等物理状态及化合价等化学状态无关，但对于一部分与电子相关的 β 衰变、β^+ 衰变、电子俘获衰变（EC 衰变），核外电子情况将影响其衰变速率。例如将 ^{187}Re 完全电离后得到的裸原子核 $^{187}Re^{75+}$，其发射的 β 电子进入 K 层轨道生成 $^{187}Os^{75+}$，放出 15keV 的能量，这一能量远大于衰变能，所以 $^{187}Re^{75+}$ 更不稳定，半衰期只有 33 年，降低了 9 个数量级（Bosch, F.; Faestermann, T.; et al. (1996). "Observation of bound-state β - decay of fully ionized ^{187}Re：$^{187}Re - ^{187}Os$ Cosmochronometry". Physical Review Letters. Volume 77. Issue 26. Pages

5190 – 5193.)。又如将稳定的^{163}Dy完全电离,得到的裸原子核^{163}Dy^{66+}会发射电子进入K层轨道,生成^{163}Ho^{66+},半衰期只有47天;而^{163}Ho原本会以4570年的半衰期发生电子俘获衰变,将其完全电离后,裸原子核^{163}Ho^{67+}没有电子可以俘获,是稳定的。又如^{7}Be,自由原子发生EC衰变的半衰期为53.29天,在C_{60}包裹的空腔中,电子云密度提高,半衰期缩短至52.68天,在金属中,外层电子电离为自由电子,半衰期增大0.9%(T. Ohtsuki.; et al. (2004). "Enhanced Electron-Capture Decay Rate of ^{7}Be Encapsulated in C_{60} Cages". Phys. Rev. Lett. Volume 93. Issue 11. Artical 112501.; Wang, B.; Yan, S.; Limata, B.; et al. (2006). "Change of the ^{7}Be electron capture half-life in metallic environments". The European Physical Journal A. Volume 28. Issue 3. Pages 375 – 377.)。

第 10 章 人造元素

10-1 锝、钷、砹、钫：空位元素

铅和铼被发现后,92 号以前的空位元素只剩下了 4 种：43 号、61 号、85 号、87 号。但从 1925 年到 1937 年的 12 年间,化学元素的发现陷入了沉寂,虽然偶尔有报道发现了这 4 种元素中的某一种,但都没有被证实。人们逐渐意识到：这 4 种元素可能在自然界中根本就不存在。

帮助人们更加坚定这一想法的是苏联物理学家舒卡列夫和德国物理学家马陶赫在 1934 年提出来的**同量素统计规则**（**the Mattauch Isobar Rule**）：不能有核电荷仅仅相差一个单位的两种稳定同量素（**Isobar**,质量数相同而质子、中子数不同）存在。比如 $_{18}^{40}Ar$、$_{19}^{40}K$、$_{20}^{40}Ca$ 这 3 种同量素,$_{18}^{40}Ar$ 和 $_{20}^{40}Ca$ 可以稳定存在,而核电荷与它们相差 1 的 $_{19}^{40}K$ 就是放射性的。虽然这一统计规则在第五周期后半段有 3 对例外：$_{48}^{113}Cd$、$_{49}^{113}In$、$_{49}^{115}In$、$_{50}^{115}Sn$、$_{51}^{123}Sb$、$_{52}^{123}Te$,但在其他地方,这一规则还是正确的,对寻找空位元素具有指导意义。

10-1-1 锝 $_{43}Tc$

当把这一规则用在 42~44 号元素时,人们发现,从质量数 94 到 102,已经有一连串的钼和钌的稳定同位素存在了,再也没有 43 号元素的稳定同位素存在的余地了。

表 10-1 42~44 号元素稳定同位素的质量数

元素	稳定同位素的质量数								
$_{42}$Mo	92		94	95	96	97	98		100
43	×	?	×	×	×	×	×	×	?	×
$_{44}$Ru					96		98	99	100	101	102		104

自然界中不存在 43 号元素的稳定同位素,从哪里去发现它呢? 只能通过人工核反应了。1936 年底,意大利物理学家赛格雷在加州大学伯克利分校进修期间,用劳伦斯实验室的回旋加速器得到的高速氘原子核轰击钼靶,通过核融合反应:$_{42}^{A}\text{Mo}+_{1}^{2}\text{H}\rightarrow_{43}^{A+1}\text{Tc}+_{0}^{1}\text{n}$,生成了微量的 43 号元素。赛格雷将样品带回意大利,请化学教授佩里埃进行分离,花费半年时间终于提取出 10^{-10} 克新元素,并研究了它的化学性质,这就是几十年来梦寐以求的 43 号元素。第一种人造元素被发现了,它宣告了人类在化学元素史上的角色,从一个发现者,开始成为一个创造者。这是人类的胜利,是技术的胜利,这种元素也用"技术"的词根 Techno 命名为 Technitium,元素符号 Tc,中文音译为锝。

最早通过氘核轰击钼制得的锝是 ^{97}Tc(半衰期 260 万年)。1940 年,美国核化学家西博格和华裔女物理学家吴健雄在铀裂变的产物中发现了另外一种同位素 ^{99}Tc(半衰期 21 万年),1962 年在天然铀的自发裂变产物中也发现了痕量的这一同位素。而半衰期最长(420 万年)的 ^{98}Tc 无法通过常规方法制得。

表 10-2 锝的常见同位素

同位素	半衰期	衰变类型	备 注
^{97}Tc	260 万年	EC	最早发现
^{98}Tc	420 万年	β	半衰期最长
^{99}Tc	21.1 万年	β	产量最高
^{99m}Tc	6.02 小时	IT,β	用途最广

因为锝的所有同位素半衰期都不超过 420 万年,地球诞生至今已经经过了 1000 个半衰期,没有任何一个原生的锝原子能够从地球诞生之日起残存至今,所以地球上没有天然原生的锝元素。但在太阳等恒星内部,核反应不断地释放

出中子,会将其他元素转化为锝,在红巨星的光谱中已经检测出了锝的谱线。

锝最大的用途是将^{99m}Tc 用于医学造影(见彩色插页第 9 页图 10-1),它与^{99}Tc 质子数、中子数均相同,但能量略高,称为"**同质异能素**"(**Isomer**)。^{99m}Tc以 6.02 小时的半衰期衰变成^{99}Tc,衰变时只放出较低能量(140 keV)的 γ 射线,对人体的危害小。实际使用时是将富集了^{98}Mo 的钼靶用高通量中子轰击,得到半衰期 65.94 小时的^{99}Mo,^{99}Mo 不断衰变得到^{99m}Tc,用生理盐水将^{99m}Tc 洗脱下来,这一过程称为"挤奶",^{99}Mo 靶称为"母牛"。洗脱得到的含^{99m}Tc 的溶液用不同的配位剂配位再注射进人体,根据配位剂的不同^{99m}Tc 会富集在不同的器官、组织上,根据放射线的位置、强度就可以检测出该器官病变情况了。检测完成后,^{99m}Tc 迅速衰变为^{99}Tc,半衰期上升 3 亿倍,放射性强度下降 3 亿倍,就不会对人体造成伤害了。

利用锝的化学性质而非放射性,可以将它用于钢铁中以提高抗腐蚀性能,在核反应堆的冷却水中只需添加 55 p.p.m. 的高锝酸钾($KTcO_4$)即可使普通碳钢在 250℃ 的加压水中也不被腐蚀,原因可能是形成了二氧化锝(TcO_2)保护层。金属锝及其合金在低温下是超导体,未来有可能用于超导磁铁的制造。这些用量较大的锝可以从核电站的乏燃料中成吨地获得,铀的裂变产物中大约有 6% 都是^{99}Tc,其价格逐年下降,上个世纪末已降至 60 美元/克。

10-1-2 钷$_{61}$Pm

把同量素统计规则用在 60~62 号元素时,人们又发现,从质量数 142 到 150,也已经有一连串的钕和钐的稳定同位素存在了,61 号元素的稳定同位素也和锝一样没有存在的余地了。

表 10-3　60~62 号元素稳定同位素的质量数

元素	稳定同位素的质量数										
$_{60}$Nd	142	143	144	145	146		148		150		
61	×	×	×	×	×	×	×	×	?	?	×
$_{62}$Sm			144			147	148	149	150	152	154

1938年，在用核融合的方法成功将42号元素钼转化成43号元素锝之后，德国放射化学家哈恩、施特拉斯曼和迈特纳（女）依葫芦画瓢，用中子射线去照射92号元素铀，希望能使原子序数增加1，合成93、94号元素。但他们意外地发现，铀在受到中子撞击后根本就没有产生新元素，而是生成了钡、镧、铈、氪等中等质量的已知元素的原子，铀原子核一分为二了，这一过程称为"**核裂变**"（**Nuclear fission**）。在计算了裂变前后原子的质量，并用爱因斯坦的质能方程 $E = mc^2$ 换算成能量后，他们指出：铀核裂变会放出巨大能量，后来利用这一能量人类制造出了原子弹、核电站。

因为铀原子核一分为二，在裂变过程中生成的都是中等质量的原子，质量数从70到160均有分布，其中就包括了钷最有可能出现的140~150的范围（见彩色插页第12页图10-2）。1947年，美国田纳西州橡树岭国家实验室的研究人员马林斯基、格伦丁宁、科里尔将铀的裂变产物用离子交换柱进行吸附和淋洗，从淋洗曲线中发现在60号和62号元素之间有新的淋洗峰，于是确认发现了61号元素。1948年，美国人再接再厉，制出了纯净的氯化钷和硝酸钷各3毫克，它们都拥有漂亮的粉红色。因为核裂变和天上恒星中进行的核聚变都是核反应，人工进行核裂变被认为是将原本被上天垄断的核能之火偷到了人间，于是就用古希腊神话中盗取天火之神普罗米修斯（Prometheus）将这一元素命名为 Promethium，元素符号 Pm，中文音译为钷。

钷最稳定的同位素是 ^{145}Pm，半衰期17.7年，但无法大量制备。铀的裂变产物中的钷为 ^{147}Pm，半衰期2.62年，可以从核电站中大量获取，产额约2%，1965年，在天然铀的自发裂变产物中也发现了痕量的这一同位素。

表10-4 钷的常见同位素

同位素	半衰期	衰变类型	备 注
^{145}Pm	17.7年	EC,α	半衰期最长
^{146}Pm	5.53年	EC,β	
^{147}Pm	2.62年	β	产量最高

^{147}Pm 是纯 β 发射体，β 粒子的能量不高（233 keV），可以与荧光粉混合后，

制造自发光的夜光材料,用于航标灯、夜光仪表和钟表。20 世纪初,这些夜光粉主要用从铀矿中提取的 ^{226}Ra 制造,1960 年代 ^{147}Pm 被大量制造出来取代了 ^{226}Ra,而 1980 年代氚又取代了 ^{147}Pm。现在还能找到的用 ^{147}Pm 制造的夜光钟表都已经经历了超过 10 个半衰期,其中的 ^{147}Pm 几乎全部衰变为 ^{147}Sm,变得几乎没有放射性了。

10-1-3 砹$_{85}$At 和钫$_{87}$Fr

与 43 号和 61 号元素不同,85 号和 87 号元素的前后都是放射性元素,无法用同量素统计规则来判断其是否稳定。一开始,因为它们在元素周期表中的位置分别是卤素和碱金属,化学家将 85 号元素命名为"类碘",87 号元素命名为"类铯",二者都是成盐的元素,所以想从盐湖中去寻找它们,结果使用光谱分析和原子量误差分析都没有成功。

1939 年,法国女科学家佩雷在研究 ^{227}Ac 的放射性类型时发现,^{227}Ac 主要发生 β 衰变生成 ^{227}Th,另有 1.2% 会发生 α 衰变生成 ^{223}Fr。为了纪念她的祖国,该元素命名为 Francium,元素符号 Fr,中文音译为钫。

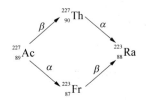

图 10-3 钫的生成和衰变

1940 年,美国科学家柯尔森用 α 粒子轰击 ^{209}Bi 靶,发生如下反应制出了 85 号元素:

$$^{209}_{83}\text{Bi} + ^{4}_{2}\text{He} \rightarrow ^{211}_{85}\text{At} + 2^{1}_{0}\text{n}$$

因为这种元素不稳定,所以用希腊文 astatos(不稳定)将其命名为 Astatine,元素符号 At,中文音译为砹。

砹的所有同位素都是放射性的,并且半衰期很短,最长的也是最早被发现

的 ^{223}Fr 也只有 21.8 分钟,它属于锕铀系(4n+3 系,见图 8-4),因为锕铀系的母体 ^{235}U 在自然界中含量本来就不高,而且其衰变的主线并不经过 ^{223}Fr,只有 ^{227}Ac 的 1.2% 会发生 α 衰变生成 ^{223}Fr,所以按照次生放射性核素达到放射平衡时的浓度计算(见 8-1-2),钫在自然界中的含量极少,铀矿中每 $1.4×10^{15}$ 个 ^{235}U 原子,或 $2×10^{17}$ 个天然铀原子中含有一个 ^{223}Fr 原子,在地壳中的丰度仅为 $1.5×10^{-23}$,整个地壳中只有几十克。

砹的所有同位素也都是放射性的,半衰期比钫稍长,最早通过核融合合成的砹是 ^{211}At,半衰期 7.5 小时;后来发现最稳定的是 ^{210}At,半衰期 8.1 小时。但这些都是人工合成的,而自然界中存在的砹同位素半衰期更短:铀系的 ^{218}At 半衰期 1.6 秒(见图 8-2);锕铀系的 ^{219}At 半衰期 56 秒,^{215}At 半衰期 10^{-4} 秒(见图 8-4)。并且这 3 种砹同位素都不在衰变主线上,只有不到 0.02% 的母体会经过衰变成砹的分支。所以从地球化学上来说,砹比钫要少得多,其丰度仅为铀的 $4×10^{20}$ 分之一,约为 $7×10^{-27}$,整个地壳中只有几毫克。

目前没有开发出砹和钫的重要用途。仅根据砹和碘都容易被甲状腺吸收的相似性,将 ^{211}At 在甲状腺中富集用于治疗甲状腺肿瘤。以往治疗甲状腺肿瘤主要使用 ^{131}I,但 ^{131}I 是 β 放射性,穿透力较强,对 2 毫米内的正常细胞都会造成伤害;而 ^{211}At 是 α 放射性,穿透力弱,可以定向杀死 70 微米内的癌细胞。

10-2 从 93 到 118:超铀元素

铀之后的元素称为**超铀元素**(**Transuranic element**),它们都是人造发现的,其中 93 号镎、94 号钚后来还在铀矿中痕量地检出,但含量太低,要使用它们仍然需要通过人工方法合成。

10-2-1 镎 $_{93}$Np 和钚 $_{94}$Pu

最重的天然元素 92 号铀(Uranium)是用当时发现的太阳系中最远的一颗行星天王星(Uranus)命名的,后来在天王星之外 1846 年又发现了海王星,1930 年在海王星之外又发现了冥王星,于是 93 号元素就用海王星(Neptune)命名成了 Neptunium,元素符号 Np,中文音译为镎;94 号元素就用冥王星(Pluto)命名成了 Plutonium,元素符号 Pu,中文音译为钚。

这两种元素都是 1939 年将铀暴露在核反应堆的高通量中子照射下获得的:

① ^{237}Np

$$^{238}_{92}U + ^1_0n \rightarrow ^{237}_{92}U + 2^1_0n\ ;\ ^{237}_{92}U \rightarrow ^{237}_{93}Np + ^0_{-1}e$$

^{237}U 以 6.75 天的半衰期衰变成 ^{237}Np,后者的半衰期 214 万年,是镎的所有同位素中最稳定的。^{237}Np 的质量数属于 (4n+1) 系,因为该系列所有核素的半衰期都不超过 214 万年,无法自地球诞生起残存至今,所以构成了自然界中不存在的第 4 个放射系(镎系,见图 8-5)。该系列最终的衰变产物为 ^{209}Bi,它也有放射性,但半衰期长达 2×10^{19} 年,一般不把它当作放射性核素看待。^{237}Np 没有民用用途,但其母核 ^{241}Am 用在烟雾报警器中,后者以 432 年的半衰期发生 α 衰变,每年有 $\ln 2/432 = 0.16\%$ 衰变成 ^{237}Np,所以普通人还是有机会接触到微量的 ^{237}Np 的。

镎系的子体 ^{229}Th 的同质异能素 ^{229m}Th 能量比其基态高 7.6 eV,放出的 γ 射线(按其来源而不是波长分类)位于 160 纳米的紫外波段,是已知能量最低的 γ 射线(Xinxin Zhao, et al. (18 October 2012). "Observation of the Deexcitation of the ^{229m}Th Nuclear Isomer". Phys. Rev. Lett. Volume 109. Issue 16. Arctical 160801.)。

② ^{239}Pu

$$^{238}_{92}U + ^1_0n \rightarrow ^{239}_{92}U \rightarrow ^{239}_{93}Np + ^0_{-1}e\ ;\ ^{239}_{93}Np \rightarrow ^{239}_{94}Pu + ^0_{-1}e$$

^{239}U 以 23.45 分的半衰期衰变成 ^{239}Np,^{239}Np 以 2.357 天的半衰期衰变成 ^{239}Pu,最终产物 ^{239}Pu 的半衰期 2.41 万年。它因为容易裂变所以用于原子弹的制造,投放在长崎的原子弹"胖子"就是一颗钚弹。我国港台地区将 Pu 音译为"铈",更形象地显示出其恐怖之处。因为钚弹的放射性远高于铀弹,射线会引起一些材料结构和力学性质的改变,保存不易,所以现在钚弹的应用较少。

③ ^{238}Pu

$$^{237}_{93}Np + ^1_0n \rightarrow ^{238}_{93}Np \rightarrow ^{238}_{94}Pu + ^0_{-1}e$$

^{238}Np 以 2.117 天的半衰期衰变成 ^{238}Pu,后者的半衰期 87.74 年,放射性活度较强,单位时间内产生的热量达 0.568 W/g,而放出的 α 射线穿透能力弱,防护设施简单,适合于同位素热电池的制造,可以长期稳定供电。心脏起搏器、远离太阳而无法利用太阳能的外层行星探测器都需要 ^{238}Pu 制造的同位素热电池,每个心脏起搏器中大约有 150 毫克 ^{238}Pu,而行星探测器需要数公斤 ^{238}Pu 来提供电能。

④ ^{244}Pu

^{244}Pu 的半衰期 8100 万年,勉强进入能够残存至今的原生放射性核素的界限内。但它的含量非常少,因为地球诞生到现在 ^{244}Pu 已经经过了 56 个半衰期,仅有原来的 $2^{-56} = 1.4 \times 10^{-17}$ 残存,所以在与钚化学性质相似的铀和稀土矿物中丰度小于 10^{-19},即每克样品中少于 370 个原子,其地壳丰度小于 3×10^{-26},整个地壳中总质量约为 1 克(D. C. Hoffman, et al. (19 November 1971). "Detection of Plutonium-244 in Nature". Nature. Volume 234. Pages 132–134;J. Lachner et al. (3 January 2012). "Attempt to detect primordial ^{244}Pu on Earth", Phys. Rev. C. Volume 85. 015801.)。

10-2-2　镅$_{95}$Am、锔$_{96}$Cm、锫$_{97}$Bk、锎$_{98}$Cf

95 号元素镅是民用用途最广泛的一种人造元素。建筑物内安装的离子型烟雾报警器都含有 ^{241}Am,它的半衰期 432 年,放出的是纯 α 射线,无法穿透烟雾报警器的外壳,所以对建筑物内的居住者是安全的。烟雾报警器内部有两个气室,一个密闭装有干净的空气,另一个和大气连通,将两个气室接在惠斯通电桥中,使用 ^{241}Am 发射的射线同时照射两个气室。如果大气也是干净的,两个气室电离情况相同,电桥平衡没有电流通过;如果大气中烟雾浓度较高,烟雾颗粒表面所携带的电荷使空气更易电离,于是电路中有电流通过,发出警报。每个烟雾报警器中含有约 0.2 微克 ^{241}Am,放射性活度不超过 0.8 微居,与 5 个人相当。

镅的所有同位素中^{243}Am的半衰期最长(7370年),但没有重要用途。

98号元素锎是人类能够宏观获得的最后一种元素了,99号以后的所有元素产量都在微克级以下,甚至只发现了几个原子,所以锎也是最昂贵的一种金属,每克价格高达1000万美元。^{252}Cf的半衰期2.645年,其中3%的分支会发生自发裂变而产生中子,中子产率约$1.8×10^{12}\mathrm{s}^{-1} \cdot \mathrm{g}^{-1}$,因其具有中子产率高、体积小、可移动、无超临界问题等优点而被用作中子源。锎的所有同位素中^{251}Cf的半衰期最长(890年),^{249}Cf的半衰期次之(351年),其余同位素都小于20年。

96号元素锔和97号元素锫暂时没有重要的用途。锔的同位素中^{247}Cm的半衰期1560万年,^{248}Cm半衰期34万年,^{250}Cm半衰期9000年,^{245}Cm半衰期8500年,^{246}Cm半衰期4730年,其余同位素都小于30年。锫的同位素中^{247}Bk半衰期1380年,^{248}Bk半衰期300年,其余同位素都小于1年。

镅(Americium)的名称来源于美洲,以和它正上方用欧洲命名的镧系元素铕(Europium)相对应。锫(Berkelium)、锎(Californium)的名称分别来源于伯克利、加利福尼亚州,以纪念加州大学伯克利分校在人造元素合成史中的突出贡献。锔(Curium)的名称来源于居里夫妇。按半边字的命名方法,镅和锔的中文名本来应该是金字旁右边分别加上"美"和"居",但"镁"已经用于12号元素的命名,而"锯"则是一个常用字容易引起混淆,所以分别改用了它们发音相近的字。

10−2−3 锿$_{99}$Es、镄$_{100}$Fm、钔$_{101}$Md、锘$_{102}$No、铹$_{103}$Lr、𬬻$_{104}$Rf、𬭊$_{105}$Db、𬭳$_{106}$Sg、𬭛$_{107}$Bh、𬭶$_{108}$Hs、䥑$_{109}$Mt、𫟼$_{110}$Ds、𬬭$_{111}$Rg、鎶$_{112}$Cn、鉨$_{113}$Nh、鈇$_{114}$Fl、镆$_{115}$Mc、鉝$_{116}$Lv、础$_{117}$Ts、鿫$_{118}$Og

后面的几种元素,科学家都仅仅得到了几个原子,完全测不出其化学性质,所以其命名也非常抽象,与其化学性质完全无关。这些名字中有些是为了纪念历史上的科学家:锿$_{99}$Es纪念爱因斯坦、镄$_{100}$Fm纪念费米、钔$_{101}$Md纪念门捷列夫、锘$_{102}$No纪念诺贝尔、铹$_{103}$Lr纪念发明回旋加速器的劳伦斯、𬬻$_{104}$Rf纪念卢瑟福、𬭳$_{106}$Sg纪念合成多种人造元素的西博格(唯一一个在世时就获得命名的科学家)、𬭛$_{107}$Bh纪念玻尔、䥑$_{109}$Mt纪念原子弹之母迈特纳、𬬭$_{111}$Rg纪念伦琴、鿔$_{112}$Cn 纪念哥白尼、铁$_{114}$Fl 纪念发现铀自发裂变的富列洛夫，𫟷$_{118}$Og 纪念俄罗斯极重元素合成先驱者奥加涅。有些是为了纪念合成这些人造元素的实验室及其所在地：𨧀$_{105}$Db 纪念俄罗斯杜布纳实验室、镆$_{115}$Mc 纪念其所在地莫斯科；𫟼$_{110}$Ds 纪念德国达姆施塔特重离子研究所、𬭳$_{108}$Hs 纪念其所在地黑森州（即拜恩州、巴伐利亚州）；鿭$_{113}$Nh 纪念发现国日本；𫟷$_{116}$Lv 纪念美国利弗莫尔国家实验室；䨷$_{117}$Ts 纪念美国橡树岭国家实验室所在地田纳西州。

而在获得正式命名之前，新发现的元素可根据其原子序数转写成拉丁文，从而获得临时命名：1=un；2=bi；3=tri；4=quad；5=pent；6=hex；7=sept；8=oct；9=enn；0=nil；最后加上-ium。元素符号取每一位数字的首字母，例如假想中的原子序数为幻数而具有特殊稳定性的 126 号元素即为 Unbihexium，元素符号缩写为 Ubh。

这些元素中，99 号锿和 100 号镄都是 1952 年美国在西北太平洋马绍尔群岛的埃尼威托克环礁（Enewetak Atoll）进行的氢弹试验的产物中分离出的，利用氢弹爆炸时的高通量中子将铀的质量数迅速增加后再连续进行 β 衰变，类似于超新星爆发时的 r 过程。其他都是用重离子轰击更重的靶核制得的，所用的重离子从 ^{4}He（α 粒子）到 ^{12}C、^{10}B、^{18}O、^{22}Ne、^{48}Ca、^{54}Cr、^{58}Fe、^{62}Ni、到最重的 ^{70}Zn；靶核从稳定的 ^{208}Pb、^{209}Bi，到人造的 ^{239}Pu、^{241}Am、^{249}Cf、^{253}Es 等。具体合成方法见附录表 A-2。

第 11 章 元素周期表的尽头

11-1 衰变：元素的未来

自 84 号元素以后，所有的元素都是放射性元素，再加上 43 号锝和 61 号钷，已经发现了 30 多种放射性元素。它们都不稳定，在自己有限的寿命中会衰变殆尽。尽管这些元素中有些寿命很长，比如最长的 ^{232}Th，半衰期 140.5 亿年，比宇宙年龄还长。

那么现在被认为是稳定的剩下 81 种元素里有没有放射性的呢？这种担心不无道理，因为进入新世纪以后，随着检测仪器灵敏度越来越高，它们中的不少同位素已经被发现存在衰变现象（见表 8-1），其中包括有些非常常见的元素，比如铁：^{54}Fe 半衰期 3.1×10^{22} 年，在天然铁中占比 5.845%；有些甚至放射性同位素占比超过一半，比如铼：^{187}Re 半衰期 4.12×10^{10} 年，占比 62.60%，比如铟：^{115}In 半衰期 4.41×10^{14} 年，占比 95.72%；有些甚至所有天然同位素都有放射性，比如钨，所有 5 种天然同位素 ^{180}W、^{182}W、^{183}W、^{184}W、^{186}W 全部都有放射性，半衰期从 10^{18} 年到 10^{20} 年不等；有些甚至整个元素就一种放射性核素，比如铋只有一种天然核素 ^{209}Bi，半衰期 2×10^{19} 年。所幸它们的半衰期都远长于宇宙年龄，放射性极弱，实用上不把它们当成放射性元素。例如最长的 ^{128}Te 半衰期有 10^{24} 年，1mol 该核素一年都不一定会衰变一个原子，整个宇宙年龄中只衰变了不到万亿分之一。但它们的寿命毕竟是有限的，如果宇宙的未来是无限的，那么它们在未来一定会衰变。

从热力学角度上来说，除了能量最低的 ^{56}Fe 最稳定外，其他原子量比 56 小的原子最终都会聚变成 ^{56}Fe，而原子量比 56 大的原子都会裂变或者 α 衰变成 ^{56}Fe，而原子量等于 56 但是中子多的原子比如 ^{56}Mn 会 β 衰变成 ^{56}Fe，质子多的原子比如 ^{56}Co、^{56}Ni 会 β^+ 衰变成 ^{56}Fe，只有 ^{56}Fe 是不会衰变的，最终整个宇宙中全部都是最稳定的 ^{56}Fe。

但这种过程从动力学上来说可能极慢，比如具有特殊稳定性的双幻数核 ^{208}Pb（质子数 82，中子数 126），根据理论估算其半衰期长于 10^{124} 年（Beeman, J. W.; Bellini, F.; Cardani, L.; et al. (April 2013). "New experimental limits on the α decays of lead isotopes". European Physical Journal A. Volume 49. Issue 4. Article 50.），因为可观测宇宙中质子总数也只有 10^{78} 个，即使宇宙中所有原子都是 ^{208}Pb，即总共 10^{76} 个 ^{208}Pb 原子，也需要 10^{48} 年才能看到 1 个 ^{208}Pb 原子发生衰变，所以从实践上来说，人类没有任何可能性观测到其衰变。还没等这些核素衰变完，下一个过程就会开始。

下一个过程就是质子的衰变。按照基本粒子的标准模型理论，所有粒子反应需要满足重子数守恒，质子作为最轻的一种重子不会衰变成其他重子。但按照**大统一理论**（**Grand Unified Theories**，简称 **GUTs**），重子数守恒被否定，质子其实也是不稳定的，会衰变成正电子和 π^0 介子或其他轻子：

$$p^+ \rightarrow e^+ + \pi^0 \text{ 或 } p^+ \rightarrow \mu^+ + \pi^0$$

质子衰变目前仅存在于理论预测中，还没有任何实验观测结果。不同的理论模型估计质子衰变的半衰期长达 10^{28} 到 10^{36} 年不等，平均为 10^{31} 年。到那时，就算是最稳定的 ^{56}Fe 也生存不下去了，因为宇宙中将不存在任何一个质子，依附于质子的中子和由质子、中子为核心构成的原子也不复存在，化学元素的时代宣告结束。

11-2 最后一种元素

那么如果人类要和时间赛跑（尽管对手慢得像蜗牛），赶在所有质子衰变完之前，能够找到的最后一种元素是什么？元素周期表的尽头在哪里呢？理论上存在 3 个因素会限制原子序数的增长：

① **半衰期**

从 90 号元素钍开始，每种元素中最稳定同位素的半衰期随着原子序数的递增呈指数函数下降。当这一半衰期将下降到普朗克时间 $t_p = \sqrt{\dfrac{\hbar G}{c^5}} = 5.39 \times 10^{-44}$ s（量子力学限定的时间最小单元）时，该原子连一个瞬间都不能存在。根据图 11-1，原子序数从 90 上升到 118，半衰期大约下降 19 个数量级，外推至普朗克时间，还需再下降 42 个数量级，即大约 $Z = 157$ 时，半衰期将触碰到普朗克时间的极限。

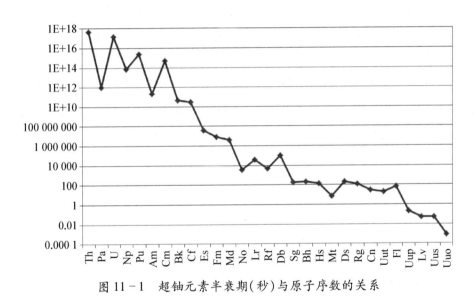

图 11-1　超铀元素半衰期（秒）与原子序数的关系

② **中子/质子比**

随着质子数 Z 的增加，质子之间的排斥力增加，需要更多的中子提供核力来抵消斥力，N/Z 比逐渐增加，从轻核的 $1:1$ 逐渐上升到 ^{238}U 的 $1.6:1$。当 N/Z 比继续增加时，即使这个原子核的总质量数足够大，其中的质子个数也是有限的，剩下的全部都是中子，原子核成为一颗中子星。

而且 N/Z 比的提高对于重元素的合成技术也是巨大的考验，因为重元素的合成是用高速的轻核去撞击重核引发核融合,而轻核的 N/Z 比接近于 $1:1$,会对最终融合而成的更重的核 N/Z 比造成影响,使其偏低。所以目前合成的超锕系元素其 N/Z 比都在 $1.5:1$ 附近,难以合成出理论上预测的最稳定的丰中子同位素。

③ "化学"不稳定性

即使这些超重元素的原子核可以存在,核外电子的运动也会使得原子作为一个完整的整体变得不稳定。因为随着原子序数的增加,1s 亚层电子的轨道半径越来越小,与 Z 成反比;而原子核的半径越来越大,与 $A^{1/3}$ 成正比。电子出现在原子核内而被质子俘获的概率随之增加,当两者半径相等时,此概率上升至 1,原子将会坍缩。据估计,这一限制将出现在 $Z=172$ 附近。一些稳定的裸原子核如 $^{205}Pb^{82+}$、$^{163}Dy^{67+}$ 在有核外电子时会发生电子俘获衰变就是这个原因。

元素周期表有没有尽头,现在还不得而知。但如果没有尽头,人类将永不会停止探索的脚步;而如果证明有理论上的尽头,人类也会不懈追求,直到触摸到这个尽头为止。

附 录

表 A-1 化学元素的命名

原子序数	元素名称	元素符号	英文名（拉丁文）	英 文 含 义	中文含义
1	氢	H	Hydrogen Hydrogenium	希腊文,水+生成	轻气
2	氦	He	Helium	希腊文,太阳	音译
3	锂	Li	Lithium	希腊文,石头	音译
4	铍	Be	Beryllium	绿柱石	音译
5	硼	B	Boron Borum	波斯文,硼砂,焊接	音译
6	碳	C	Carbon Carboneum	希腊文,炭	炭
7	氮	N	Nitrogen Nitrogenium	硝石+生成	冲淡氧气
8	氧	O	Oxygen Oxygenium	酸+生成	滋养生物
9	氟	F	Fluorine Fluorum	流动	音译
10	氖	Ne	Neon	希腊文,新的	音译
11	钠	Na	Sodium Natrium	纯碱 阿拉伯文,纯碱	音译

续 表

原子序数	元素名称	元素符号	英文名（拉丁文）	英 文 含 义	中文含义
12	镁	Mg	Magnesium	希腊地名,美格尼西亚	音译
13	铝	Al	Aluminium	拉丁文,明矾	音译
14	硅（矽）	Si	Silicon	拉丁文,燧石	音译
			Silicium		
15	磷	P	Phosphorus	希腊文,光+产生	燐火
16	硫	S	Sulfur	梵文,鲜黄色	古文
			Sulphur		
17	氯	Cl	Chlorine	希腊文,黄绿色	黄绿色
			Chlorum		
18	氩	Ar	Argon	希腊文,不工作	音译
19	钾	K	Potassium	草木灰	音译
			Kalium	阿拉伯文,海草灰	
20	钙	Ca	Calcium	石灰	音译
21	钪	Sc	Scandium	斯堪的纳维亚半岛	音译
22	钛	Ti	Titanium	希腊神话,巨人	音译
23	钒	V	Vanadium	北欧女神,凡娜迪丝	音译
24	铬	Cr	Chromium	希腊文,颜色	音译
25	锰	Mn	Manganese	希腊地名,美格尼西亚	音译
			Manganum		
26	铁	Fe	Iron	古英文	古文
			Ferrum	坚硬	
27	钴	Co	Cobalt	希腊文,妖魔	音译
			Cobaltum		
28	镍	Ni	Nickel	德文,骗人的小鬼	音译
			Niccolum		

续　表

原子序数	元素名称	元素符号	英文名（拉丁文）	英文含义	中文含义
29	铜	Cu	Copper	拉丁文,塞浦路斯岛	古文
			Cuprum		
30	锌	Zn	Zinc	德文,齿状物品	音译
			Zincum		
31	镓	Ga	Gallium	拉丁文,高卢	音译
32	锗	Ge	Germanium	德国	音译
33	砷（砒）	As	Arsenic	希腊文,强烈	音译
			Arsenicum		貔貅
34	硒	Se	Selenium	希腊文,月亮	音译
35	溴	Br	Bromine	希腊文,恶臭	恶臭液体
			Bromum		
36	氪	Kr	Krypton	希腊文,隐藏	音译
37	铷	Rb	Rubidium	拉丁文,深红色	音译
38	锶	Sr	Strontium	苏格兰,斯特朗蒂安	音译
39	钇	Y	Yttrium	瑞典小镇乙特尔比	音译
40	锆	Zr	Zirconium	阿拉伯文,金色	音译
41	铌	Nb	Niobium	希腊神话,钽的女儿	音译
42	钼	Mo	Molybdenum	希腊文,黑色	音译
43	锝	Tc	Technetium	希腊文,人工制造	音译
44	钌	Ru	Ruthenium	拉丁文,俄罗斯	音译
45	铑	Rh	Rhodium	希腊文,玫瑰色	音译
46	钯	Pd	Palladium	智神星	音译
47	银	Ag	Silver	古英文	古文
			Argentum	希腊文,光明	
48	镉	Cd	Cadmium	古英语,氧化锌	音译

续 表

原子序数	元素名称	元素符号	英文名（拉丁文）	英文含义	中文含义
49	铟	In	Indium	拉丁文,靛蓝	音译
50	锡	Sn	Tin	古英文	古文
			Stannum	坚硬	
51	锑	Sb	Antimony	不能单独	音译
			Stibium	美丽的眼睛	
52	碲	Te	Tellurium	拉丁文,地球	音译
53	碘	I	Iodine	希腊文,深紫色	音译
			Iodum		
54	氙	Xe	Xenon	希腊文,难以亲近	音译
55	铯	Cs	Caesium	拉丁文,天蓝色	音译
56	钡	Ba	Barium	希腊文,重	音译
57	镧	La	Lanthanum	希腊文,隐藏	音译
58	铈	Ce	Cerium	谷神星	音译
59	镨	Pr	Praseodymium	希腊文,绿色孪晶	音译
60	钕	Nd	Neodymium	希腊文,新孪晶	音译
61	钷	Pm	Promethium	希腊神话,普罗米修斯	音译
62	钐	Sm	Samarium	铌钇矿	音译
63	铕	Eu	Europium	欧洲	音译
64	钆	Gd	Gadolinium	芬兰矿物学家,加多林	音译
65	铽	Tb	Terbium	瑞典小镇乙特尔比	音译
66	镝	Dy	Dysprosium	希腊文,难以得到	音译
67	钬	Ho	Holmium	斯德哥尔摩旧名	音译
68	铒	Er	Erbium	瑞典小镇乙特尔比	音译
69	铥	Tm	Thulium	斯堪的纳维亚旧名	音译
70	镱	Yb	Ytterbium	瑞典小镇乙特尔比	音译

续 表

原子序数	元素名称	元素符号	英文名（拉丁文）	英文含义	中文含义
71	镥	Lu	Lutetium	巴黎旧名	音译
72	铪	Hf	Hafnium	哥本哈根旧名	音译
73	钽	Ta	Tantalum	希腊神话,宙斯之子	音译
74	钨	W	Tungsten	瑞典文,重石	音译
			Wolframium	德文,狼沫	
75	铼	Re	Rhenium	莱茵河	音译
76	锇	Os	Osmium	希腊文,臭味	音译
77	铱	Ir	Iridium	希腊神话,彩虹女神	音译
78	铂	Pt	Platinum	西班牙文,银	音译 白金
79	金	Au	Gold	古英文	古文
			Aurum	灿烂	
80	汞	Hg	Mercury	罗马神话,信使	古文
			Hydrargyrum	水银	
81	铊	Tl	Thallium	希腊文,绿色嫩芽	音译
82	铅	Pb	Lead	古英文	古文
			Plumbum	古拉丁文	
83	铋	Bi	Bismuth	德文,白色金属	音译
			Bismuthum		
84	钋	Po	Polonium	波兰	音译
85	砹	At	Astatine	希腊文,不稳定	音译
			Astatium		
86	氡	Rn	Radon	镭射气	音译
87	钫	Fr	Francium	法国	音译
88	镭	Ra	Radium	拉丁文,半径,射线	音译

续 表

原子序数	元素名称	元素符号	英文名（拉丁文）	英文含义	中文含义
89	锕	Ac	Actinium	希腊文，光线	音译
90	钍	Th	Thorium	北欧神话，雷神	音译
91	镤	Pa	Protactinium	希腊文，锕的源头	音译
92	铀	U	Uranium	天王星	音译
93	镎	Np	Neptunium	海王星	音译
94	钚	Pu	Plutonium	冥王星	音译
95	镅	Am	Americium	美洲	音译
96	锔	Cm	Curium	居里夫妇	音译
97	锫	Bk	Berkelium	伯克利	音译
98	锎	Cf	Californium	加利福尼亚州	音译
99	锿	Es	Einsteinium	爱因斯坦	音译
100	镄	Fm	Fermium	费米	音译
101	钔	Md	Mendelevium	门捷列夫	音译
102	锘	No	Nobelium	诺贝尔	音译
103	铹	Lr	Lawrencium	劳伦斯	音译
104	𬬻	Rf	Rutherfordium	卢瑟福	音译
105	𬭊	Db	Dubnium	杜布纳实验室	音译
106	𬭳	Sg	Seaborgium	西博格	音译
107	𬭛	Bh	Bohrium	玻尔	音译
108	𬭶	Hs	Hassium	黑森州	音译
109	鿏	Mt	Meitnerium	迈特纳	音译
110	𫟼	Ds	Darmstadtium	达姆施塔特	音译
111	𬬭	Rg	Roentgenium	伦琴	音译
112	鿔	Cn	Copernicium	哥伦布	音译
113	鿭	Nh	Nihonium	日本	音译

续　表

原子序数	元素名称	元素符号	英文名（拉丁文）	英文含义	中文含义
114	𫓧	Fl	Flerovium	富列洛夫	音译
115	镆	Mc	Moscovium	莫斯科	音译
116	𫟼	Lv	Livermorium	利沃莫尔	音译
117	䥑	Ts	Tennessine	田纳西州	音译
118	𫟷	Og	Oganesson	奥加涅	音译

表 A-2　化学元素的发现史

原子序数	元素名称	元素符号	发现年代	发　现　者	发　现　方　法
1	氢	H	1766	[英]卡文迪许	锌+稀硫酸
2	氦	He	1868	[法]詹森	太阳光谱
			1895	[英]拉姆塞	分析沥青铀矿,光谱检验
3	锂	Li	1817	[瑞典]阿弗韦德森	分析透锂长石
4	铍	Be	1798	[法]沃克兰	分析绿柱石
5	硼	B	1808	[法]泰纳、[英]戴维	硼砂
6	碳	C	远古		木炭
7	氮	N	1772	[苏格兰]卢瑟福	空气
8	氧	O	1774	[英]普里斯特利	加热分解 HgO
9	氟	F	1886	[法]莫瓦桑	电解无水 HF-KF
10	氖	Ne	1898	[英]拉姆塞	分馏液态空气,光谱检验
11	钠	Na	1807	[英]戴维	电解熔融 NaOH
12	镁	Mg	1808	[英]戴维	电解 MgO-HgO
13	铝	Al	1825	[丹麦]奥斯特	钾汞齐还原氯化铝
14	硅	Si	1825	[瑞典]贝齐里乌斯	金属钾还原氟硅酸钾
15	磷	P	1669	[德]布朗德	蒸馏尿

续 表

原子序数	元素名称	元素符号	发现年代	发 现 者	发 现 方 法
16	硫	S	远古		自然硫
17	氯	Cl	1774	[瑞典]舍勒	MnO_2+浓盐酸
18	氩	Ar	1894	[英]拉姆塞、瑞利	分馏液态空气,光谱检验
19	钾	K	1807	[英]戴维	电解熔融 K_2CO_3
20	钙	Ca	1808	[英]戴维	电解 CaO－HgO
21	钪	Sc	1879	[瑞典]尼尔森	从氧化铒中分离出氧化钪
22	钛	Ti	1791	[英]格雷戈尔	分析钛磁铁矿
23	钒	V	1830	[瑞典]塞夫斯特伦	分析钒铁矿
24	铬	Cr	1797	[法]沃克兰	分析铬铅矿
25	锰	Mn	1774	[瑞典]甘恩	木炭还原软锰矿
26	铁	Fe	远古		陨铁、木炭还原氧化铁
27	钴	Co	1735	[瑞典]布兰特	木炭还原辉钴矿
28	镍	Ni	1751	[瑞典]克隆斯泰德	木炭还原红砷镍矿
29	铜	Cu	远古		自然铜、木炭还原孔雀石
30	锌	Zn	中古		木炭还原炉甘石
31	镓	Ga	1875	[法]布瓦博德朗	光谱分析锌矿
32	锗	Ge	1886	[德]温克勒	分析硫银锗矿
33	砷	As	中古		木炭还原雄黄
34	硒	Se	1817	[瑞典]贝齐里乌斯	分析黄铁矿燃烧产物
35	溴	Br	1826	[法]巴拉尔	氯气氧化盐湖水
36	氪	Kr	1898	[英]拉姆塞	分馏液态空气,光谱检验
37	铷	Rb	1861	[德]本生、基尔霍夫	光谱分析锂云母
38	锶	Sr	1808	[英]戴维	电解 SrO－HgO
39	钇	Y	1794	[芬兰]加多林	分析硅铍钇矿

续 表

原子序数	元素名称	元素符号	发现年代	发 现 者	发 现 方 法
40	锆	Zr	1789	[德]克拉普罗特	分析锆英石
41	铌	Nb	1801	[英]哈切特	分析铌铁矿
42	钼	Mo	1781	[瑞典]耶尔姆	硝酸分解辉钼矿,炭还原
43	锝	Tc	1937	[意]塞格雷、佩里埃	氘核轰击钼靶
44	钌	Ru	1844	[俄]克劳斯	分析铂矿渣
45	铑	Rh	1803	[英]武拉斯顿	分析铂矿渣
46	钯	Pd	1803	[英]武拉斯顿	分析铂矿渣
47	银	Ag	远古		自然银
48	镉	Cd	1817	[德]斯特罗迈尔	分析碳酸锌
49	铟	In	1863	[德]赖希、李希特	光谱分析锌矿
50	锡	Sn	远古		木炭还原锡石
51	锑	Sb	中古		木炭还原辉锑矿
52	碲	Te	1783	[奥]米勒	分析碲金矿
53	碘	I	1811	[法]库尔图瓦	浓硫酸处理海藻灰
54	氙	Xe	1898	[英]拉姆塞	分馏液态空气,光谱检验
55	铯	Cs	1860	[德]本生、基尔霍夫	光谱检验矿泉水
56	钡	Ba	1808	[英]戴维	电解 BaO‑HgO
57	镧	La	1839	[瑞典]莫桑德尔	从氧化铈中分离出氧化镧
58	铈	Ce	1803	[瑞典]贝齐里乌斯	分析铈硅石
59	镨	Pr	1885	[奥]威斯巴赫	从氧化镨中分离出氧化镨
60	钕	Nd	1885	[奥]威斯巴赫	从氧化镨中分离出氧化钕
61	钷	Pm	1947	[美]马林斯基	从铀裂变产物中分离
62	钐	Sm	1879	[法]布瓦博德朗	从氧化镨中分离出氧化钐
63	铕	Eu	1901	[法]德马尔赛	从氧化钐中分离出氧化铕

续 表

原子序数	元素名称	元素符号	发现年代	发现者	发现方法
64	钆	Gd	1886	[法]布瓦博德朗	从氧化镨中分离出氧化钆
65	铽	Tb	1842	[瑞典]莫桑德尔	从氧化钇中分离出氧化铽
66	镝	Dy	1886	[法]布瓦博德朗	从氧化钬中分离出氧化镝
67	钬	Ho	1879	[瑞典]克利夫	从氧化铒中分离出氧化钬
68	铒	Er	1842	[瑞典]莫桑德尔	从氧化钇中分离出氧化铒
69	铥	Tm	1879	[瑞典]克利夫	从氧化铒中分离出氧化铥
70	镱	Yb	1878	[瑞士]马里尼亚克	从氧化铒中分离出氧化镱
71	镥	Lu	1907	[法]乌尔班	从氧化镱中分离出氧化镥
72	铪	Hf	1922	[匈]赫维西[荷]科斯特	X射线光谱分析锆矿石
73	钽	Ta	1802	[瑞典]埃克伯格	分析钽铁矿
74	钨	W	1783	[西]德鲁雅尔	硝酸分解钨矿,木炭还原
75	铼	Re	1925	[德]诺达克、塔克	X射线光谱分析铌铁矿
76	锇	Os	1803	[英]坦南特	分析铂矿渣
77	铱	Ir	1803	[英]坦南特	分析铂矿渣
78	铂	Pt	1735	[西]乌罗阿	自然铂
79	金	Au	远古		自然金
80	汞	Hg	远古		焙烧硫化汞
81	铊	Tl	1861	[英]克鲁克斯	光谱分析硫酸厂废渣
82	铅	Pb	远古		木炭还原铅矿石
83	铋	Bi	1753	[法]杰夫鲁瓦	木炭还原辉铋矿
84	钋	Po	1898	[法]居里夫妇	分离沥青铀矿,放射性检测
85	砹	At	1940	[美]柯尔森	α粒子轰击铋
86	氡	Rn	1900	[德]道恩	镭的放射性气体
87	钫	Fr	1939	[法]佩雷	铀的放射产物

续 表

原子序数	元素名称	元素符号	发现年代	发 现 者	发 现 方 法
88	镭	Ra	1898	[法]居里夫妇	分离沥青铀矿,放射性检测
89	锕	Ac	1899	[法]德比尔纳	分离沥青铀矿,放射性检测
90	钍	Th	1829	[瑞典]贝齐里乌斯	分析硅酸钍
91	镤	Pa	1913	[波]法扬斯	铀的放射产物
92	铀	U	1789	[德]克拉普罗特	分析沥青铀矿
93	镎	Np	1940	[美]麦克米伦	中子轰击 ^{238}U
94	钚	Pu	1940	[美]西博格	氘核轰击 ^{238}Np
95	镅	Am	1944	[美]西博格	快中子照射钚
96	锔	Cm	1944	[美]西博格	α 粒子轰击 ^{239}Pu
97	锫	Bk	1949	[美]汤普森	α 粒子轰击 ^{241}Am
98	锎	Cf	1950	[美]汤普森	α 粒子轰击 ^{242}Cm
99	锿	Es	1952	[美]吉奥索	氢弹爆炸产物
100	镄	Fm	1953	[美]吉奥索	氢弹爆炸产物
101	钔	Md	1955	[美]吉奥索	α 粒子轰击 ^{253}Es
102	锘	No	1957	[苏]富列洛夫	^{16}O 轰击 ^{241}Pu
103	铹	Lr	1961	[美]吉奥索	^{18}O 轰击 ^{243}Am
104	𬬻	Rf	1969	[美]吉奥索	^{22}Ne 轰击 ^{242}Pu
105	𬭊	Db	1967	[苏]富列洛夫	^{22}Ne 轰击 ^{243}Am
106	𬭳	Sg	1974	[美]吉奥索	^{18}O 轰击 ^{249}Cf
107	𬭛	Bh	1976	[苏]奥加涅	^{54}Cr 轰击 ^{209}Bi
108	𬭶	Hs	1984	[德]阿布鲁斯特	^{58}Fe 轰击 ^{208}Pb
109	鿏	Mt	1982	[德]重离子研究所	^{58}Fe 轰击 ^{209}Bi
110	𫟼	Ds	1994	[德]霍夫曼	^{62}Ni 轰击 ^{208}Pb

续 表

原子序数	元素名称	元素符号	发现年代	发现者	发现方法
111	铊	Rg	1994	[德]阿布鲁斯特	^{64}Ni 轰击 ^{209}Bi
112	鿔	Cn	1996	[德]阿布鲁斯特	^{70}Zn 轰击 ^{208}Pb
113	鿭	Nh	2004	[日]理化研究所	^{70}Zn 轰击 ^{209}Bi
114	鈇	Fl	2004	[俄]富列洛夫核反应研究所	^{48}Ca 轰击 ^{242}Pu
115	镆	Mc	2004	[俄]杜布纳核子研究所	^{48}Ca 轰击 ^{243}Am
116	𫟷	Lv	2004	[俄]富列洛夫核反应研究所	^{48}Ca 轰击 ^{245}Cm
117	鿬	Ts	2010	[俄]杜布纳核子研究所	^{48}Ca 轰击 ^{249}Bk
118	鿫	Og	1999	[美]劳伦斯国家实验室	^{48}Ca 轰击 ^{249}Cf

表 A-3 化学元素的物理性质

元素名称	元素符号	密度 (g/cm^3)	熔点 (℃)	沸点 (℃)	地壳含量 (g/T)	排名
氢	H	0.0000899	−259.14	−252.762	1400	10
氦	He	0.0001785	无	−268.934	$8×10^{-3}$	72
锂	Li	0.534	180.54	1342	20	33
铍	Be	1.848	1287	2471	2.8	48
硼	B	2.34	2075	4000	10	37
碳	C	2.25(g) 3.51(d)	4489(t.p.)	3825(g,s.p.)	200	17
氮	N	0.0012506	−210.0	−195.798	19	34
氧	O	0.00143	−218.79	−183.0	461000	1
氟	F	0.001696	−219.67	−188.1	585	13
氖	Ne	0.000899	−248.609	−246.0	$5×10^{-3}$	73
钠	Na	0.968	97.794	882.940	23600	6

续 表

元素名称	元素符号	密度 (g/cm³)	熔点 (℃)	沸点 (℃)	地壳含量 (g/T)	排名
镁	Mg	1.738	648.8	1090	23300	7
铝	Al	2.700	660.32	2519	82300	33
硅	Si	2.3269	1414	3265	282000	22
磷	P	1.82(w) 2.34(r)	44.15(w)	280.5(w)	1050	11
硫	S	2.069(m)	119.6(m)	444.6	350	16
氯	Cl	0.00321	−101.5	−34.04	145	19
氩	Ar	0.001784	−189.36	−185.847	3.5	43
钾	K	0.856	63.65	759	20900	8
钙	Ca	1.55	839	1484	41500	5
钪	Sc	2.985	1539	2832	22	31
钛	Ti	4.507	1668	3287	5650	9
钒	V	6.09	1890	3407	120	20
铬	Cr	7.25	1857	2672	102	21
锰	Mn	7.44	1244	2061	950	12
铁	Fe	7.874	1535	2861	56300	4
钴	Co	8.900	1495	2927	25	30
镍	Ni	8.908	1453	2913	84	23
铜	Cu	8.92	1084.62	2562	60	26
锌	Zn	7.134	419.53	907	70	24
镓	Ga	5.904	29.7666	2204	19	35
锗	Ge	5.3234	938.25	2833	1.5	55
砷	As	5.757(g)	817(t.p.)	613(g,s.p.)	1.8	54
硒	Se	4.809(g)	220.8(g)	685	0.05	69
溴	Br	3.119	−7.2	58.8	2.4	50

续　表

元素名称	元素符号	密度 (g/cm³)	熔点 (℃)	沸点 (℃)	地壳含量 (g/T)	排名
氪	Kr	0.003749	−157.38	−154.34	1×10^{-4}	82
铷	Rb	1.532	39.30	688	90	22
锶	Sr	2.540	769	1382	370	15
钇	Y	4.478	1523	3345	33	29
锆	Zr	6.511	1854.7	4409	165	18
铌	Nb	8.57	2468	4744	21	32
钼	Mo	10.216	2617	4639	1.2	58
锝	Tc	11.487	2172	4265	—	—
钌	Ru	12.37	2333	4150	1×10^{-3}	77~80
铑	Rh	12.45	1966	3695	1×10^{-3}	77~80
钯	Pd	12.023	1554.8	2963	0.015	70
银	Ag	10.49	961.78	2162	0.075	68
镉	Cd	8.69	321.069	767	0.15	66
铟	In	7.31	156.60	2072	0.25	64
锡	Sn	7.287(w) 5.75(g)	231.93	2602	2.3	51
锑	Sb	6.697	630.628	1587	0.2	65
碲	Te	6.232	449.51	988	1×10^{-3}	77~80
碘	I	4.933	113.7	184.4	0.45	63
氙	Xe	0.0059	−111.745	−107.1	3×10^{-5}	83
铯	Cs	1.873	28.4	671	3	46
钡	Ba	3.510	727	1897	425	14
镧	La	6.146	920	3464	39	28
铈	Ce	6.700	798	3443	66.5	25

续 表

元素名称	元素符号	密度（g/cm³）	熔点（℃）	沸点（℃）	地壳含量（g/T）	排名
镨	Pr	6.773	931	3520	9.2	39
钕	Nd	7.008	1016	3074	41.5	27
钷	Pm	7.264	1042	3000	—	—
钐	Sm	7.520	1072	1794	7.05	40
铕	Eu	5.244	822	1529	2.0	53
钆	Gd	7.901	1313	3273	6.2	41
铽	Tb	8.230	1359	3230	1.2	59
镝	Dy	8.551	1412	2567	5.2	42
钬	Ho	8.795	1472	2700	1.3	56
铒	Er	9.066	1529	2868	3.5	44
铥	Tm	9.321	1545	1950	0.52	62
镱	Yb	6.966	824	1196	3.2	45
镥	Lu	9.841	1663	3402	0.8	61
铪	Hf	13.31	2233	4603	3.0	47
钽	Ta	16.65	3017	5458	2.0	52
钨	W	19.26	3422	5555	1.25	57
铼	Re	21.02	3185	5596	7×10^{-4}	81
锇	Os	22.587	3033	5012	1.5×10^{-3}	76
铱	Ir	22.562	2446	4428	1×10^{-3}	77~80
铂	Pt	21.45	1768.2	3825	5×10^{-3}	74
金	Au	19.32	1064.18	2856	4×10^{-3}	75
汞	Hg	13.546	−38.8290	356.62	0.085	67
铊	Tl	11.85	304	1473	0.85	60
铅	Pb	11.345	327.462	1749	14	36

续 表

元素名称	元素符号	密度（g/cm³）	熔点（℃）	沸点（℃）	地壳含量（g/T）	排名
铋	Bi	9.81	271.406	1564	8.5×10^{-3}	71
钋	Po	9.32	254	962	2×10^{-10}	87
砹	At	(11.3)	302	(340)	—	—
氡	Rn	0.00973	−71	−61.7	4×10^{-13}	88
钫	Fr	(2.41)	27	(680)	—	—
镭	Ra	5.5	696	1140	1×10^{-6}	84
锕	Ac	10.07	1050	3198	5.5×10^{-10}	86
钍	Th	11.72	1750	4788	9.6	38
镤	Pa	15.37	1572	4230	9×10^{-7}	85
铀	U	19.05	1135	4131	2.7	49
镎	Np	20.45	644	3902	—	—
钚	Pu	19.84	640	3228	—	—
镅	Am	13.67	1176	2011	—	—
锔	Cm	13.51	1345	3100	—	—
锫	Bk	13.25	986	n.a.	—	—
锎	Cf	15.1	900	n.a.	—	—
锿	Es	8.64	860	n.a.	—	—
镄	Fm	n.a.	(1527)	n.a.	—	—
钔	Md	n.a.	(827)	n.a.	—	—
锘	No	n.a.	(827)	n.a.	—	—
铹	Lr	n.a.	(1627)	n.a.	—	—
𬬻	Rf	n.a.	n.a.	n.a.	—	—
𬭊	Db	n.a.	n.a.	n.a.	—	—
𬭳	Sg	n.a.	n.a.	n.a.	—	—

续 表

元素名称	元素符号	密度(g/cm^3)	熔点(℃)	沸点(℃)	地壳含量(g/T)	排名
𬭳	Bh	n.a.	n.a.	n.a.	—	—
𫟼	Hs	n.a.	n.a.	n.a.	—	—
鿏	Mt	n.a.	n.a.	n.a.	—	—
𫟷	Ds	n.a.	n.a.	n.a.	—	—
𬬭	Rg	n.a.	n.a.	n.a.	—	—
鎶	Cn	n.a.	n.a.	n.a.	—	—
鉨	Nh	n.a.	n.a.	n.a.	—	—
鈇	Fl	n.a.	n.a.	n.a.	—	—
镆	Mc	n.a.	n.a.	n.a.	—	—
𫓧	Lv	n.a.	n.a.	n.a.	—	—
鿬	Ts	n.a.	n.a.	n.a.	—	—
鿫	Og	n.a.	n.a.	n.a.	—	—

（1） n.a. 表示未知。
（2） 对于砹、钫、超铀元素，括号内数据为估计值。
（3） 括号内字母为同素异形体简称。
（4） 对于碳、砷，常压下不存在液体，熔点中的 t.p. 表示三相点，沸点中的 s.p. 表示升华点。

参考文献

[1] 北京师范大学无机化学教研室.无机化学·下[M].北京:高等教育出版社,2002.

[2] 郑利民,朱声逾.简明元素化学[M].北京:化学工业出版社,1999.

[3] 凌永乐.化学元素的发现[M].北京:科学出版社,2001.

[4] 周公度,叶宪曾,吴念祖.化学元素综论[M].北京:科学出版社,2012.

[5] 张青莲.无机化学丛书[M].北京:科学出版社,1982—1993.

[6] [英]格林伍德,[英]厄恩肖.元素化学·上中下册[M].曹庭礼,李学同等,译.北京:高等教育出版社,1996.

[7] 高胜利,陈三平,谢钢.化学元素周期表[M].北京:科学出版社,2007.

[8] 杨瑞娜,胡晓院,李彩云,金斗满.简明化学元素用表[M].郑州:大象出版社,1998.

[9] 正方形核素图(S-H)[M].北京:科学出版社,1997.

[10] 简明核素图[M].北京:原子能出版社,2013.

[11] 王祥云、刘元方.核化学与放射化学[M].北京:北京大学出版社,2007.

[12] [美]西奥多·格雷.视觉之旅：神奇的化学元素[M].陈沛然,译.北京：人民邮电出版社,2011.

[13] [美]西蒙·库伦·菲尔德,[美]西奥多·格雷.视觉之旅－2－神奇的化学元素[M].周志远,译.北京：人民邮电出版社,2013.

[14] 北京大学化学与分子工程学院.元素的世界之元素家族[M].北京：中国大百科全书出版社,2010.

[15] 北京大学化学与分子工程学院.元素的世界之元素档案[M].北京：中国大百科全书出版社,2010.

[16] [美]K·拿骚.颜色的物理与化学：颜色的15种起源[M].李士杰,张志三,译.北京：科学出版社,1991.

[17] [法]安托万·洛朗·拉瓦锡.化学基础论[M].任定成,译.北京：北京大学出版社,2008.

[18] 胡盘新.大学物理手册[M].上海：上海交通大学出版社,1999.

[19] 章燕豪.大学化学手册[M].上海：上海交通大学出版社,2000.

[20] [法]约翰-皮尔·卢米涅.黑洞[M].卢炬甫,译.长沙：湖南科学技术出版社,1997.

[21] [美]史蒂文·温伯格.宇宙的最初三分钟[M].张承泉,等,译.北京：中国对外翻译出版公司,2000.

[22] 张蓓莉.系统宝石学[M].北京：地质出版社,1997.

[23] 徐光宪.稀土[M].北京：冶金工业出版社,1995.

[24] 徐光宪,倪嘉缵.神奇之土——稀土科学基础研究[M].长沙：湖南科学技术出版社,1995.

[25] 周公度.化学辞典[M].北京：化学工业出版社,2004.